諏訪信仰の変奏

中先代の乱から甲賀三郎神話へ

Nihonmatsu Yasuhiro
二本松康宏［著］

三弥井書店

目次

序　章　中先代の乱と諏訪信仰

先に結論のようなことを言ってしまうが、「中世の諏訪信仰は中先代の乱を契機として大きく変容した」というのが本書の基本姿勢である。何がどのように変容したかは各章で詳しく述べるとして、まずは本題に入る前に中先代の乱と諏訪氏について簡単に触れておきたい。あらかたは歴史学の先行研究によってすでに述べられている話で、筆者自身の新説や新見解などはとくにない。それでも、とりあえずこれがないと始まらないので、少しだけお付き合いいただきたい。

建武二年、中先代の乱

元弘元年（一三三三）五月、事実上の当主であった北条高時とその一族が自刃し、鎌倉幕府は滅亡した。『太平記』（天正本）巻第一〇「四郎左近大夫入道虚つて自害の事」[1]によれば、鎌倉が陥落し得宗家が滅びたとき、高時の遺児・兆寿《かめじゅ》は諏訪盛高に抱かれて信濃へ落ち延び、諏訪の大祝に匿われたとされる。

その後盛高、この若君を具足して、信濃へ落ち下り、諏訪の祝を憑んでありしが、後の建武元年の春の比、しばらく関東を劫略して天下の大軍を起し、中前代の大将に相摸二郎といふはこれなり。

諏訪氏は諏訪大明神の現身《うつしみ》とされる大祝の職を世襲しつつ、一族は武家として鎌倉に出仕し、北条氏の宗家である得宗家の被官となっていた。幕府の最高意思決定機関である寄合衆に列し、御内人のなかでも長崎氏に次ぐ地位にあった。(2) 得宗家にとってはまさしく股肱の臣である。

二年後の建武二年（一三三五）七月、兆寿は相模次郎（北条時行）と名乗って信濃から兵を挙げる。いわゆる中先代の乱である。鎌倉幕府の北条政権を「先代」、尊氏以降の足利政権を「当代」として、その中間に位置する北条時行を「中先代」と称するという。『太平記』巻第一三「相模二郎謀反の事」によれば、時行の挙兵には諏訪氏をはじめとしていわゆる北条与党の大名ら五〇余人、その軍勢、五万余騎が馳せ参じたという。

相模二郎時行には、諏方三河守・三浦介入道・同じき若狭五郎判官・那和左近大夫・清久山城守・芦名入道・塩谷民部大夫・工藤・長崎・安保入道を始めとして、宗徒の物ども五十余人与してければ、伊豆・駿河・武蔵・相摸・甲斐・信濃の勢ども馳せ加はつて、五万余騎とぞ聞えける。

時行の軍勢は上野から武蔵へと進撃し、女影原（埼玉県日高市）、武蔵国府（東京都府中市）、井出沢（東京都町田市）などで足利方を次々と撃破。(3) 鎌倉を守備していた尊氏の実弟・足利直義は鎌倉を脱出し、入れ替わるように北条時行の軍勢は故郷・鎌倉を奪還した。

中先代の蜂起を契機として、足利直義は護良親王を殺害し、足利尊氏は後醍醐天皇から離反。建武の新政権は崩壊し、南北朝の争乱はここから烈しさを増す。

さて、この時、北条時行はどれほど年嵩に見積もっても一一歳より上ということはないから[4]、自らの強い意志で兵を動かしたとは考えにくい[5]。『梅松論』（延宝本）[6]上巻によれば、諏訪の大祝と滋野氏の一族が挙兵の中核とされる[7]。

> 同（建武二年）七月のはじめ信濃国諏訪の上宮の祝安芸守時継の父三河入道照雲・滋野の一族等高時の次男勝寿丸を相模次郎と号しけるを大将として、国中をなびかす

当時、信濃に領地を持つ地頭たちの多くが諏訪大明神を奉祀し、祭祀の神役を担っていた。彼らは大祝を盟主として「神」を姓とする信仰的同族意識でつながり、「神党」と呼ばれる[8]。諏訪の神党のなかでも東信濃に割拠した滋野の一党はもっとも有力な構成員として知られている。

しかし、京都から東海道を攻め下ってきた足利尊氏によって、北条時行の鎌倉占拠は二〇日を保たずに陥落した。先々代の大祝だった諏訪頼重と、その子息で先代の大祝だった時継らは鎌倉の勝長寿院において自害。『太平記』巻第十三「眉間尺釿鏌剣の事」によれば、頼重らは悉く顔の皮を剥ぎ、誰ともわからない死骸になっていたという。反乱軍の素性を隠蔽し、かつ時行の死を偽装しようとしたのである。

> 諏方三河守を始めとして、宗徒の大名四十三人、大御堂に走り入り、敵近付かぬ先に、指し違へ指し違へ、自害してこそ失せにけれ。その死骸ども、何れも皆面の皮を剥ぎて、誰を誰とも知らねども、相模二郎時行もこの中にぞあるらんと、哀れなりし事どもなり。

四三人もの武士たちの顔の皮を剥いだからといって、一〇歳にも満たない時行の死を偽装するのはさすがに無理があるような気もするが、ともかく時行は鎌倉から落ち延びる。

北条時行を擁して兵を挙げた諏訪時継は、挙兵に先立って大祝の職位を子息の頼継に禅譲していた。大祝には諏訪郡から外へ出ることができないという神戒があったためである。当時、頼継は七歳。父祖の謀反に連座して朝敵とみなされ、大祝の職は傍流の藤沢政頼に簒奪される。『諏訪大明神画詞』(9)によれば、頼継は神殿を追われて神野の御射山（諏訪郡富士見町）に身を潜めたともいう。

後醍醐院重祚ノ初、建武二年八月大乱ノ後、大祝頼継ハ、父祖一族朝敵ニナリテ、悉クホロヒテ後、宝殿ニテ失ナフヘキカト、従人等計ケルニ、神ノ告《ツケ》アリテ、当郡ノ内、原号神野御狩場也。ニカクレ居タリケリ。

大祝の職位は一門の藤沢政頼が継いだが、神慮はその簒奪を許さなかった。政頼が即位式を執り行おうとすると亡霊が現れたり、盤上の清器がひとりでに踊りあがって破裂したという。

サレハ柏井宮ニテ祝立、先疑《規》ヲ執行セントシケルニ、死人現形ス。又清器ニ向ヘハ、磐ノ上ヲ踊《ヲトリ》上テ破裂ス。神慮ニ背キケル先表ヲ恐テ猶予ス。

延元二年、鎌倉再奪還

北条時行は逃避行を続け、各地に潜伏するあいだに南朝への帰順を申し入れた（『太平記』巻第一九「相模次郎時行南朝に参る事」）。

ここに先代相摸入道宗鑑が次男に相摸次郎時行は、一家の輩ことごとく亡び、その後は天に跼《せぐく》まり地に蹐《ぬきあし》して、一身を置くに安きところなかりしかば、深山幽谷の村里に一夜二夜を明かして、隠れ行きけるが、ひそかに使者を芳野の皇居へ進らせて申し入れけるは、（以下略）

亡父高時の非を認め、新田義貞と足利尊氏による鎌倉幕府の滅亡も受け入れたうえで、今や新たな朝敵となった尊氏を討たんと綸旨を求めたのである。権大納言洞院実世の口添えもあって時行には朝敵赦免の綸旨が下される。

建武二年八月の鎌倉での敗退から二年後の延元《南朝》二年（一三三七）、北条時行は北畠顕家の上洛に呼応して伊豆で兵をあげ、五〇〇〇余騎を率いて足柄（神奈川県南足柄市）、箱根（神奈川県足柄下郡箱根町）に陣を構えた（『太平記』巻第一九「顕家卿再び大軍を起して攻め上る事」）。

この時先亡の余類相摸次郎時行も、芳野殿より勅免を蒙りてければ、伊豆国より起つて、五千余騎足柄・箱根に陣を取つて、相ともに鎌倉を責むべき由、国司の方へぞ牒しける。

一二月二五日、北畠顕家、新田義貞の子・徳寿丸（義興）、北条時行、宇都宮公綱ら総勢一〇万余騎は足利義詮を追って再び鎌倉を占領した。

これを聞きて、奥州国司顕家卿・新田徳寿丸・相摸次郎時行・宇都宮・紀清両党、都合その勢十万余騎、十二月二十五日諸方の相図を牒し合はせて、鎌倉へぞ攻め入りける。

ただしこの度の戦略行動の目的は鎌倉奪還ではなく、あくまでも上洛である。鎌倉占拠から一〇日も経たない翌延元三年（一三三八）一月二日、北畠顕家は大軍を率いて鎌倉を出立した（『太平記』巻第一九「義詮鎌倉を退く事」）。北条時行も顕家の上洛軍に従い、墨俣川の攻防戦では二〇〇〇余騎を率いて高重茂の軍を撃ち破っている（『太平記』巻第一九「上杉桃井上下長途に於いて合戦の事」）。

二番に高大和守重茂三千余騎にて墨俣川を渡るところに、相摸次郎時行二千余騎にて渡しも立てず闘ひたり。高大和守打ち負けて、東西にあらけ靡き、山を便りに引き退く。

しかし、なぜかそれ以降の北畠顕家の畿内転戦には同行しなかったようで、時行の消息は途切れる。

暦応三年、大徳王寺城合戦

延元三年の上洛戦でなぜか姿を消してからふたたび二年後の興国《南朝》元年／暦応《北朝》三年（一三四〇）六月、『守矢貞実手記』[10]によれば、北条時行は信濃国伊那郡の大徳王寺城[11]に挙兵したとも伝えられる。その戦いに当時一二歳だった諏訪の大祝頼継も馳せ参じた。大徳王寺城の籠城は四ヶ月におよび、尊氏方の信濃守護・小笠原貞宗の軍勢に対峙した。『守矢貞実手記』によれば、大祝頼継の奮戦は目覚ましく、数一〇度におよんで敵の攻撃を討ち退けたという。

暦応三年戊寅相模次良殿、六月廿四日、信濃国伊那郡大徳王寺城に楯篭られ、□大祝頼継父祖の忠節忘れ難くして、同心に馳せ篭る。当国守護小笠原貞宗、府中の御家人と相共に、同じき廿六日馳せ向ひ、七月一日大手に於て、数度の合戦を為す。相模次良同心の大祝頼継十二歳、数十ヶ度打勝つ。敵方彼の城の西尾に要害を構ふ。関東へ注進を為し、重ねて被向多勢を向けらる。時□勝負付き難し。然りと雖も次良殿、次いで御方なく、手負死人時々失ひ成しければ、十月廿三日の夜、大徳王寺城開落す。

それでも大徳王寺城は陥落した。そして北条時行はまたもや戦場から脱出し行方をくらます。

大徳王寺城の陥落後、諏訪頼継はどうなったか。そもそも大祝は諏訪郡から外に出ることが許されない（伊那郡を諏訪郡内として拡大解釈する説もあるが）。まして神の現身にして至潔の象徴である大祝が戦場で死人たちの穢れに交わるなど許されるはずがない。先例に則ればたちまちに神罰が下されるはずだった[12]。ところが、『守矢貞実手記』によれば、父祖の遺志は神戒よりも尊いと説く。大祝頼継の戦場での触穢は二一日間の勤行と仮死の秘儀によって祓われることとなる。

大祝神職として手負死人に交はる事非例也。然と雖も父祖賢慮不二也。故に疑念者、彼の神道拝見申すべし。此旨をもつて大祝頼継三七日勤行、葬送由を致し、種秘印結には、十三所参詣を致す。本［　］給□も神事形の如く斗也。此の如く印□仕神□大祝殿、神長授く。

文和二年、北条時行の死

大徳王寺城が陥落した後も北条時行は南朝方に与して足利方への抵抗を続けていた。観応三年（一三五二）閏二月、新田義興、義宗、脇屋義治ら新田一門が上野国で挙兵。足利尊氏は鎌倉を出て武蔵国人見原（東京都府中市）や金井原（東京都小金井市）の合戦で新田勢を破るが、義興らは合戦の隙に鎌倉へ侵入を果たす。『鶴岡社務記録』[13]文和元年（観応三年）閏二月二〇日条によれば、このとき相模二郎こと北条時行も新田勢に合流している。時行にとっては三度目の鎌倉奪還である。

廿日、新田、鎌倉（入）於武州金井原合戦、御方打勝了、御敵没落云々　相模次郎ト号仁鎌倉入

引き続き『鶴岡社務記録』によると翌々の二二日には新田義興と北条時行はいったん鎌倉を出るが[14]、二八日には鎌倉

の赤橋（鶴岡八幡宮の太鼓橋）の付近で新田・三浦勢が足利方の石塔義基らを破ったという。それでも鎌倉の維持は続かず、三月二日には新田、三浦勢ともに鎌倉を放棄。一二日には足利尊氏が鎌倉へ帰還している。

『鶴岡社務記録』が次に北条時行の動向を記すのは翌文和二年（一三五三）五月二〇日条である。この日、鎌倉に近い龍ノ口（神奈川県藤沢市）において相模次郎、長崎駿河四郎、工藤二郎らが処刑された。

廿日、於龍口相模次郎、長崎駿河四郎、工藤二郎被誅了

長崎氏と工藤氏はもともと得宗家の御内人であり、前掲の『太平記』巻第一三「相模二郎謀反の事」でも建武二年七月の最初の挙兵に名を連ねていたから、たぶん時行の側近であろう。『鶴岡社務記録』によれば、この処刑よりも一〇日ほど前、五月八日から一一日にかけて凶徒の捕縛が続いていた。北条時行党に対する大掛かりな逮捕劇があったのではないか。

かくして建武二年七月の挙兵から一八年に及ぶ北条時行の抵抗は終わった。

文和四年、桔梗ヶ原合戦

大徳王寺城で北条時行とともに戦った大祝頼継の甥とも、あるいは頼継自身の改名ともいわれる諏訪直頼[15]も時行に呼応して南朝方に与し、あるいは観応の擾乱では足利直義派として、信濃における北朝尊氏派と戦い続けていた。観応二年（一三五一）一月には国人の市河氏らに命じて船山の守護館（千曲市小船山）や守護代が立て籠もる放光寺（松本

市蟻ケ崎）を攻めさせ、さらに甲斐へ軍勢を差し向けて須沢城（南アルプス市大嵐）に楯籠もる高師冬を自害に追い込んでいる。[16]その後、同年六月から九月にかけては神党の祢津宗貞を代将として北信濃を転戦させて、野辺宮原（長野県須坂市野辺）、善光寺横山城（長野市三輪）、米子城（須坂市米子）などで尊氏派勢力と交戦。[17]一二月には数千騎を率いて東信濃の小県郡に攻め込み、夜山中尾（上田市生田）で尊氏派勢力と合戦。[18]翌観応三年閏二月には前述の新田一族の挙兵に呼応し、宗良親王を奉じて信濃から上野へ軍勢を進める。『園太暦』[19]観応三年閏二月二六日条によれば「諏訪の大祝が信濃一国の軍勢を率いて鎌倉へ攻め向かった」との噂が都にまで伝わっていたようである。

廿六日、天陰、或曰、信濃諏方祝已下一国軍勢発向鎌倉之由、去十六日立彼国云々、披露、実否如何、

北条時行が誅殺されてから二年後の文和四年（一三五五）八月、諏訪上宮の大祝・諏訪氏らをはじめとする信州の南朝勢力は宗良親王を奉じて信濃府中（長野県松本市）を攻め、桔梗ヶ原（長野県塩尻市）において信濃守護・小笠原長基との合戦に及んだ。『園太暦』文和四年八月一七日条によれば、信州で合戦があり、そのために信州からの貢馬がまだ都に届いていないという。

十七日、天晴、今日聞、駒牽、依信州合戦不及沙汰上之由、馬所注進到来云々、妙法院宮《宗良親王》為大将軍被合戦、周防（諏訪）祝上下、并仁科合力以外也、仍国中騒動、不及国役沙汰云々

『園太暦』の筆者である洞院公賢は宗良親王を奉じた諏訪の上宮と下宮の祝らの行動を「以外《もってのほか》」と憤る。しかし実

情は少し違ったようで、矢島家文書・年月日不詳「矢島道念覚書」[20]には「此合戦ニ、下社金刺・山田不馳加、如何ニ〳〵」と書かれている。矢島氏は上宮の大祝の麾下として一族を挙げて戦い、矢島正忠は流矢にあたって討死した。「下宮の金刺は参戦しなかった。如何に如何に」という矢島道念の鬱憤のほうにリアリティがありそうである。もはや諏訪氏も一枚岩ではなかった。下宮の大祝金刺氏は桔梗ヶ原の合戦の直前に南朝方を離脱し、足利北朝に帰順していた。四年後の延文四年（一三五九）一二月一九日、将軍・足利義詮は下宮大祝の金刺に近日におけるその精誠を賞し、天下静謐の祈祷を命じている[21]。

建武二年七月の中先代の挙兵以来、諏訪上宮の大祝・諏訪氏は信州における反足利政権の中心的な勢力として抵抗を続けてきた。『諏訪大明神画詞』縁起第四によれば、中先代の乱に敗れて祖父・頼重と父・時継を亡くしたとき、大祝頼継は「七歳ノ小童」だった。いっぽう、鈴木由美は前述のように中先代の乱の際の時行の年齢を七歳と推定する。だとすれば大祝頼継と北条時行は同い年か、そうでなくてもごく近い年齢だったことになる。時行が諏訪に来てから中先代の乱までの約二年間、諏訪頼重と大祝時継の庇護のもとで時行と頼継はおそらく乳兄弟のような関係で育ったのではないか。頼継が大徳王寺城に駆けつけたのも、南朝に従ったのも、直義党に与したのも、すべては北条時行への同調からであろう。抵抗は二〇年にも及んだ。しかし、その時行もすでにこの世にない。桔梗ヶ原の合戦に敗れた上宮の諏訪直頼は追い詰められ、ほどなく北朝足利幕府に恭順する[22]。

諏訪円忠が『諏訪大明神画詞』を著したのは、桔梗ヶ原の合戦で諏訪の上宮の大祝が敗れた、その翌年である。

注

（1）『太平記　一』（新編日本古典文学全集五四、長谷川端校注・訳、小学館、一九九四年）

(2) 細川重男『鎌倉幕府の滅亡』(歴史文化ライブラリー、吉川弘文館、二〇一一年)など。
(3) 以上の戦歴は『梅松論』(『梅松論・源威集』所収、新撰日本古典文庫三、矢代和夫・加美宏校注、現代思想社、一九七五年)による。『難太平記』(『群書類従 第一四輯』所収)には小手指原(埼玉県所沢市)でも合戦があり、足利方の今川範満が敗れて自害したことが書かれている。
(4) 『鎌倉年代記裏書』(『増補続史料大成 鎌倉年代記・武家年代記・鎌倉大日記』所収、竹内理三編、臨川書店、一九七九年)元弘元年一二月一五日条には、この日、北条時行の兄の邦時が七歳で元服した(「太守禅閤第一郎七歳、首服、名字邦時、於御所被執行」)とある。邦時は二年後の元弘三年(一三三三)に鎌倉が陥落したとき母方の伯父である五大院宗繁の密告によって捕らえられ処刑される。このとき邦時は九歳だったことになる。したがって邦時の弟である時行は元弘三年には九歳よりも下、二年後の建武二年の挙兵時には一一歳よりも下、ということになる。鈴木由美は時行のこのときの年齢を七歳と推定している(鈴木由美『中先代の乱—北条時行、鎌倉幕府再興の夢』(中公新書、中央公論社、二〇二一年))。
(5) 『梅松論』にも「大将と号せし相模次郎も幼主なり」とある。
(6) 前掲注(3)に同じ。
(7) 市河文書・建武二年七月日付「市河助房等着到状」、同じく建武二年八月日付「市河親宗軍忠状」(いずれも『信濃史料 第五巻』所収)によれば鎌倉への侵攻と同じ頃に「諏方祝并滋野一族等」が埴科郡船山郷の守護館を攻めたと記録されている。
(8) 小林計一郎『信濃中世考』(吉川弘文館、一九八二年)、中澤克昭「神を称する武士たち—諏訪「神氏系図」にみる家系意識—」(歴史学研究会編『系図が語る世界史』所収、青木書店、二〇〇二年)など。
(9) 『神道大系 神社編三〇 諏訪』所収(竹内秀雄校注、神道大系編纂会、一九八二年)。
(10) 『新編信濃史料叢書 第七巻』所収(信濃史料刊行会、一九七二年)をもとに稿者が書き下した。
(11) 大徳王寺城の所在地については諸説がある。『建武中興を中心としたる信濃勤王史攷 上巻』(信濃教育会著、信濃毎日新聞、一九三九年。後に信濃史学会より復刊、一九七七年)によれば、藤沢(伊那市高遠町藤澤北原)、福与城(上伊那郡箕輪町福与)、高遠城(伊那市高遠町)、徳光地(駒ヶ根市中沢高見)、四徳(上伊那郡中川村四徳)、恩徳寺(伊那市西春近下小出)、鳩吹城(伊那市横山)、牛伏寺(松本市内田)の八説が紹介されている。ただし、戦後になると上伊那郡長谷村(伊那市長谷溝口)を大徳王寺城趾として積極的に主張し、二〇〇六年三月九日には村指定文化財(史跡)に指定。なお、長谷村はその二二日後の三月三一日に伊那市と合併。大徳王寺城趾は伊那市指定文化財(史跡)として継承された。

（12）『諏訪大明神画詞』や『神氏系図』によれば、源義家の招きにより上洛しようとした大祝為仲は、道中、双六の諍いが原因で自害。大祝職を継いだ次弟の為継はわずか三日で頓死（三日祝）。さらに後を継いだ三弟の為次も七日で頓死したという（七日祝）。

（13）『鶴岡社務記録』（鶴岡叢書第二輯、貫達人・三浦勝男編、鶴岡八幡宮社務所、一九七八年）

（14）実際は二二日ではなく二三日らしい。鈴木由美は新田義興と北条時行が三浦氏へ援軍を求めに行ったと推察している。前掲注（4）鈴木由美著書。

（15）茅野家本『神家系図』（『復刻諏訪史料叢書 第五巻』所収、諏訪教育会編、中央企画、一九八四年）によれば、安芸守時継の子・頼嗣の傍記に「兵部大夫 改直頼 信濃守」とある。大祝家に所蔵されていたという『神氏系図（一族系図）』（『復刻諏訪史料叢書 第五巻』所収）には頼継の傍記に「大祝 信濃権守 兵部大輔 法名善寛 改頼嗣 亦頼定 直頼」、頼継の弟の信嗣の子・祝方の傍記に「為員 又直頼」とある。ただし、前田家本『神氏系図』（宮地直一『諏訪史 第二巻 前編』所収、諏訪教育会諏訪部会、一九三一年）によれば、大祝時継の子・頼継の傍記に「大祝 信濃権守法名普寛／改頼嗣亦頼寛」とある。また、同本の異本である諏訪市博物館所蔵大祝家文書の『神氏系図（諏訪氏古系図）』（二本松康宏編『諏訪信仰の歴史と伝承』所収、三弥井書店、二〇一九年）にも頼継の傍記に「大祝 改頼嗣 亦頼寛 法名普寛」とあり、どちらにも「直頼」の名は見られない。阪田雄一は諏訪頼継が直義の偏諱「直」を与えられて直頼に改めたと推測する（阪田雄一「足利直義・直冬偏諱考」（『史翰』二一、國學院大学地方史研究会、一九九四年））。

（16）市河文書・観応二年三月付「市河頼房代官泰房軍忠状」、同「市河経助軍忠状」（いずれも『信濃史料 第六巻』所収、信濃史料刊行会、一九六九年訂正重刊）などによる。

（17）観応三年正月日付「佐藤元清軍忠状案」、正平七年正月日付「武田文元軍忠状案」。（いずれも『信濃史料 第六巻』所収）

（18）前掲注（16）に同じ。

（19）『園太暦 巻四』（史料纂集、斎木一馬・黒川高明校訂、続群書類従完成会、一九七三年）

（20）『信濃史料 第六巻』所収

（21）鱠江文書・延文四年一二月一九日付諏訪下宮大祝宛「足利義詮御教書」（『信濃史料 第六巻』所収）

（22）『太平記』巻第三十四「新将軍義詮朝臣南方進発の事」によれば、延文四年一二月二三日、南朝討伐のため京都を出立した足利義詮の軍勢の末尾のほうに「諏方信乃守」と「祢津小四郎」の名があげられる。長谷川端は『太平記 四』（新編日本古典文学全集五七、小学館、一九九八年）の頭注でこの「諏方信乃守」を京都諏訪氏で円忠の子息にあたる康嗣のこととしている。しかし、『信濃史料第六巻』はこれを諏訪直頼とし、先行研究の多くも直頼とする。「諏方信乃守」と「祢津小四郎」の名が並ぶことを踏まえると、「諏方信乃守」は京都諏訪氏ではなく、やはり諏訪直頼を念頭に置いたものと読むべきだろう。なお、それでも上宮の大祝は足利政権もしくは近いところでは小笠原氏に対する敵意を収めきれなかったらしい。「守矢満実書留」(『信濃史料 第六巻』所収)によれば、桔梗ヶ原の敗戦から一〇年後の貞治四年(一三六五)一二月一四日と翌五年一月二〇日の二度にわたって大祝直頼と小笠原長基が合戦に及んでいる。

其後貞治四年乙巳十二月十四日、塩尻於金屋(金井)、当国守護小笠原信濃守与諏方大祝信濃守直頼為合戦、大祝討負、同五年丙午正月廿日、小笠原与大祝・村上兵庫助・香坂・春日・長治(沼)以下宮□(方)合戦討勝、此時も□直頼大祝位立被直

附1　諏訪市博物館所蔵大祝家文書『神氏系図』（前田氏本諏訪氏古系図）抜粋

敦忠　大祝　信濃権守

元久二八相模守義時朝臣寄附諏訪郡小阪郷出当社敦忠為代官可致沙汰之旨寄進状在之仍号後孫在名小阪

敦信　大祝　新太夫

承久三年五月大乱之時左京権太夫義時朝臣相催諸国信州其専一也神氏一族各相談云当社大祝者是為神体崇敬異于他重職也当職之間不出郡内保元平治逆乱養和寿永征伐之時以庶子等派遣之令度君臣争上下闘也天心難測宜仰冥鑒之旨存之敦信於宝前可否令卜筮之処可発向之段有神判任神慮長男信重一族家人勇士相制之令発向神氏正嫡自臨戦場事是最初也種々有神験度々戦功無比類之間義時朝臣令送書札於敦信祝褒美軍忠感歎神験其時神家一族数多西国北国令居住後胤猶令相続之皆彼恩賞之地也

信重　小太郎　信濃権守

信時　大祝　新太夫

盛信　信濃権守

盛重　大祝　次郎　三郎　安芸権守

頼重　大祝　三河権守

時継　大祝　始時経　安芸権守

元弘二年五月廿二日先代相模入道崇鑒相州於旧西東勝寺生涯之後諏方杢左衛門入道真性相共自害同息三郎盛高相具崇鑒息亀寿相模次郎時行落下信州相語祝時継建武二年七月八日打入鎌倉之門為討手　等持院殿蒙征夷大将軍宣旨御発向関東自駿河国高橋始合戦湯本相模河汗（ママ）瀬度々大合戦八月十九日頼重時継以下一族等没落

頼継　大祝　改頼嗣　亦頼寛　法名普寛

建武大乱之時父祖一族為朝敵滅亡之条共向頼嗣七歳令籠居諏訪郡原山之所有種々神験其後等持院殿奉恨朝儀有御事間関東将軍上洛之時国家安否者可依当社神体之旨中之建武三正月一日信州守護人小笠原信濃守貞宗甲州守護人武田駿河守等寄来当郡追落前祝政頼藤澤沙汰居頼継之処弥神変不思儀之神験有之凡神慮難測

信嗣　大祝　安芸守

実者頼嗣弟為猶子当職相続之頼嗣実子在ニ有子細不続神職伊那郡住号高遠信濃守子孫今在之

附2　中先代の乱と諏訪信仰　関連年譜

経過年数	西暦	北朝暦	南朝暦	月	出来事
	1333	正慶2	元弘3	5	北条高時が自害、鎌倉幕府は滅亡 高時遺児の若君は諏訪へ落ち延びる
0	**1335**	**建武2**		**7**	**中先代の乱**
					この間に北条時行、南朝に帰服
2	1337	延元2	建武4	12	北畠顕家、北条時行ら鎌倉を占拠
3	1338	延元3	建武5	1	北畠顕家、北条時行ら京都へ向けて鎌倉を出立
5	1340	暦応3	興国1	6	北条時行、大祝諏訪頼嗣、信濃・大徳王寺城に楯籠る
16	1351	観応2	正平6	1	諏訪直頼、市河氏らに船山郷の守護館などを攻めさせる さらに甲斐へ軍勢を差し向けて須沢城を攻める
17	1352	観応3	正平7	閏2	新田義興らが挙兵し、北条時行は鎌倉を占拠 諏訪直頼、宗良親王を奉じて上野へ侵攻
18	1353	文和2	正平8	5	北条時行、処刑される
20	**1355**	**文和4**	**正平10**	**8**	**諏訪直頼ら、桔梗ヶ原の合戦で小笠原長基に敗北**
21	**1356**	**延文1**	**正平11**	**8**	**諏訪円忠、『諏訪大明神画詞』の制作にあたって各エピソードの典拠を洞院公賢に尋ねる**
				11	**『諏訪大明神画詞』（10巻）**
24	1359	延文4	正平14	12	足利義詮、下宮の金刺氏に天下静謐を祈念させる
					足利義詮、南朝討伐に出陣 諏訪直頼も従軍
30	1365	貞治4	正平20	12	諏訪直頼、筑摩郡金屋にて小笠原長基と合戦
31	1366	貞治5	正平21	1	諏訪直頼、小笠原長基と合戦

第一章　陬波大王から甲賀三郎へ

一　『諏訪大明神画詞』の時代

北朝暦の延文元年（一三五六）、足利幕府に仕えていた諏訪円忠は、先年に紛失したという「諏方社祭絵」の再生を志し、『諏訪大明神画詞』（一〇巻本）を成立させた(1)。

その外題は後光厳天皇の宸筆、奥書は足利尊氏。各巻の詞書は青蓮院の尊円法親王、その弟にあたる円満院の尊悟入道親王、廷臣では近衛道嗣(2)、世尊寺行忠、久我通相、六条有光、石山寺の益守らが筆をとった(3)。尊円法親王は青蓮院流の祖として知られる能書家、世尊寺行忠は藤原行成の書を受け継ぐ世尊寺流の当主である。いずれも当代一流の書家たちとされるが(4)、それだけではないだろう。たとえば石井裕一朗は近衛道嗣、久我通相、尊円法親王らに「後光厳院積極支持派」としての繋がりを見出している(5)。あるいは、石山寺座主の益守は洞院公賢の弟で『石山寺縁起絵』の起草者と推定される(6)。尊円法親王と世尊寺行忠、六条有光らは『後三年合戦絵巻』（原六巻本）の詞書の筆者でもあり(7)、尊円法親王と六条有光とは金蓮寺本『遊行上人縁起絵』の詞書の筆者と目される(8)。六条有光は『慕帰絵詞』の詞書の筆者の一人でもある。右大臣近衛道嗣と内大臣久我通相の他は、当時に流行していた絵巻制作における、いわば詞書の専門家たちであったともいえそうである。

絵は高階隆盛、藤原隆章、藤原隆昌、和泉守郊貞法師ら四人が描いた。中務少輔隆盛は鎌倉時代末期に活躍した宮廷絵師・高階隆兼の近親者だろうか。(9) 藤原隆章と隆昌の父子は祇園社の大絵師であり『慕帰絵詞』の描き手としても知られる。絵巻制作工房のネットワーク・コネクションのようなものがあったのだろう。

その後、『諏訪大明神画詞』には「縁起第四」と「縁起第五」の二巻が追加される。詞書の筆はどちらも青蓮院の尊円法親王の甥でもある同じく青蓮院の尊道入道親王。絵は「縁起第四」は高階隆盛、「縁起第五」には絵師の名が記されていない。(10) 追加二巻の制作時期について近藤喜博、小島瓔礼、石井裕一朗らは応永二年（一三九五）から応永一〇年（一四〇三）のあいだ頃と考察し、さらに石井は円忠の孫にあたる諏訪満嗣（前田家本『神氏系図』によれば実は曾孫）による制作を推察していた。(11) いずれにせよ『諏訪大明神画詞』は京都諏訪氏に「伝万孫之家」(12)（『画詞』跋文）として相伝されることになる。(13)

嘉吉二年（一四四二）一一月には後花園天皇の実父である伏見宮貞成親王（後崇光院）が諏訪忠政から「諏訪縁起之絵十二巻」を借り召して閲覧し、たいそう悦んだうえ、後花園天皇の天覧に推挙している。『康富記』(14)によれば次のような経緯が確認できる。

> 十一日（中略）次向伊勢兵庫助方、折節諏訪将監持参諏訪明神縁起絵十二巻、読時分也、自六至十二聴聞拝見了。
> 鹿苑院殿御奥書御署被加之、外題御光厳院震筆也
> （嘉吉二年六月一一日条）

外記局の中原康富は、この日、伊勢兵庫助（貞親）の屋敷を訪ねた。ちょうどそこに諏訪将監（忠政）が「諏訪明神

縁起絵十二巻」を持参し、披露していた。康富も途中からその座に加わったのだろう。巻第六から巻第一二までの祭絵の読み聞かせを聴聞し、その絵も見たという。「鹿苑院殿」（足利義満）による奥書が記されていたというのは解せないが、康富の思い違いか何かだろう。

廿六日癸未　晴、参伏見殿、候宮御方御読、大御所有御出座、及御雑談、諏訪縁起絵事、有次申上候処、未被御覧之絵也、致媒介可借進之由被仰畢、可申試之由申上　（嘉吉二年一一月二六日条）

この日、中原康富は伏見宮邸に伺候し貞常親王に講じていた。そこに貞常親王の父であり、後花園天皇の実父でもある貞成親王も出座し、歓談に及んだ。康富が「諏訪縁起絵」のことを申し上げると、貞成親王は興味を示し、康富に借用の仲介を依頼した。

廿八日（中略）夕剋諏訪来之間、縁起事伏見殿仰之趣令申了、可借進上之由申者也　（嘉吉二年一一月二八日条）

二日後の一一月二八日、夕方に諏訪忠政が康富邸へ訪れる。康富は伏見宮貞成親王が「諏訪縁起絵」の閲覧を所望していることを伝え、忠政もこれを了承する。

一日（中略）諏訪縁起之絵十二巻。可借進之由、自伏見殿被仰諏訪将監之間、其由予令伝仰了、今日持来之間、則同道参伏見殿。件縁起納辛櫃借進上之、庭田少将被取継之、被悦思食之由有仰、金覆輪一振被下諏訪了、件縁起外題、

後光厳院殿被遊之、等持院毎奥被載名字者也、予去夏比、於伊勢兵庫助拝見了　（嘉吉二年一一月一日条）

この日、諏訪忠政は諏訪縁起絵一二巻を唐櫃に入れて持参してきた。中原康富も同行して伏見宮邸へ参上する。伏見宮邸では伏見宮父子に近侍する庭田少将（庭田長賢）が取り次ぐ。貞成親王は悦び、諏訪忠政に金覆輪の太刀一振りが下賜された。ここでは「等持院毎奥被載名字者也」と書いているから、前掲六月一一日条の「鹿苑院殿御奥書」はやはり何かの勘違いだろう。この絵巻の貸し出しは諏訪忠政にとって家の名誉ともいえる好機であった。同日条に引かれる一一月二九日付の中原康富宛書状には「於身一大事候」であり「更々不可有緩怠候」と忠政の期待と緊張感が滲む。

廿三日（中略）信濃国諏訪之縁起之絵十二巻、自伏見殿被借召之間、申諏訪将監忠政、之処、今月朔日所借進上也、今日被返下之間、諏訪同道参伏見殿、即渡本人訖、伏見殿御覧之後□内裏、々々様未被御覧絵也、天気快然之由被悦仰下之間、以次備天覧之条、面目至畏入存之由、諏訪申者也　（嘉吉二年一一月二三日条）

この日、諏訪縁起絵一二巻が諏訪忠政に返却される。忠政は中原康富とともに伏見宮邸へ参上した。その際、貞成親王は実子である後花園天皇にもこの絵巻を見せたいと天覧に推挙している。忠政にとっては畏れ多くも「面目の至」であった。

次代の後土御門天皇もまた文明一四年（一四八三）閏七月五日と延徳二年（一四九〇）八月六日の二度にわたって叡覧に及んだ。『お湯殿の上の日記』[15]には次のような記事が載る。

五日。侍従中納言すはのゑんき《諏訪の縁起》もちてしこうにて御らんせらる、。　（文明一四年閏七月五日条）

侍従中納言（三条西実隆）が諏訪の縁起を持参して宮中に伺候し、天覧に入れている。おそらく諏訪忠政の子・貞通が宮中まで持参したのだろうが、さすがに叡覧の座に控えることはできなかったのだろう。

六日。（中略）たけたほうゐんすわの御ゑ《諏訪の御絵》けさむにいる、。すは《諏訪》もたせてまいる。　（延徳二年八月六日条）

前回の天覧から八年後、この日は宮廷医師・竹田法印（定盛）が諏訪の縁起を進覧した。このたびは諏訪貞通が宮中まで持参したことも記されている。

後光厳天皇宸筆の外題、足利尊氏による奥書に加えて後花園天皇と後土御門天皇の二代にわたる叡覧の誉を重ね、『諏訪大明神画詞』の権威は程よく高まった。それと同時に天皇や将軍をはじめとする京都の貴紳たちのあいだに諏訪信仰への興味・関心も高まる。村石正行によれば、京都諏訪氏が神職を務める京都の諏訪社は将軍家の祈祷所として位置付けられてゆくという(16)。

中先代の乱から観応の擾乱にかけての戦乱の中、北条時行を擁立した信州の諏訪氏は戦火と血にまみれ、大祝の権威は衰亡しつつあった。いっぽうで大祝家の傍流にあたる諏訪円忠(17)ははやくに建武の新政権に仕え、足利政権にも重用されていた。その円忠が『画詞』の制作を目指したのは、宗家筋の諏訪氏が桔梗ヶ原の合戦で守護の小笠原氏に敗れた翌年である。北条時行の死からは三年後が経っている。あくまでも親北条・反足利を貫いた諏訪氏宗家に対して、円忠は京都において足利尊氏に仕え、京都諏訪氏の礎を築いた。足利氏の庇護の下に京都における諏訪信仰の再創造。

それが『画詞』の目的であることは明白だろう。

これまで、諏訪の信仰や歴史、文化をめぐる研究では、『諏訪大明神画詞』が中世の諏訪信仰を窺い知る一つの目安、ときとして根本史料のように扱われてきた。しかし、前述のように『画詞』の成立には「諏訪円忠による諏訪信仰の再創造」という、いわばバイアスがかかっていることに注意しなければならない。さらに言えば、円忠は諏訪の本社における祭祀を熟知するほどに見分したことがあるのかさえ疑わしい。

ごく近年では『画詞』以前の諏訪信仰の様相を探ろうとする研究が動きつつある。『画詞』以前の中世、つまり鎌倉時代には、どのような諏訪信仰が存在したのか。

二 『諏方上社物忌令』と「陬波大王垂迹縁起」

『諏訪大明神画詞』よりも一二〇年ほど遡る嘉禎四年（一二三八）の奥書を識す『諏方上社物忌令』(18)には、物忌の条々のほかに七不思議、七つの神宝、七石、七木を挙げ、そして当社明神の縁起と神秘が記されている。その縁起は諏訪大明神の前生を天竺・波提国の王であったと説く。

倩惟、当社明神者、遠分㆓異朝雲㆒近交㆓南浮塵㆒給申。其名健御名方明神、去ハ和光之古ヲタツヌル、波提国ノ主トシテ、文月末比鹿野苑御狩ノ時、奉㆑襲守屋逆臣カ其難ヲノカレ、広大慈悲御座得㆑名給。

波提国の王は、七月の末頃に鹿野苑で狩りを催していた。ときに守屋が謀叛をおこし、王を殺害しようとした。王は兵乱を逃れて、広大なる慈悲の名を世に示したという。七月の末頃の狩りといえば、いうまでもなく御射山の御狩の祭を想起させる設定だろう。後に波提国の王は南方の波斯国へ渡り、彼の地の悪龍を降伏させて万民を救済し、「陬波皇帝」と称して波斯国を治めたと伝える。

> 訪《レハ》二其濫觴一、或称《シ》二他国応生之霊一、又ハ号二我朝根之神《ト》一。南方幸《キナリ》二波斯国一、降二伏悪龍一救二万民一。彼《ノ》国《ヲ》治《メ》為二陬波皇帝《ト》一。

これと同じような話は『画詞』祭第六にも御射山の由緒として説かれている。

> 大明神天竺波提国ノ王タリシ時、七月廿七日ヨリ同卅日ニ至マテ、鹿野苑ニ於テ狩ヲセサセ給タル時、美教ト云乱臣忽ニ軍ヲ率シテ、王ヲ害シ奉ラントス。其時王、金ノ鈴ヲ振テ、蒼天ニ仰テ八タヒ叫ヒテノ玉ハク、我今逆臣ノタメニ害セラレントス。狩ル所ノ畜類全ク自欲ノタメニアラス、仏道ヲ成セシメンカ為也。是若天意ニカナハヽ、梵天我ヲスクヒ給ヘト。其時梵天眼ヲ以テ是ヲ見テ、四大天王ニ勅シテ、金剛杖ヲ執テ群党ヲ誅セシメ給ニケリ。今ノ三斎山、其儀ヲウツサル、由、申伝ヘタリ。（中略）爰ニ知ヌ、明神慈悲ノ畋猟ハ群類済度ノ方便ナリト云事ヲ。

『諏方上社物忌令』では叛乱を起こしたのは「守屋」であったが、『画詞』には「美教」とある。『画詞』によれば、波提国の王が催した鹿野苑の狩りは、そもそも獣たちを仏道に導くための「済度ノ方便」であったという。その篤志が梵天に通じ、梵天は四天王を遣わして逆臣・美教を誅した。同じく諏訪円忠の撰とされる『諏方大明神講式』[19]にも『画詞』とほぼ同文の説話が載せられている。『講式』では天竺の「美教大臣」が我が国に渡来して「洩矢《ノ》悪賊」になったと伝える。

ところが、『画詞』が載せるのはここまでで、『諏方上社物忌令』にみられる「陬波皇帝」による悪龍退治譚は記されていない。『画詞』は記録・典拠にこだわりながら撰述されたから、出処の知れない「陬波皇帝」の悪龍退治譚には躊躇したのかもしれない。「陬波皇帝」の悪龍退治譚を受け継いだのは『画詞』ではなく『講式』のほうである。

次《ニ》於二当社《ノ》縁起《ニ》一者、作者《ノ》無二定説一。用否存二予儀一歟《カ》。雖レ然是《レ》又非レ可《ス》二黙止《キニモタス》一。如二彼文《ノ》一者、□大明神者、本《ト》中天竺《ノ》国主也《ナリ》。為二師子頬《ケウ》王之《ノ》玄孫《ト》一、作《タリ》二貴徳大王之《ノ》長子一。能耀《クシテ》二武徳一退《ケ》二魔軍於遐方《ニ》一、普施《クシテ》二仁政一及《ス》二皇化於隣竺《ニ》一。南《ノカタ》　幸二波戸国《ニ》一、射《テ》二悪龍一而救《フ》二民黎《レイヲ》一。即治《チテ》二彼《ノ》国《ヲ》一号《ス》二諏波皇帝《ト》一。

内容的には『諏方上社物忌令』と酷似している。注目したいのは、この説話を「当社縁起」と言いながらも、作者が誰かわからず（「作者無《ノ》二定説一」）、そうかといって無視・黙殺もできない（「雖レ然是又非レ可《ス》二黙止《キニモタス》一」）シロモノとされている点である。この逸話の直前では「旧事本紀第三曰ク」として建御名方の洲波への隠棲を記し「彼記《ノ》不レ可レ疑《フ》」と言い切っているのに較べるとずいぶんと扱いが違う。そこにこの縁起の真相が垣間見られるのではないか。

「陬波皇帝」の縁起は、『講式』よりも遡り、鎌倉時代末期に称名寺の釼阿、全海らが書写した『陬波御記文』[20]にその断片を見出すことができる。『陬波御記文』は諏訪大明神の口宣として伝えられた秘巻である。

阪波大王　限《テ》二甲午《ニ》一隠《スヲ》レ身、阪波与甲午　印文同《トクシテ》　一物三名《ナリ》。我印文能持《カクツヘシ》二身心《ニ》一。得《テ》二此人《ヲ》一思《ヒ》二真神体《ノト》一、定《ムヘシ》二正法
持国法《ノ》理《ト》一。

ここでは諏訪大明神を「阪波大王」とする。金井典美は「阪波大王」を大祝のことであるというが(21)、それよりも『諏方上社物忌令』や『講式』に登場する「阪波皇帝」と同一とみるべきだろう。

それにしても「阪波大王」が甲午に姿を隠すとはどういう意味だろうか。『阪波御記文』とともに成立したと考えられる『阪波私注』(22)の第一条にも同じことが記されている。

一、大明神　甲午仁有二御誕生一、甲午仁隠二御身一給《フ》

諏方大明神は甲午に姿を隠すだけでなく、甲午に生まれもするらしい。「甲午」というのが年、月、日、あるいは時刻を表すものなのかはっきりしない。年干支の甲午だとしたら諏訪大明神は六〇年に一度、死と再生を果たしていることになるが、後に詳しく述べるように、この「甲午」における神の死と再生が御射山神事の本義であり神秘の真相だとすると、その聖なる死と再生の祭礼が六〇年に一度というのは腑に落ちない。それが月干支だとすると午の月は五月にあたるから七月にはあわない。日干支だとすれば六〇日に一度のことであるが、それがかならず御射山の祭日にあたるとはかぎらない。諏訪大明神の死と再生が果たされる「甲午」とは時干支だろうか。時干支によれば、とりわけ丙日と辛日は午の刻が「甲午」となる。たとえば京都・下鴨神社の境外・摂社・御蔭神社における「御生神事《みあれしんじ》」も午の刻を期して御阿礼《みあれ》の聖地・御蔭山に神霊（荒魂）が降誕する。その聖なる甲午の刻を期して諏訪大明神の死と

大祝への再生、すなわち御衣着《みそぎ》の祭儀が執り行われたのではないか。

享保九年（一七二四）に成立した松本藩の地誌『信府統記』(23)第五には御射山について「二十七日午ノ刻ニ日月星ノ三光並ヒ見ユ」とある。日月星の三光はもともと狩祭としての御射山祭において二七日の有明の月とともに明け方におきる奇瑞だったと考えられるが、それが狩祭の本質が忘れられた頃になって午の刻の秘儀と習合したのかもしれない。

「陬波与甲午　印文同《トクシテ》一物三名《ナリ》。我《カ》印文能持《クツヘシ》二身心《ニ》一」というのもわかりにくい。金井典美は「印文」を上社に伝わる鹿角製の宝印と解釈し(24)、井原今朝男はそれを諏方下社に伝来した「売神祝印」と推定した(25)。しかし、蝦蟆狩の神事をはじめとして『諏方上社物忌令』と同じ世界観を持つ『陬波御記文』や『陬波私注』において、諏方下社に伝来した「売神祝印」をあてはめる井原の説明には無理がある。「我ガ印文、能ク身心ニ持ツベシ」というのだから、その印文は常に身と心に携えるべきものである。鹿角の宝印にしても「売神祝印」にしても大祝が常に身につけていたということはあるまいし、心に保つというのもよくわからない。あるいは、真下厚は大祝の職位式において神長官守矢から大祝に授けられる呪印の秘法ではないかと推察している(26)。神長官守矢氏に伝えられた『大祝職位事書』(27)の建武二年（一三三五）二月九日記（頼継の職位）によれば、大祝の職位式は、まず大祝による四方拝から始まる。その際、大祝は呪印を結ぶという。

　如レ例大祝殿四方をはいして呪印、同十字極位大事三数如例

ちなみに、四方拝の後は十字（饅頭）を作法に則って三口に食すというが、これは『吾妻鏡』建久四年（一一九三）五

月十六日条に記録された源頼家のための矢口の祭[28]や同じく『吾妻鏡』建久四年九月一一条の北条泰時の矢祭[29]の作法にも似ているのは興味深いが、ここではさておく。神長官守矢氏に伝えられた大祝職位授与の極秘伝書とされる『諏訪大明神深秘御本事大事』[30]によれば、その秘儀は神仏習合に彩られ伝法灌頂に擬せられる。したがって職位式においても伝法灌頂に倣い、金剛界大日如来の智拳印をからはじまり五鈷印、无所不至印、宝珠印、施無畏印、八葉印をもって触穢を祓い、また弥勒の呪印、普賢の呪印、文殊の呪印、観音の呪印、釈迦の呪印、阿弥陀の呪印をもって六根の罪咎を拭うという。つまり職位式における大祝の呪印は随所にして多種におよび、「我ガ印文、能ク身心ニ持ツベシ」というほどの何かの特別なものではないようである。呪印をもって「能ク身心ニ持ツベシ」というのも辻褄が合わない。

おそらく「記文」は「きぶん」ではなく「しるしぶみ」と読むべきで、「印文」は「しるしぶみ」そのものではないだろうか。『陬波御記文』は諏訪大明神がみずからを「我」と称した一人称による「誓願」である。その末尾に「正本御記文者梵語也」とあるように、正本《オリジナル》は梵語で書かれていたらしい[31]。

正本御記文者梵語也、大明神御印判在レ之、輙《チ》凡人《ノ》不レ可レ及二拝見《スルニ》一、此本者摸《セル》二梵語於漢字一也、大明神結縁輩自触レ耳可レ及二拝見一歟

「大明神御印判在レ之」とあるから、それには上社に伝わる鹿角の宝印か、あるいはそのような神印が捺されていたようである。宝治三年（一二四九）の奥書を記す『諏訪信重解状』[32]によれば、諏訪大明神の「口筆」を「神事記文」として、これを「大宣」[33]と称し、毎年の重要な神事において大祝がその「記文」読み上げたという。

一　以大祝為御躰事
右、大明神御垂跡以後、現人神御、国家鎮護為眼前之処、鑒機根御躰隠居之刻、御誓願云、無我別躰、以祝可為御躰、欲拝我者、須見祝云々、仍以神字与給祝姓之刻、以明神之口筆、祝令注置神事記文号大室（宣か）、而為宗御神事之時者、毎年大祝奉読上彼記文、致天下泰平之祈請事十ヶ度也

たとえば守矢家に伝来した古記録とされる『嘉禎神事事書』(34)によれば、七月の御射山神事では御射山大明神の神前に仮設された四つの庵のうちの西に向いた「大庵」に大祝が宿直し、大祝は山宮に向けて「大宣」を読み上げ奉り、天下泰平を祈念するという。

一、御射山大明神ハ東向ニ立御、正一位法諏方南宮大明神ノ御母也。御前ニ四庵トテ四方ニ向合テカタハヤニテフキタル庵アリ。但カヤノ下ハイタナリ。御旅所ノキシキ也。西ニ向タル大庵ニハ大祝殿夜宿給、彼前ニテ山宮ニ向テ大祝殿奉読上大宣ヲ、幣帛ニハ小花ヲ幣ニ取副、致天下泰平祈請、手ヲハタ〳〵トタ、キ給ヘハ、貴賤一同ニシハラクタ、ク也。是ヲ御手祓ト云也

あるいは、伊藤冨雄は、『諏訪大明神画詞』祭春下に記された三月酉日の神使出御の儀で大祝が読み上げる「大祝言《ヲホノト》」も、この「大宣」であると説明する(35)。

酉日、神使四人上臈御立御。（中略）巫女等介錯、大祝同シク出テ相フ。彼是床子ニ着ク。大祝言《ヲホノト》ヲヨミアク。口伝アリ。

神使口マネヲス。

『諏訪大明神画詞』縁起中で、安倍高丸討伐を守護した諏訪大明神が田村将軍に託し置いたという「一巻記文（今者号二記文陀羅尼一）」もおそらく同じものだろう。

我ハ是諏方明神也。王城ヲ守ランカ為ニ将軍ニ随遂ス。（中略）又遊興ノ中ニ畋猟殊ニ甘心スル所也ト。将軍申テ云、神兵ハ是得通ノ人也。何ソ殺生ノ罪業ヲ好ミ給ヤ。明神答給ハク、偸《ヒソカニトウノ》 蕩邪忌群萌《クンモウ》、為レ利二殺生之猪鹿《ヲ》一於二真如之境一、棲二山海之辺《ニ》一也トテ、一巻記文（今者号二記文陀羅尼一）出シ給テ、カキケス様ニウセ給フ。

『画詞』における「一巻記文」は狩猟と殺生の正当性を説く。「一巻記文」が『阪波御記文』だとすれば、およその生類救済の誓願に沿うものである。

我従《リテ》二燃灯仏《ニ》一以来、以《テ》二神通《ヲ》一見《ルニ》二諸業類《ヲ》一、六趣之中《ニ》愚痴《ナル》者《ハ》、一切《ノ》禽獣魚虫《ノ》身《ナリ》。流二転《シテ》生死《ヲ》一迷《フコト》二生死《ニ》一、依《リ》二不信《ニ》一依《リテナリ》レ行《フニ》二非法《ヲ》一。以《テナリ》三不信《トハ》内《ニ》誑《スヲ》二人《ノ》性《ヲ》一。以《テナリ》三非法《トハ》外《ニ》窘《ナムヲ》二自慾《ヲ》一。不信非法流転《ノ》因《ナリ》。皆是我無始《ノ》分身《ナリ》。殺《シテ》二鳥鹿《ヲ》一自《カラ》用《フルコト》二贄祭《ニ》一、懺悔《シテ》帰《スル》二浄土《ニ》一善巧《ナリ》。

この後で詳しく述べるが、『阪波御記文』の主題は仏教的な語彙と理論を繰り広げて解き明かされる三斎山（御射山）における贄祭の功徳である。それを漢字に書き写した模本が御射山の神事の際に大祝の口から読みあげられる。『阪波御記文』は人が神の神徳を称え、崇敬を表する祝詞ではない。神の一人称による宣誓である。大祝はみずからの口で大明神の「しるしぶみ」を読みあげることで大明神と一体となる。

『阪波御記文』は「阪波大王」の名を記すだけであるが、『阪波私注』の第二条、第三条、第八条には、その「阪波大王」の事績と思われる縁起の断片を見ることができる。

一、(第二条)続旦《ソクタン》大臣ト申ハ大明神ノ叔父御前、自リ二天竺一御同道、大明神御体隠ヲサセ給シ御時、装束ヲ奉三抜ヌキ二著キセ彼大臣一給テ、号二御衣木《ミソキ》法理ト一、我之体以二法理ヲ一体トセヨトハ誓給シ也

一、(第三条)阪波ト申事ナミシツカナリトヨメリ

蝦蟆《カニタ》(カエルノ事ナリ)　神成二荒神一悩ト二天下一時、大明神退二治之一御坐時四海静謐之間阪波ト云々　口伝在レ之

一、(第八条)御衣木法理殿御実名ハ者有員云々

第三条の蝦蟆の荒神を退治し、四海が静謐となったので「阪《ナミシツカ》 波」と称するようになったというのは『諏方上社物忌令』や『講式』が記す波斯国の悪龍退治の同系異伝もしくは変奏である。とくに原家本『諏方上社物忌令』では「七不思儀之事」の第二に「一、カヘルカリ」とのみ記される蝦蟆狩りの神事について、神長守矢家本『諏方上社物忌令』(36)には「七不思儀」の第一として「正月一日之蝦蟆狩之事」をあげ、その由来を説き明かす。

一　正月一日之蝦蟆狩之事　蝦蟆神成二荒神一悩乱二天下一時、大明神彼ヲ退治御座シ時、四海静謐之間、阪波ト云字ヲ波阪なりと読り、口伝多し、望人ハ尋へし、于今年々災を除玉ふ、謂ニ蟇狩是ナリ。

神長守矢家本『諏方上社物忌令』には後代に加筆された可能性も疑わなければならないし、そもそも原家本『諏方上社物忌令』に記された嘉禎四年の奥書も無条件に受け入れることはできない。それにしても、この記事が金沢文庫に伝えられたかぎりの『陬波私注』の第三条とほぼ同文といってもよいレベルで似通うことは、見過ごすことができない。

こうした断片を組み立てることによって「陬波大王縁起」ともいうべき本地垂迹の物語が存在した可能性が見えてくる。その梗概は次のように想定される。

①　波提国の王は、七月の末ごろ鹿野苑で狩りを催していたが、守屋の叛乱に遭う。（『諏方上社物忌令』『画詞』）

②　王は狩りこそ畜類済度の方便であることを天に訴え、梵天は四天王を遣わして逆臣を誅し王を救う。（『画詞』）

③－a　王は波斯国へ渡り、悪龍を降伏させて民を救い、「陬波皇帝」となって波斯国を治める。（『諏方上社物忌令』『講式』）

③－b　蝦蟆の荒神を退治し「陬波大王」と称する。（『陬波私注』）

④　陬波大王は叔父にあたる続旦大臣をともなって日本国へやってくる。そして諏訪大明神として垂迹する。（『陬波私注』）

⑤　諏訪大明神は「甲午」を期してみずからの装束を脱いで続旦大臣に着せて大祝に任じ、我が身は大祝と一体であることを誓って姿を隠す。（『陬波御記文』『陬波私注』）

⑥　続旦大臣は実名を有員といい、諏訪の大祝の祖となる。（『陬波私注』）

⑦　鹿野苑の狩りを模して御射山の神事が始められる。（『諏方上社物忌令』『阪波御記文』『画詞』『講式』）

『阪波御記文』『阪波私注』は「祝」を「法理」と書きあらわす。とくに『阪波御記文』では「法理」を「正法」「正理」といった仏語と並び絡めて、非常に仏教的な論説を繰り広げる。

　我以《テ》二正法《ヲ》一為《シ》二正体《ト》一、行《フヲ》二正理《ヲ》一為《スカ》二正祭《ト》一故《ニ》、恐《レテ》レ神《ヲ》不《ルハ》レ犯《サ》レ非《ヲ》正法《ナリ》、守《テ》二本誓《ヲ》一不《ルハ》レ貪《ヲ》正理《ナリ》。正法《ト》正理《ヲ》為《セン》二法理《ト》一。（中略）護《テ》二正法正理《ヲ》一随《ヘ》レ我《ニ》。不《ンハ》レ行《ハ》二正法正理《ヲ》一去《ルヘシ》。去《ラハ》立《チトコロニ》天下《ニ》起《ラン》二災難一。能《ク》知《ルヲ》二此本誓《ヲ》一法理《トセン》、背《カハ》二此誓《ニ》一全《ク》不《ス》二法理《ニハ》一。

「正法」と「正理」とを堅持し、それを実践するものこそが「法理《（祝）》」であるという。諏訪の大祝は大明神の神裔にして、神体そのものとされていたことはよく知られている。それは、大祝をいただく諏訪の最たる誇りとして、中世の諏訪信仰において繰り返し説かれてきた。しかし「祝」を「法理」として仏説的な論理に基づいたのは『阪波御記文』『阪波私注』の特徴といってよい。

『諏方上社物忌令』や『阪波御記文』『阪波私注』『講式』の背景にある仏教色の濃い「阪波大王」の垂迹縁起は『画詞』にもその名残りを窺うことができる。前に掲げた『画詞』祭第六では御射山を「三斎山」と表記していた。大明神の鹿野苑の狩りを「今ノ三斎山、其儀ヲウツサル、由」と伝え「明神慈悲ノ畋猟ハ群類済度ノ方便ナリ」と説く。『諏方大明神講式』にも同文が見られる。この「三斎山」という表記は『阪波御記文』においても用いられ、仏教的な語彙と理論を繰り広げて三斎山（御射山）における贄祭の功徳を説く。

殺シテ二鳥鹿ヲ一自カラ用フルコト二贄祭ニ一、懺悔シテ帰スル二浄土ニ一善巧ナリ。於テ二如キレ此贄料神物ニ一、雖モ二禽獣ナリト一有ラハレ非被ランレ咎ヲ。何況ソンヤ於テ二人類ノ非ニ一乎。
我雖モレ呑ムト二熱鉄ノ炎丸ヲ一、不レ稟二非例人ノ祭礼ヲ一。断テ二尽スカ三業ノ作罪ヲ一故ニ、此ノ蛮会ヲ名ク二三斎山ト一。

鳥や獣を殺して祭の贄とするのは、それらを浄土へ送るための方便である。ここまでのところは諏訪ではよく知られた殺生功徳の論理である。その贄となる鳥獣でさえも罪の穢れあるものは罰を受ける。まして人間には身・口・意によって引き起こされる三業がある。この狩りの祭礼は三業の罪をことごとく断って執り行われる。したがって「三斎山」という。『諏方上社物忌令』や『陬波私注』と同じ世界線のなかで『陬波御記文』に示された「三斎山」の仏説的弁証は『画詞』『講式』にも受け継がれている。

『陬波御記文』『陬波私注』の奥書によれば、それらの第一の書写は釼阿、次の書写は全海によってなされたとある。釼阿は金沢称名寺の二世であり、夥しい数の聖典や縁起類の執筆・収集・書写が知られている。[37] 全海も称名寺や極楽寺を拠点として社寺縁起の書写を繰り広げていた。[38] 金沢北条氏・称名寺の縁起工房と得宗北条家の有力な身内人であった諏訪氏との繋がりは先行研究によっても明らかにされつつある。『諏方上社物忌令』や『陬波御記文』『陬波私注』に遺された「陬波大王垂迹縁起」は、そうした環境の中に生成していたのではないか。

三　『諏訪信重解状』と「諏訪大明神守屋山垂迹縁起」

『諏方上社物忌令』において、諏訪大明神の前生である波提国の王に叛乱を起こしたのは逆臣・守屋であった。ところが、『諏方上社物忌令』の一一年後にあたる宝治三年の奥書を記す『諏訪信重解状』は、その第一条「守屋山麓御垂跡事」に、諏訪大明神の降臨とそれに抵抗した守屋大臣との戦いを伝える。

一　守屋山麓御垂跡事
右、謹検旧貫、当砌昔者守屋大臣之所領也、大神天降御之刻、大臣者奉禦明神之居住、励制止之方法、明神者廻可為御敷地之秘計、或致諍論、或及合戦之処、両方難決雌雄、爰明神者持藤鎰、大臣者以鉄鎰、懸此所引之、明神即以藤鎰令勝得軍陣之諍論給、而間令追罰守屋大臣、

諏訪はもともと守屋大臣の所領であったという。そこに諏方大明神が降臨した。大明神と守屋は互いに譲らず争論・合戦に及ぶ。そこで大明神は藤の鎰《かぎ》を、守屋は鉄の鎰《かぎ》を持ち出す。「懸此所引之」というから、土地に鎰を引っ掛けて綱引きのように引き合ったとでもいうのだろうか。諏方大明神はこの戦いに勝利し、守屋を追討する。

明神以彼藤鎰自令植当社之前給、藤栄枝葉号藤諏方之森、毎年二ヶ度御神事勤之、自尒以来以当郡名諏方、

諏訪大明神は戦勝の記念に藤の鎰を植えると、枝葉が生い茂ったので、そこを藤諏訪の森という。これによって郡の名も諏訪というようになった。
　鎰が何を意味するかとか、大明神の藤と守屋の鉄とが何を象徴するかといった話は本稿ではさておく。興味深いのは、『諏方上社物忌令』に示され、おそらくは『陬波御記文』『陬波私注』にも受け継がれた「陬波皇帝」系の縁起が存在しながら、いっぽうでは同じ時期にこうしてまったく別の世界線による垂迹の物語が上宮の大祝家に伝わってい

たことである。諏訪の語源も「陬波皇帝」の「ナミシズカ」とは違う伝承である。しかも『陬波御記文』は御射山（三斎山）を法華経ゆかりの普賢身変山と号し、大明神の応身そのものと説く。

此《ノ》山《ハ》生《ゼリ》㆓霊鷲山《ノ》艮《ヨリ》㆒。当《ニ》慈尊《ノ》該《タマヘルノ》㆓法華《ヲ》㆒地《ナリ》。故《ニ》名《ク》㆓普賢身変山《ト》㆒。踏《マンモノヲハ》㆓此《ノ》地《ヲ》㆒不㆑堕㆓悪趣《ニ》㆒。此地及《ブマデ》㆓草木樹林《ニ》㆒、皆是我《カ》身分《ノ》所現《ナリ》。

それに対して『諏訪信重解状』は守屋山を大明神垂迹の聖地とする。守屋山は、上社本宮の南の背後に聳える。上社前宮はその登坂口にあたる。古くには諏訪大明神のご神体そのものとされることもあった。たとえば天文二二年（一五五三）一二月の奥書を持つ『上宮御鎮坐秘伝記』[39]には、建御名方命の父とする三輪山の神に倣って諏訪も山を神体として拝し、拝殿のみを設けて、社殿は造営しないと記されている。

諏方国鎮坐之処、不造営宮社而唯拝殿之、以山為神体、而拝之矣。則倣于父尊大和国三輪神陵

しかし、その守屋山の頂きに祀られるのは、そこに降臨したはずの諏訪大明神ではなく、守矢大臣である。神長官守矢資料館蔵「天正古図」（模写本）によれば、守屋山の山頂に「守矢大臣宮」が描かれている。大明神垂迹の聖地に追放されたはずの守屋大臣を祀る社祠があるのは、大明神の裔なる大祝と守屋大臣の裔なる神長・守矢の関係をなぞれば違和感がない。諏訪において守矢の裔は排除されるどころか神職の筆頭たる神長官として大祝の即位を宰領し、祭祀の一切を取り仕切る立場にあった。諏訪大明神の守屋山降臨と守屋大臣との神戦は、守屋山を仰ぐ信仰風景の中で、

在地的なリアリティとともに伝えられたのだろう。

同じ話は『諏訪大明神画詞』祭第四にも藤島明神（藤島社）の由来として位置付けられる。

抑コノ藤島ノ明神ト申ハ、尊神垂迹ノ昔、洩矢ノ悪賊神居ヲサマタケントセシ時、洩矢ハ鉄輪ヲ持シテアラソヒ、明神ハ藤ノ枝ヲトリテ是ヲ伏シ給フ。ツイニ邪輪ヲ降シテ正法ヲ興ス。明神誓テ発テ、藤枝ヲナケ給シカハ、則根ヲサシテ枝葉ヲサカヘ、花蘂アサヤカニシテ、戦場ノシルシヲ万代ニ残ス。藤島ノ明神ト号スル、此ユエナリ

しかし、『画詞』では、『諏訪信重解状』にとって肝心の守屋山への降臨が語られない。洩矢の鉄と諏訪大明神の藤は鎰ではなく、鉄輪と藤の枝である。藤の鎰と鉄の鎰がどのようなもので、それによってどのような葛藤があったのか、すでに『画詞』はわからなくなってしまったのかもしれない。『諏訪信重解状』は、その冒頭によれば、上宮を本宮として認めない下宮祝盛基の訴えに対して、上宮大祝である信濃守信重が上宮の優位を上申したものである。ただし、奥書に記された署名「大祝信濃守信重在判」の不自然さや宛先として記された「進上　御奉行所」の違和感から、『諏訪信重解状』がほんとうに「宝治三年」に書かれたものかどうかは極めて疑わしいようである。細川重雄によれば「宝治三年に大祝信重が書いた上申書」という体を装って、実際には建武政権期に新政権に提出されたものである可能性が高いともいう[40]。しかし、本稿の問題は『諏訪信重解状』そのものの成立時期ではない。『諏訪信重解状』に掲げられた「縁起」の生成は、おそらく『画詞』よりも早くに遡るだろう。七ヶ条のうち第一条「守屋山麓御垂跡事」、第二条「当社五月会御射山濫觴事」、第三条「以大祝為御体事」がその縁起というべき内容である。

御射山の神事の由緒についても、大別して二つの系統に分類できる。

一つは前節で述べたように、諏訪大明神が波提国の王であったときに鹿野苑で催した狩りを由緒とする伝承である。『諏方上社物忌令』や『陬波御記文』『陬波私注』にそれを窺うことができる。

もう一つは、坂上田村麻呂による高丸追討に諏訪大明神が神威をあらわしたことを記念して御射山の狩祭りが始められたとする伝えである。こちらは『諏訪信重解状』第二条「当社五月会御射山濫觴事」に採用されている。

桓武天皇の治世、高丸追討の勅を賜わり奥州へと下る坂上田村麻呂は、信濃国で梶の葉の紋をつけた水干姿の武士を供とする。奥州へ着いた田村麻呂は高丸の石城に対峙する。梶の葉の武士は秘計をもって海上で流鏑馬を催し、高丸を討つ。

> 高丸籠二居石城一之間、依レ難二寄討一、彼武者廻二秘計一、出二海上一、射二流鏑馬一、旁以二方便一令レ誅二高丸一畢、将軍即遂二追討之本意一、

やがて梶の葉の武士は諏訪大明神の本性を示す。感涙にむせぶ田村麻呂に、大明神はこの縁によって諏訪に狩りの神事が執り行われることを求める。

> 明神詑云、典遊中以二狩猟一欲レ為二神事之詮一云々

田村麻呂は、本地は普賢菩薩である大明神がなぜ殺生の御業を求めるかと問う。大明神は獣たちを結縁させるための大いなる慈悲を説き明かす。

以二諏方郡四千町一、山野三千町、海荒原二千丁為二御敷地一、配二三四方八千束粮稲於二国中一、可レ充二神用一云々、而間将軍任二御託宣之旨一、被レ始二置御狩一、所謂五月会、御作田、御射山、秋庵以レ是名二四度御狩一自レ爾以来遥送二四百余歳之星律一、久経二三千余代星基一、就レ中五月会御射山者、国中第一之大営神事也、

宣旨によって神領と神事の料が寄進され、田村麻呂は五月会、御作田、御射山、秋庵の四度の御狩の祭礼を設ける。とりわけて五月会と御射山は国中第一の神事である、と。

田村麻呂による高丸追討譚は『諏方上社物忌令』にも載せられている。しかし、それは四度の御狩の由緒を説くものではない。『諏方上社物忌令』における高丸追討譚は流鏑馬の由緒として伝えられる。

一、流鏑馬之事、一ノ的ノハツレタルハ、天下ノ御為、二ノ的ハ社家之為、三ノ的ハ射手ノ為也。是ハ悪事也。高丸御退治之時、一ニハ天下之為、二ニハ国土衆生ノ為、三ニハ神通自在之方便力ヲ以テ、カノ高丸ヲ刹那カ程ニウチトリ給シ時、

かつての高丸退治のとき、諏訪大明神は、一には天下のために、二には国土の衆生のために、三には神通自在の方便を世に示すために流鏑馬を催して高丸を討ち滅ぼしたという。流鏑馬は四月一五日、五月六日（五月会）、六月一日、六月一五日、六月二〇日等に本宮の一の鳥居と二の鳥居との間を馬場として催された。とくに五月会では左頭役、右頭役とならんで流鏑馬頭役が任じられ、これらを三頭と称した。左頭役は五月五日の朝に本社の饗膳・引物に奉仕し、右頭役は五日の夕に馬場廓にて饗宴を賄う。六日の夕の饗膳は流鏑馬頭役が担う。『諏方上社物忌令』における高丸

追討譚は、その流鏑馬の由来である。四度の御狩の由緒としてではない。
ちなみに高丸退治は『画詞』にも記される。しかし、それも厳密には四度の御狩の由緒ではない。『画詞』における高丸退治の物語は、宣旨による神領の寄進、それによって一年に七十余日の神事と百余ヶ度の饗膳がいまに受け継がれることが主題となっている。

将軍是ヲ拝見シテ、感涙ヲ押へ、信力ヲコラシテ、帰京ノ後天聴ニ達シ、宣旨ヲ下サレテ諏方群〈ママ〉ノ田畠・山野各々千町、毎年作稲八万四千束、彼神事要脚ニアテヲカル。其ヨリ以来一年中七十余日神事、付、頭役・狩猟各四ヶ度、並ニ百余箇度ノ饗膳今ニ退転ナシ。

七十余日の神事のうちに四度の御狩が含まれるとしても、『諏訪信重解状』のように高丸追討譚をもって四度の御狩の由緒を説こうとした意志は見られない。
『諏訪信重解状』に次いで高丸追討譚を御射山の由来として語るのは『神道集』(41)巻第四「信濃国鎮守諏方大明神秋山祭事」である。

将軍佐《ハトテ》、スワノ郡へ入《ツヽ》、此所《ヲハ》明神ニ寄進《トテ》、又云《ク》、此神明《ヲ》普賢・千手《ト》申也《トテ》国内《ノ》人《ヲ》催《ツヽ》、深山《ノ》狩《ヲハ》始《ケル》、御縁日《ニハ》悪事《ノ》
高丸《ヲ》亡《セシ》月日《トテ》、廿七日《ヲハ》祭《給フ》、（中略）佐《テ》当時《マテモ》秋山《ノ》御祭日《ノ》《トハ》定《ムル》也、

『諏訪信重解状』は高丸追討譚を四度の御狩、とりわけて五月会と御射山の由来とするが、『神道集』はそれを秋山祭

（御射山）の始まりとして説く。『諏訪信重解状』から『神道集』へと繋がる話の流れのなかに高丸追討譚を五月会や御射山の神事といった御狩の由緒として語るもう一つの神話の世界観が見えてくる。
その「諏訪大明神守屋山垂迹縁起」とも言うべき物語の骨子は次のように推定される。

① 諏訪大明神が守屋山に降臨し、守屋大臣と所領を争う。大明神は藤の鎰を、守屋は鉄の鎰をもって争い、大明神が勝利する。（『諏訪信重解状』『画詞』「天正古図」）

② 桓武天皇の治世、諏訪大明神は坂上田村麻呂を助けて高丸を退治し、それを記念して御射山、もしくは五月会と御射山の狩りの神事が始まる。（『諏訪信重解状』『神道集』）

ところで、『園太暦』[42]延文元年八月三日条は『諏訪大明神画詞』の製作をうかがわせる記事として知られている。

今朝武家奉行人諏訪大進房円忠、当社縁起已下条々有示旨、条々可注出云々、此事更無才学、且神名帳已下事、相尋兼豊宿禰、大概遣之、

「諏方社祭絵」の再生を志した諏訪円忠が、『園太暦』の著者であり当代きっての有職家である洞院公賢に、縁起に収める内容の記録・典拠について助言を求めた。洞院公賢は自分にはその知識がないとして円忠からの書状を神祇大副・卜部兼豊に転送した。円忠の書状に記された篇目「諏方社事」は五箇条から成る。その第三条は正史・史書に記されない奇瑞の逸話の典拠に心あたりがないかを尋ねる。

一、明神変旅客、伴田村麿将軍、誅罰安倍高丸、隆弁、開成皇子書般若之時、献硯水、謁慈覚大師、守護如法写経之道場、対良忍上人、令書融通念仏之名帳、
弘仁《（嵯峨）》聖主、夢中感為普賢之応区、
康平《（後冷泉）》天皇、鎮白波凶徒之日、仰神威進一品之爵、
弘安・宝暦、覆蒙古之賊船
以上条々之奇特、載隆弁僧正式并仲範朝臣祭文等、於関東境仰信、但出所未詳、日本紀已下旧記有所見哉否、
可示給候歟

これらの逸話は「隆弁僧正式」「仲範朝臣祭文」等には見られるものの、その典拠が不祥であるという。円忠は日本紀をはじめとする諸旧記のなかでその典拠の有無を尋ねたのである。

ちなみに、『園太暦』同日条に収められた卜部兼豊からの回答（兼豊宿祢請文）によれば、円忠は一〇年前の貞和二年（一三四六）にも同じことを卜部兼豊に問い合わせたらしい。[43] しかも八ヶ月ほど前には兼豊と同族の卜部兼前にも同じことを書状で尋ねていたという。[44] 卜部兼豊からの回答は、神功皇后征韓の支援、桓武天皇の治世における記文の出現、高丸誅罰の支援、開成皇子の写経に硯の水を献じたこと、慈覚大師への示現、嵯峨天皇の夢に現れたこと、いずれも「国史并記録無所見候」と言い、諏訪社が主張する弘安の蒙古撃退の祈祷の功績については「若不限諏方一社候歟」とけんもほろろ。前九年の役における功績によって神位一品に叙せられたことなどは「此重事令相違候者」と断じ、所々で「此事同載貞和注進《一〇年前にも同じことを言ったはずですが》」を繰り返しつつ、円忠からの問い合わせを「自余条々同以不審候」と指摘している。兼豊もいささかうんざりしていたのではないだろうか。いずれにせよ円忠は兼豊らにやんわりと否定

されたこれらの逸話のすべてを、結局は『画詞』に載せた。

円忠がこれらの逸話の典拠とした「隆弁僧正式」や「仲範朝臣祭文」とはどういうものか。

隆弁僧正は鶴岡八幡宮の別当にして園城寺の長吏も兼ねた学僧である。北条時頼の信頼篤く、政治顧問のような立場でもあった[45]。得宗家の政僧・隆弁と得宗家の身内人である諏訪氏とのつながりは先行研究によって明らかにされている[46]。

仲範朝臣について、小山田和夫は「高階仲範朝臣」とするが[47]、『太平記』巻第五「関東田楽賞翫の事」に登場する刑部少輔仲範と考えるのが妥当だろう。北条高時の邸での異妖の田楽法師たちの宴の様子を伝え聞いて国の滅亡を予言した人物である。鎌倉の佐介ヶ谷（松谷寺・佐介文庫）に住し、当代における聖徳太子伝暦の研究家として知られる。太子伝暦の集大成といわれる訓海の『太子伝玉林抄』[48]では「鎌倉左助谷《ノヤツノ》大蔵大浦《(マヽ)》仲範」の左傍注に「天下第一之文者云々」と謳われている。当時の松谷寺・佐介文庫は称名寺・金沢文庫に匹敵する和漢典籍の一大拠点であったという[49]。

隆弁や藤原仲範らによる鎌倉における諏訪信仰の集成についても興味深いが、本章ではさておく。注目したいのは、これらの奇跡が「於関東境仰信」、つまり関東に展開した信仰であったという点である。この「関東境」とはどのあたりを意味するのか。「隆弁僧正式」や「仲範朝臣祭文」が典拠としてあげられるのだから、称名寺や佐介ヶ谷といった鎌倉の宗教文芸の空間がイメージされるだろう。いっぽうで『諏方上社物忌令』や『阪波御記文』『阪波私注』に記された御射山を仏説の聖地と説く「阪波大王垂迹縁起」が、称名寺・金沢文庫のような宗教文芸の空間に生まれた鎌倉的な諏方縁起とすれば、守屋山への降臨を第一として説く『諏訪信重解状』には、『画詞』に先行もしくは並行して守屋山を垂迹の聖地として仰いだ、もっと諏訪的な在地縁起の可能性が見えてくる。「関東境」とは鎌倉と諏訪を往来し、たぶん『神道集』の「諏方大明神秋山祭事」や「諏方大明神五月会事」にもつながる風景ではないだろうか。

四　甲賀三郎の神話へ

諏訪上宮の大祝が中先代の乱によって衰亡してゆくなか、宗家に代わって諏訪氏と諏訪信仰の存続を支えた円忠は、京都においてその「縁起」を集成し、『諏訪大明神画詞』を著した。それは『日本書紀』『先代旧事本紀』はもとより、「隆弁僧正式」や「仲範朝臣祭文」といった鎌倉の典籍をも素材としつつ、諏訪大明神の守屋山垂迹縁起のような信州・諏訪の在地の言説までも取り込んだ、まさに集大成の縁起絵巻である。しかし、そのなかに甲賀三郎なる神の物語が顕されることはなかった。

父・甲賀権守の跡を継いだ甲賀三郎は、魔王を斃し、囚われの姫君を救い出す。だが、兄たちの奸計によって人穴の底に取り残され、地底の国をさまようことになる。やがて地底の国から日本国に帰還した甲賀三郎は、神通力を得て生きながらの神となり、諏訪大明神として現れる。

そもそも甲賀三郎の物語が信州の諏訪本社の直接的な圏内で生成することはあり得ないのである。中世の諏訪信仰の中心には大祝がいる。大祝は諏訪明神の神裔にして神体そのものである。繰り返し説かれてきたように、それは諏訪にとって最たる誇りである。ところが甲賀三郎の物語には、この「大祝」という肝心の思想がまったく描かれない。大祝をいただく諏訪本社の信仰において、甲賀三郎などとはとうてい容認しがたい異端なのである。

中先代の乱に与した諏訪盛重と子息・時継は鎌倉で自害した。大祝を継いだ時継の子息・頼継は御射山の山中に身を潜めたという。大祝の権威はまさに失墜した。諏訪神党を称した武士たちは、カリスマ性を失った大祝から離れ、それぞれの在地にそれぞれの諏訪明神を勧請した。そうしたなかで『諏方上社物忌令』『諏訪信重解状』『陬波御記文』『陬波私注』、そして『画詞』などに記されたような大祝家直伝の「縁起」ではなく、もっと在地の風景に根付いた「縁起」が求められた。

大祝の権威とは繋がらない風景の中で、大祝を神の身体そのものと説く大祝流の諏訪信仰に替わってあらたな「諏訪縁起」が同時多発的に発生する。甲賀三郎物語もそうした諏訪信仰の在知的再創造の一つとして成立したのだろう。甲賀三郎は蛇身ではあっても湖の神ではない。しいて言えば御射山の神である。[50]それは何某の三郎の神名をもって崇められた山神たちの系譜に連なるにちがいない。甲賀三郎が地底から帰還したとされる蓼科山にその基層があるのかもしれない。

注

（1）『諏訪大明神画詞』の制作や書写、伝来、受容などについては、近藤喜博「諏訪大明神画詞」（『国華』六〇―九、一九五一年）、小島瓔礼「諏訪大明神絵詞」（『群書解題 第一巻下』所収、続群書類従完成会、一九六三年）、伊藤富雄「諏訪円忠の研究」（『季刊諏訪』七・八合併号、諏訪地方文化研究会、一九六五年。後に『伊藤富雄著作集 第一巻』所収、永井出版企画、一九七八年）、金井典美「諏訪大明神絵詞の写本と系統」（『諏訪信仰史』所収、名著出版、一九八二年）らの研究が礎となり、今津隆弘「『諏方大明神絵詞』の解説」（『神道史研究』四二―三、一九九四年）、鈴木国弘「中世東国国家の形成と武家「王権」の展開―梵舜本『諏訪大明神絵詞』の分析を中心として―」（『研究紀要』四七、日本大学文理学部人文科学研究所、一九九四年。後に『日本中世私戦世界と親族』所収、吉川弘文館、二〇〇三年）、井原今朝男「神社資料の諸問題―諏訪神社関係史料を中心に―」（『国立歴史民俗博物館研究報告』一四八、二〇〇八年）、青木隆幸「中世的神話世界の形成―諏訪上社大祝と『諏訪大明神絵詞』をめぐって―」（『長野県立歴史館研究紀要』一八、二〇一二年）等おもに日本史学系からの研究が進められてきた。近年では石井祐一朗「中世後期京都における諏訪氏と諏訪信仰―『諏訪大明神絵詞』の再検討―」（『武蔵大学人文学会雑誌』四一‐一、二〇一〇年）、同「中世における『諏訪大明神絵詞』と『絵詞』関係史料群の形成」（『法政史論』四二、二〇一五年）、同「『諏訪大明神絵詞』成立についての試論―室町幕府奉行人諏訪円忠の絵巻制作―」（二本松康宏編『諏訪信仰の歴史と伝承』所収、三弥井書店、二〇一九年）、同「『諏訪大明神絵詞』外題・奥書考」（『信濃』七二‐一二、二〇二〇年）、加藤夏希「神長官家における『諏訪大明神絵詞』受容のあり方」（『人文科学研究』九、二〇一一年）、同（五味）「高野武貞による『諏訪大明神絵詞』書写の経緯―安政五年・六年の日記から―」（『信濃』七〇‐五、二〇一八年）、間枝遼太郎「『諏方大明神画詞』諏方社祭絵第四、六月晦日条考―「藤嶋ノ明神」をめぐるテクストの諸相―」（『国語国文研究』一五三、二〇一九年）、同「『諏方大明神画詞』諸本考」（『国語国文研究』一五七、二〇二一年）など新進の研究が目覚ましく、史学と文学の枠組みを超えて従来の研究史を塗り替えるような成果が示されている。

（2）権祝本（『神道大系　神社編三〇　諏訪』所収）には「近衛右大臣兼草」とある。小島瓔礼は「久我内大臣家筆」と同じようにもともとは「近衛右大臣家筆」と書かれていたが、「兼章」と読み誤ったものかと推定している（前掲注（1）小島瓔礼解題）。梵舜本『諏方縁起絵巻』（東京国立博物館デジタルライブラリーにて閲覧）には「近衛右大臣家兼草」とあり、しかも「兼草」の二字は一字分程度の大きさであるから、オリジナルは「筆」の一字だったと思われる。

（3）『皇朝名画拾彙　巻之二』（桧山義慎撰、文政元年序、国文学研究資料館鵜飼文庫蔵、新日本古典籍総合データベースにて閲覧）には「石山前ノ大僧正杲守」としている。杲守は洞院公賢の子息であり、叔父にあたる益守の法嗣として石山寺座主を継ぐが、延文元年当時は二〇歳を過ぎた頃で、まだ石山寺座主ではなく、僧正でもない。

（4）前掲注（1）小島瓔礼解題、石井裕一朗論文（二〇一〇年）、間枝遼太郎論文（二〇二一年）など。

（5）前掲注（1）石井裕一朗論文（二〇一九年）

（6）梅津次郎「石山寺縁起絵について」（『日本絵巻物全集　第二二巻　石山寺縁起絵』解説、角川書店、一九六六年）、吉田友之「「石山寺縁起絵」七巻の歴程」（『日本絵巻大成　第一八巻　石山寺縁起絵』解説、中央公論社、一九七八年）など。

（7）『実隆公記』永正三年一一月一二日条（『実隆公記　巻四』、太洋社、一九三五年）

（8）津田徹英「詞書の筆跡からみた金蓮寺本『遊行上人縁起絵』の位相」（『美術研究』四二三、国立文化財機構東京文化財研究所、二〇一八年）

（9）『大日本人名辞書（第三版）』の附録として作成された『百家系譜』（経済雑誌社、一九〇〇年。国立国会図書館デジタルコレクションにて閲覧）に掲載された土佐家画譜では「隆兼《高階氏》―隆盛《妙手》」とあるが根拠は不明。

(10) ただし梵舜本では「追加上」(縁起第四)「追加下」(縁起第五)ともに絵師の名は記されていない。石井祐一朗は梵舜本の情報を尊重し、権祝本の「縁起第四」の隆盛の名を「攙入である可能性が高い」と考察している(前掲注(1)石井裕一朗論文(二〇一〇年))。
(11) 前掲注(1)近藤喜博論文、小島瓔礼解題、石井裕一朗論文(二〇一〇年)
(12) 以下、『諏訪大明神画詞』の本文は『神道大系 神社編三〇 諏訪』(竹内秀雄校注、神道大系編纂会、一九八二年)による。
(13) 小島瓔礼は「円忠の家の聖典」と評価する(前掲注(1)小島瓔礼解題)。
(14) 『増補史料大成三七 康富記一』(増補史料大成刊行会、臨川書店、一九六五年)
(15) 『続群書類従補遺三 お湯殿の上の日記(一)』(続群書類従完成会、一九五七年)、『同(二)』(一九五八年)
(16) 村石正行「中世後期諏方氏の一族分業と諏訪信仰」(福田晃・徳田和夫・二本松康宏編『諏訪信仰の中世—神話・伝承・歴史—』所収、三弥井書店、二〇一五年)
(17) 前田家本『神氏系図』(二本松康宏編『諏訪信仰の歴史と伝承』所収)
(18) 『諏訪上社物忌令』は國學院大学図書館黒川文庫蔵本が『神道大系 神社編三〇 諏訪』に収められるが、翻刻の誤りが少なからず見受けられる。本書では、二本松泰子「諏訪市博物館寄託諏訪神社上社権祝矢島家文書『物忌令〈写〉』(文書番号二〇七三)全文翻刻」(『グローバルマネジメント』八所収、長野県立大学、二〇二三年)にて再翻刻された黒川文庫本を適宜に参照する。
(19) 前掲注(17)に同じ。
(20) 金井典美・岡田威夫「金沢文庫の古書「阪波御記文」について—御射山祭新資料—」(『金沢文庫研究』一三—八、一九六七年。後に金井典美『諏訪信仰史』所収)
(21) 前掲注(20)
(22) 金井典美「金沢文庫の古書「阪波私注」について—中世における諏訪信仰の新資料—」(『金沢文庫研究』一五—九、一九六九年。後に金井典美『諏訪信仰史』所収)
(23) 『信府統記』(小松芳郎解題、国書刊行会、一九九六年)
(24) 前掲注(22)
(25) 井原今朝男「鎌倉期の諏訪神社関係史料にみる神道と仏教—中世御記文の時代的特質について—」(『国立歴史民俗博物館研究報告』一三九、二〇〇八年)

(26) 真下厚「大宣としての『阪波御記文』」（『諏訪信仰の中世―神話・伝承・歴史―』所収）

(27) 『復刻諏訪史料叢書　第二巻』所収、諏訪教育会編、中央企画、一九八三年

(28) 十六日　辛巳　富士野の御狩の間、将軍家督の若公《（後の源頼家）》、始めて鹿を射令め給ふ。（中略）晩に属して、その所において山の神・矢口等を祭らる。江間殿《（北条義時）》餅を献ぜしめたまふ。この餅三色なり。折敷一枚に九つこれを並べ、黒色の餅三つをもつて左方に置き、赤色三つをもつて中に置き、白色三つをもつて右方に居う。その長さ八寸、広さ三寸、厚さ一寸なり。（中略）然るべき射手三人これを召し出され、矢口の餅を賜ふ。いはゆる一口は工藤庄司景光、二口は愛甲三郎季隆、三口は曽我太郎祐信等なり。（中略）まづ景光召によつて参進し、蹲居して白餅を取りて中に置き、赤を取りて右方に置く。その後三色をおのおの一つこれを取り重ね、黒上、赤中、白下。座の左の臥木の上に置く。これ山の神に供すと云々。次にまた元《（先イ）》のごとく三色これを重ね、三口これを食ひて始めは中。次は左の廉、次は右の廉。矢叫びの声を発つ。はなはだ微音なり。次に季隆を召す。作法、景光に同じ。ただし餅の置き様、本体に任せてこれを改めず。次に祐信を召し出し、仰せて云はく、一二口は殊なる射手を撰びてこれを賜ふ。三口の事は何様たるべきやてへれば、祐信是非を申すに能はず、すなはち三口を食ふ。その所作以前の式のごとし。以下『吾妻鏡』の本文は『全訳吾妻鏡』（貴志正造校注、新人物往来社、一九七六年）による。

(29) 十一日　甲戌　江間殿《（北条義時）》の嫡男の童形《（後の北条泰時）》、この間江間にありて、昨日参着す。去ぬる七日の卯の剋、伊豆国において、小鹿一頭を射獲たり。すなはちこれを相具せしめ、今日参入す。厳閤《（義時）》箭祭の餅を備へ、子細を申さるるの間、将軍家《（源頼朝）》西侍の上に出御、上総介《（足利義兼）》・伊豆守《（山名義範）》以下の数輩列候す。まず十字を供ふ。将軍家、小山左衛門尉朝政を召し、一口を賜ふ。朝政御前に蹲踞して、三度これを食ふ。初口には叫声を発ち、第二、三度には然らず。次に三浦十郎左衛門尉義連を召し、二口を賜ふ。三度これを食ひて、毎度声を発つ。三口の事、すこぶる思しめし煩ふの気あり。小時あつて、諏方の祝盛澄を召すに、殊に遅参す。しかれども三口を賜ふ。三度にこれを食いて、声を発たず。およそ十字を含むの体、三口の礼に及びて、おのおの伝へ用ゐるところ、皆差別あり。珍重の由、御感の仰せを蒙る。其の後勧盃数献と云々。

(30) 『復刻諏訪史料叢書　第五巻』所収、諏訪教育会編、中央企画、一九八四年

(31) 井原今朝男は「梵語で書かれているが故に、特定の人間である大祝にしか理解できない」「一般の人間は、大祝の奉読や下知によって神意を耳から聞くことができる」と説明している。前掲注(25)井原論文

(32) 諏訪市博物館蔵大祝家文書（外題『宝治年中　書上扣之写』）。二本松泰子「『諏訪信重解状』の新出本と『諏訪講之式』―大祝家文書の中の諏訪縁起―」（『諏訪信仰の歴史と伝承』所収）

(33) 伊藤富雄は『年内神事次第旧記』の語釈として正月一日早旦の「大のんと」について触れ、「大のんと」とは「大祝詞」であり「大宣」であると説明する。そのかで『諏訪信重解状』についても言及し、「「大室」は疑いもなく「大宣」の誤記で、左傍「宣歟」と注してあるのに従うべき」と指摘した(伊藤富雄「諏訪上社『年内神事次第旧記』釈義」、一九三三年〜一九三五年執筆・未完・未発表、『伊藤富雄著作集 第二巻』所収、永井出版企画、一九七九年)。本書も伊藤の指摘に従う。
(34) 『復刻諏訪史料叢書 第四巻』所収、諏訪教育会編、中央企画、一九八四年
(35) 前掲注(33)伊藤富雄論文
(36) 『復刻諏訪史料叢書 第一巻』所収、諏訪教育会編、中央企画、一九八五年
(37) 納富常天「称名寺の基礎的研究(三)―第二代釼阿を中心として―」(『金沢文庫研究紀要』一一、金沢文庫、一九七四年)、佐藤眞人「金沢称名寺第二世釼阿作『日本紀私抄』―翻刻と解題―」(『大倉山論集』二六、大倉精神文化研究所、一九八九年)、高橋秀榮「称名寺の釼阿が集めた中世説話資料」(『説話文学研究』四〇、説話文学会、二〇〇五年)
(38) 福島金治『金沢北条氏と称名寺』(吉川弘文館、一九九七年)第三章第二節「鎌倉幕府滅亡期の極楽寺―全海紙背文書の検討―」
(39) 『復刻諏訪史料叢書 第四巻』所収
(40) 細川重雄氏の教示による。
(41) 『神道大系 文学編一 神道集』(岡見正雄・高橋喜一校注、神道大系編纂会、一九八八年)
(42) 『園太暦 巻五』(史料纂集、斎木一馬・黒川高明校訂、続群書類従完成会、一九七三年)
(43) 「此事去貞和二年、大進公被尋問候」
(44) 「去正月、以此事書被相尋兼前宿祢候之由伝承了」
(45) 加藤功「鎌倉の政僧」(『歴史教育』一六―一二、日本書院、一九六八年)
(46) 小川剛生「隆弁僧正と諏訪明神」(『銀杏鳥歌』一六、「銀杏鳥歌」の会、一九九六年)
(47) 小山田和夫「信濃国諏訪郡「南方刀美神社二座」考」(『立正大学人文科学研究所年報別冊』一一、一九九七年)
(48) 法隆寺編『法隆寺蔵尊英本太子伝玉林抄』(復刻版、吉川弘文館、一九七八年)
(49) 牧野和夫「中世漢文学の一隅―「南家ノ儒者刑部少輔仲範」を例にして―」(和漢比較文学会編『中世文学と漢文学Ⅱ』所収、和漢比較文学叢書六、汲古書院、一九八七年)。同「『太平記』巻一至巻十一周辺と太子信仰―楠木正成の「不思議」の基底―」(長谷川端編『太平記とその周辺』所収、新典社研究叢書七一、新典社、一九九四年)

(50) 兼家系の物語において甲賀三郎は「上のみさやま」(天文本)、姫宮は「下のみさやま」に祀られたと説く。

附1　諏方系「諏訪縁起」梗概（『神道集』巻第一〇「諏方縁起」）

※　主人公の名前は「甲賀三郎諏方」

①　近江国甲賀郡の地頭・甲賀権守諏胤には、太郎諏致、次郎諏任、三郎諏方の三子がいた。三郎は父の跡を継いで惣領となり、帝に拝謁して大和守の官位を賜り、美しい春日姫を妻とする。

②　三郎が春日姫をともなって伊吹山で巻狩りを催していると、天から魔物があらわれて春日姫を攫ってゆく。三郎は春日姫を探して日本国中の嶺々をめぐり、とうとう信濃国の蓼科嶽の人穴の中で春日姫を見つけ、救い出す。かねてより三郎に嫉妬していた次兄の姦計によって、三郎は人穴の底に取り残されてしまう。

③　人穴の底に取り残された三郎は、地底をさまよって七二の国々をめぐり、維縵国の王である好美翁の知遇を得る。三郎は王の娘・維摩姫の婿となり、地底の維縵国で一三年を過ごす。やがて好美翁の教えに従って地上へ帰還しする。そこは信濃国浅間嶽であった。三郎は維縵国の財宝を蓼科嶽に収めて、近江国甲賀郡へ帰る。

④　三郎は春日姫と再会し、天竺へ渡って神通力を授かり、ふたたび日本へ戻って衆生守護の明神となる。甲賀三郎は諏訪の上宮の大明神、本地は普賢菩薩、春日姫は下宮の大明神、その本地は千手観音である。維縵国の妻・維摩姫も甲賀三郎を追って地上に現れ、浅間大明神となる。亡き父・甲賀権守諏胤は赤山明神となり、母は日光権現として現れる。長兄の太郎は下野国の宇都宮明神に、二郎も前非を悔いて謝罪し、若狭国の田中明神となる。

⑤　南天竺の玉芳大臣の末娘の好美女は国中に並ぶ者がない美人だった。国王は好美女を自分の后にしようとするが、玉芳大臣に断られる。王は玉芳大臣を殺してしまう。好美女は三人の侍女をともなって日本国に移り住む。

⑥諏訪大明神（甲賀三郎）は母の住む日光山へ通う途中、好美女と知り合って関係を結ぶ。そのことが諏訪の下宮の女神（春日姫）に発覚し、春日姫の怒りを恐れて好美女を上野国甘楽郡に住まわせる。その好美女が抜鉾大明神（貫前神社）である。侍女の一人は荒船明神である。

附2　兼家系「諏訪の本地」梗概（『諏方御由来之絵縁起』、天文一二年奥書・絵巻・二軸、石川浩一氏所蔵、鹿児島県歴史・美術センター黎明館寄託）

※主人公の名前は「甲賀三郎兼家」

①天竺・波羅奈国の大臣が国を追われ、一族とともに日本へ移り住んでいた。日本での名を甲賀権守兼さだという。甲賀権守には太郎兼まさ、次郎兼みつ、三郎兼いえの三子がいた。三郎は父の跡を継いで惣領となる。

②三郎は若狭国の高懸山で鬼王・麒麟王を討ち、岩屋に捕らわれていた姫君を救い出すが、二人の兄の姦計によって、三郎一人が地底に取り残されてしまう。

③三郎は地底をさまよううちに維縵国で鹿を追う翁と出会い、翁の導きによって地上への帰還を果たす。そこは信濃国浅間嶽の「なきの松原」であった。

④甲賀へ帰った三郎は妻と息子にも再会し、二人の兄を追討する。二人の兄は自害する。

⑤三郎は甲賀の館の妻子と別れて現人神となり、かつて岩屋から救い出した姫君と契りを交わす。姫君は三輪の姫宮大明神であった。三郎は姫宮とともに天竺へ渡るが、まもなく二人は日本国へ戻る。

⑥ 天竺から日本へ帰ってきた甲賀三郎と三輪の姫宮は信濃国浅間嶽の「なきの松原」に宮処を構えて神となり、そこで三人の王子を生む。

⑦ 甲賀三郎は太郎王子と二郎王子に新しい宮処を見立てるように命じる。太郎王子と二郎王子は「下の郷」に新たな宮処を見出すが、父神には献上せず、自分たちが住んでしまう。三郎王子は諏訪の御射山を父神に献上し、父神（甲賀三郎）は上宮の御射山に、母神（三輪の姫宮）は下宮の御射山に祀られる。

⑧ 「下の郷」の宮処では、三郎王子の祭は盛大に催されるが、兄である太郎王子と二郎王子の祭は父神に遠慮してひっそりと執り行われている。

第二章　大祝に反旗を翻す
――『伊那古大松原大明神縁起』――

建武二年（一三三五）七月、得宗北条高時の遺児・兆寿は相模次郎時行（北条時行）を名乗り信濃で兵を挙げた。それに呼応した五万の軍勢（『太平記』[1]巻第一三「相模二郎謀叛の事」）は関東各地で足利方を討ち破り、まもなくして時行は鎌倉を占拠する。中先代の乱である。幼い時行を擁立し、挙兵を主導したのは諏訪上宮の大祝らであった。

しかし、京都から東海道を攻め下ってきた足利尊氏によって北条時行の鎌倉占拠は二〇日を保たずに陥落。諏訪頼重と子息・時継らは勝長寿院において自害。北条時行は行方をくらます。『太平記』巻第一三「眉間尺釬鏌剣の事」によれば、時行の死を偽装するために、頼重らは悉く顔の皮を剥ぎ、誰ともわからない死骸になっていたという。

中先代の乱と諏訪氏の動向については序章で詳しく述べたので、そちらも参照していただきたい。

生き残るためには背信も恥じず下剋上もいとわないこの時代、諏訪氏の北条時行への忠節は特筆に値するのではないか。得宗家の御内人だったとはいえ、それにしても二〇年に及ぶ「反足利尊氏」の徹底抗戦は尋常でない。『諏訪大明神画詞』[2]縁起第四によれば、中先代の乱に敗れて祖父・頼重と父・時継を亡くしたとき、大祝頼継は「七歳ノ小童」だったという。いっぽう、鈴木由美によれば中先代の乱の際の時行の年齢も七歳と推定される。[3]だとすれば北条時行と大祝頼継とは同年か、そうでなくともごく近い年齢だったことになる。時行が諏訪に落ち延びてから中先代の乱にいたるまでの約二年間、諏訪頼重と大祝時継の庇護のもとで時行と頼継とは乳兄弟のような関係で育ったのではないか。そうでもなければ諏訪頼継の北条時行への尋常ならざる忠節が説明できない。

暦応《北朝》三年（一三四〇）六月、『守矢貞実手記』(4)によれば、北条時行は信濃国伊那郡の大徳王寺城(5)に挙兵したと伝えられる。その戦いに当時一二歳の大祝頼継も馳せ参じた。頼継の奮戦は目覚ましく、数一〇ヶ度に及んで小笠原貞宗の軍勢を討ち破ったというが、それでも次第に追い詰められてゆく。挙兵から五ヶ月余り後の一〇月、大徳王寺城は陥落した。

大徳王寺城が陥落した後も北条時行は南朝に与して抵抗を続ける。大祝頼継の甥とも、あるいは頼継自身の改名ともいわれる諏訪直頼(6)も南朝方に与し、あるいは観応の擾乱では足利直義派として、信濃における北朝足利勢力と戦い続けた。観応二年（一三五一）一月には国人の市河氏らに命じて船山の守護館（千曲市小船山）や守護代が立て籠もる放光寺（松本市蟻ケ崎）を攻めさせ、さらに甲州へと軍勢を差し向けて須沢城（南アルプス市大嵐）の高師冬を自害に追い込む(7)。

中先代の乱の惨敗以降、諏訪氏の足利政権への抵抗は二〇年にも及んだ。それが得宗家への忠節だったとしても、あるいは諏訪の神領を守るためだったとしても、神の現身たる大祝は戦火の俗塵に塗れ過ぎた。

かつて諏訪の大祝は大明神の神裔にして神体そのものだった。それは中世の諏訪信仰において繰り返し説かれてきた祭祀の骨格をなす思想である。しかし二〇年におよぶ戦塵の中で大祝の権威は失墜した。そして、大祝の権威とは繋がらず、あるいはそれに対抗する風景の中であらたな「諏訪縁起」が求められた。

本章では、長野県南佐久郡小海町の松原湖の畔に祀られる松原諏方神社に伝わった『伊那古大松原大明神縁起』を手掛かりとして、南北朝時代における諏訪信仰の変容と縁起の再創生―在地的な展開あるいは祭祀の独立―の情景を読み解いてみたい。

一　『伊那古大松原大明神縁起』を読む

松原湖は付近に点在する猪名湖、長湖、大月湖等の湖沼群の総称であり、かつ湖沼群のうち最大の猪名湖を単体で松原湖ともいう。猪名湖は森に囲まれた周囲二㎞ほどの静かな湖である。湖面の標高は約一一〇〇ｍ、湖畔からは西に八ヶ岳連峰を仰ぐ。

猪名湖はおよそ諏訪湖に見立てられ、湖の南の畔に松原諏方神社の上社、その対岸には下社が祀られる。諏訪湖における諏訪大社の上社と下社を擬した景観である。猪名湖では諏訪湖と同じように厳冬期には「御神渡り」も見られた[8]。後述するように、松原諏方神社には『諏訪大明神画詞』に記された中世以来の古態を彷彿させる御射山神事が伝えられる。また戦前までは旧三月酉の日の祭礼が執り行われ、七五頭の鹿や猪の頭が神膳に供えられていたという[9]。

その松原諏方神社に「伊那古大松原大明神縁起」（本書では「松原縁起」と略称する）が伝えられている。同縁起は「諏方大明

松原湖から八ヶ岳を望む

松原諏方神社・上社

松原諏方神社・下社

神伴野庄御影向之事」と副題を表し、「和泉太夫」なる人物からの注進状という体裁によって諏訪大明神の松原への垂迹を説き明かす。末尾には観応三年（一三五二）壬辰六月一七日の奥書を識す。もちろんその奥書をそのままに信じることはできないが、次節で詳しく検証するように、「松原縁起」そのものは観応三年から遠くない時期に作成されたと考えたほうが妥当かもしれない。「松原縁起」は松原諏方神社に伝わった文書群の一つであるが、現在は松原諏方神社上社の旧神主家に所蔵され、すでに相当の長期間に及んで閲覧できない状況となっている。戦前に地域の歴史研究者によって翻刻・紹介された本文[10]や、その翻刻をもとにして近年に地域の歴史研究者によって紹介された本文[11]もあるが、その翻刻には誤りが散見するので研究の素材とするには注意が必要だろう。本章では松原諏方神社上社旧神主家蔵本の謄写本をもとに、まずは以下にその全文を翻刻・紹介する。

伊那古大松原大明神縁起　和泉太夫注進

諏方大明神伴野庄御影向之事

諏方大明神御正体飛二移《セ玉フ》当国之松原一《ニ》矣。爰《ニ》有レ女《此女者伴野二日市場者ナリ》、六月十五日、為《ス》二産氏神詣一、参《ル》二大井庄大幡宮一《ノ》処《ニ》、彼《ノ》宮《ノ》神人八乙女等問《テ》二彼女一曰、誠哉否《ヤ》、諏方大明神飛二移給《トヤ》西山之松原一《ニ》。即彼女答《テ》曰《ク》、左様雖《モ》二申相一、御二座《ト》真実之大明神一《ニ》者、可レ有レ降二臨新海之社壇一《ニ》。是程深山之中《ニ》、依《テ》二何事一可レ有二御影向一哉《ト》答申《ス》。而《ニ》彼神人等現《ニモ》道理《ナリト》領解《ス》。其後彼女下二向《スル》于伴野本宅一《ニ》之刻、於二千陌河之岸一《ハタニ》俄《ニ》五体《骨身》疼不レ得二動揺一《ヲ》、雖《モ》レ尓様々而《ニ》私《帰リ》宅一帰《リ》、即参《テ》二薬師堂一、被《カウフリ》二長老之加持一《ヲ》、得《テ》二少《シ》減一《ヲ》而詫宣《ニ》曰《ク》、於レ吾《ニ》成《ス》二疑心一之間、為レ顕二勝利現当《於ニ》一悩《ス》レ汝《ヲ》也《ト》云云。即詫宣息狂《モイ》醒《メ》畢《ヌ》。仍取《テ》二信於此事一、長老并臼田六郎及二人々共一《ニ》、六月十七日、先《シテ》二彼女一参二松原一之処《ニ》、社壇近成社参之人々面《ノ》於二河辺一《ニ》至《ス》二精進行水一。其時長老《ハ》、我《ハ》先《ツ》参《ル》也。誰人可二連《キト》参《テル》一触《ル》二衆中一之処《ニ》、道智房本《ヨリ》精進身也、故詣《ニ》二島社壇一《ニ》。

其後十余人馳連参社《ス》。彼女相共参《ル》二社壇一処《ニ》、欻然《コツゼントシテ》彼女不レ見。而《ニテ》初参女也迚《トテ》人々分《テ》レ手《ヲ》呼尋之処《ニ》、此女如二本知《タル》路《ヲ》行《カ》一至《テ》二御正体御座木本《ニ》一、念誦《シテ》侍《ヘリ》二島社壇一。社参之人々各々成《ス》二寄異之思《ヲ》一。于時彼女偏身《ニ》揺慄泣《フルイヲノヽイテナクナク》詫宣曰《ク》、世者百七十三年之間、可レ為二源《ノ》高氏也《世》、相構高氏不二心替一。教《テ》二吾乗機《ヲ》一、雖《モ》上致《ヨリ》二時々示現《ヲ》一度々示《スト》中夢想上《ヲ》、遂《ニ》不レ用レ之、率二数多之軍勢《ヲ》一、致二度々合戦一、殊《ニ》思二不思議一也。剰引《ヘ》二入此敵於諏方郡《ニ》一、手内議《チリ》二揍敓一招入、聞二人馬之吹《息》気一、聞二師《イクサ》囃音一、腥津嗅《ナマクツクサリ》、是乱煩《モウルサク》思《ニ》、玉垣之中緋《ニアカキ》血流穢《シ》レ吾《ヲ》。何計《カリニ》恨思間、即蹴《フム》敓度思《モ》、今日《ハ》助置也。雖レ尓《ト》秋三月中縮《ツ、メテメイヲ》レ命、欲レ助二後生一。諏方郡雖レ成二鹿臥《之》所一、吾乗機跡《ニヲ》不《トモ》立思《フ》也。依《拠》二此恨一、飛《ハシノ》二此移一、彼思《カ》移《シ》二新海社一時、諸神面々去《ニテ》二自社一、請《シ》レ是《ヘト》。数多眷属《ノ》御座所《ナレハ》、是御定《マリ玉》。雖《モ》二羞《ス、メ》申《ト》一、衆生迷《ハ》多悟《ハ》鮮者《ナレハ》、各不知吾此処《ニ》立留《ル》事、悟《ヤ》否、為二衆生利益一、隠《シ》二慈悲柔軟之形一、現二垂迹一、出二法性都一、自高天之原一分二天地一、天降之時、排《タチヤスライシニ》二徊此木之本《許》一、以二此池水《ヲ》一、初仕《イ》二手水一、漱《ス、キ》足息《ヤスメテ》心《ヲ》一、至二諏方之郡一、今垂《ル、アトヲ也》レ跡。吾飲《ノム》始《シ》水、深誓底清、無レ濁無《リ》レ霞、清《メル》水《ハ》不レ知哉。然造《ニ》造《(まま)》レ社、至《マテ》二神拝祭礼相僕《(まま)》流鏑馬《フサメ》一、何事可《カ》レ違二諏方之儀式《ニ》一。吾乗機為高氏嫡《チャク》子雖思、今以二次男《ヲ》一是定。乗機顕《ル》二定あ《り》本朝明将軍一也。加様理無《リナニトナキモノハ》レ何者、雖《モ》二披露一、人不レ可レ有レ用《フ》レ之。然釈迦之御弟子《ハ》、持戒持律之人、能々為二披露一。委細物語《スル》也。今上畢《リト》詫宣給《シ》。仍而注進此レ斯

観応三年壬辰六月十七日

主見付太夫末孫和泉太夫

「松原縁起」は、その冒頭から諏方大明神の御正体が信濃国佐久郡伴野庄の伊那古の松原に飛び移ってきたことを告げる。注意しなければならないのは、諸々の諏訪社のように諏訪の本社からの分霊による尋常の勧請ではない点である。それは諏訪大明神の神霊がすでに諏訪の地にはないことを主張するもので、いわば本宮の存在を根底から否定

した宣言である。それを縁起の冒頭に置いた意義は重い。

伴野庄二日市場に住む某女が六月一五日に大井庄大幡宮へ詣でる。伴野荘は佐久郡のうちおおむね千曲川の西側の平野部から蓼科山北麓までに広がる広大な荘園である。かつては木曽義仲に与した根井氏らの支配地だったが[12]、義仲が滅びた後、文治二年（一一八六）以前に甲斐源氏の小笠原長清が地頭職を得ている[13]。伴野荘の地頭職は長清の子・時長に譲与され、時長は伴野氏を称する。時長の孫にあたる伴野長泰は小笠原氏の惣領職でもあったが、弘安八年（一二八五）の霜月騒動において従兄弟の安達泰盛に与して敗死。弟の泰直、子息の盛時と長直らも誅されている[14]。後述するように、騒動の後、伴野荘の大半は北条氏に接収されたが、それでも伴野氏は当地における在地勢力として存続していた。

某女の住居があった「二日市場」は、建武二年（一三三五）閏一〇月八日付「伴野荘二日町屋浄阿等為替文[15]」（大徳寺塔頭・徳善寺文書）や同年一一月七日付「伴野荘野沢郷年貢銭為替証文[16]」（同）にみられる「二日町屋」のことだろう。「浄阿等為替文」には「二日まちや」の住人・太郎三郎入道浄阿が大徳寺を本所とする伴野荘大沢郷の年貢二九貫文を為替にして京都へ送る旨が記されている。浄阿の口入人として連著しているのは同じく二日町屋の住人「四郎三郎みつし」「二郎三郎もりしけ」、それに大沢の住人「まご三郎もりのふ」らである。井原今朝雄は、ここにみられる二日町屋を『一遍上人絵伝』（一遍聖絵）第四に描かれた「信濃国佐久郡伴野の市庭」の発展した姿であるとして、当時、金融業者たちの活動する交易の拠点に成長していたと推察する[17]。現在の佐久市跡部に「上町屋」「下町屋」などの遺称地が伝わり、千曲川の西岸に鎌倉街道が通る。伴野氏館跡（佐久市野沢）にも近く、一遍の踊念仏を起源とする跡部の踊り念仏（国指定重要無形民俗文化財）が伝えられている。

某女が産土神として詣でたのは大井庄大幡宮。大井荘も佐久郡のうちに散在した荘園である。伴野荘と同じように小笠原長清の子・朝光が大井氏を称し、地頭職を相伝してきた。『一遍上人絵伝』（一遍聖絵）[18]第五には弘安二年（一二七九）の冬に「信州佐久郡の大井太郎と申ける武士」とその姉が当地を訪れた一遍に帰依したとある。大井荘の比定地一帯に大幡宮や大幡神社という社祠はみあたらないので、「大幡宮」は「八幡宮」の誤写かと思われる。八幡宮だとすれば、大井氏の居館があった佐久市岩村田の若宮八幡神社がそれに相当するだろう。某女は八幡宮に詣でたあと伴野の本宅へ帰る際に「千陌河之岸」を通過している。岩村田の若宮八幡神社から佐久甲州街道の旧道を四㎞ほど南に歩くと千曲川の東岸に差しかかる。そこから川を渡った先が跡部の二日町屋というのも、およそ現実の地理に符合する。

八幡宮に仕える神人らは某女に「諏方大明神が西山の松原に飛び移ったとは誠か」と問う。ところが某女は「真実の大明神ならば新海社に降臨するはず。どうしてそのような山深いところへ影向するはずがあろうか」と大明神の降臨を否定してしまう。新海社は、中世には佐久地方における諏訪信仰の拠点として特別な位置付けにあった。『諏訪大明神画詞』祭第七によれば、諏訪湖の奇瑞・御神渡りには、上下社の明神の渡御とともに新開明神と諏訪小坂明神の参会があると記され、『当社神幸記』[19]には上社から下社への御神渡りとともにかならず新海明神の御神渡りが進上されている。大祝家文書「古記断簡三葉」[20]の第三葉には「新海大明神ハ諏方大明神ノ御メノト、中也」との伝もある。諏訪大明神ならば新海の社壇にご降臨あるべしという某女の謂は無理からぬことである。八幡宮の神人たちもそれで納得している。新海社の特別な位置付けを知っていれば、誰でもそう思うだろう。しかし、それは神意に背くものだった。某女は参詣を済ませて伴野の自宅へ帰ろうとするが、途中、千曲川の畔でにわかに身体が痙攣し始める。自宅へ帰り着いた女は薬師堂に詣でて加持を受ける。少し痙攣が治まりつつある中で女は託宣を告げる。曰く「女が疑いを為したので、神意を顕すために女を悩ませている云々」と。『北野天神縁起』等に描かれた多治比文子の懊悩と

北
上田市
青木村
別所線
東御市
小諸市
御代田町
立科町
長和町
若宮八幡神社
佐久市
(二日町家)
新海三社神社
佐久穂町
霧ヶ峰
蓼科山
小海町
下諏訪町
諏訪湖
諏訪市
松原諏方神社
八ヶ岳連峰
南牧村
諏訪大社上社本宮
茅野市
原村
赤岳
諏訪大社本宮前宮
小海線
富士見町

同じである。『北野天神縁起』（建久本）[21]によれば、西京七条に住む多治比文子は、右近馬場に社祠を建てよとの天神の託宣を受けながら、貧賤ゆえにそれを為すことができず、五年のあいだ託悩に苦しんだという。福田晃は多治比文子の苦しみを成巫過程のはじまりの巫病の発現とみる。[22]二日市場の某女の震えもそれと同じだろう。

二日後の六月一七日、長老、臼田六郎、それに従う人々は、某女を先頭に立てて松原の社檀へ詣でようとした。松原社に近くなると人々は川辺で精進のための行水をする。そこで長老は自分とともに最初に参詣する者を衆中に募る。道智房はもとより精進の身であったから長老とともに松原社へ参詣し、一〇余人が後に続いて参詣した。某女もともに参詣するはずだったが、忽然と姿を消してしまう。女はまるで以前から知っていた道であるかのように御正体が鎮座する樹木の下に至り、念誦していた。それを見た人々は奇異の思いをなす。女は身を震わせながら託宣を始めた。

世は一七三年のあいだ足利尊氏（の子孫）が治めるという。「松原縁起」のなかにしばしばみられる「乗機」は「神意」といったような意味だろうか。大明神はたびたび示現と夢想によって神意を示してきたが、ついに神意を受け入れず、数多の軍勢を率いて度々の合戦におよんでいることへの遺憾。しかし、大明神の神意を受け入れず、軍勢を率いて合戦におよんでいるのが誰なのか読みづらい。一人称の託宣に特有の読みづらさである。文章の流れでいえば尊氏というようにも読めるが、それでは尊氏への批判になってしまうので後々の辻褄があわない。諏訪大明神は戦乱の血で穢れた諏訪の地を見棄てて、当地に影向したというのだから、ここは諏訪の大祝に向けられた批判として読むべきだろう。

北条時行が伊那郡の大徳王寺城に挙兵し、大祝頼継も馳せ参じたというのが事実だとしたら、諏訪大明神垂迹以来の例とされた「当職ノ仁郡内ヲ出テサル」（『諏訪大明神画詞』縁起第四）の重禁を犯していることになる。[23]『諏訪大明神画詞』には後三年の役に際して源義家の募兵に応じて上洛しようとした大祝為仲が、美濃国筵田荘の芝原（岐阜県本巣郡北方町）において双六のいざこざから横死を遂げた逸話が記されている。為仲の後を継いで大祝となった次弟の為継は即位後わずか三日で頓死（三日祝）。その跡を継いだ三弟の為次も即位して七日後に頓死（七日祝）。四弟・為貞の即位にいたってようやく落ち着いたという。『諏訪大明神画詞』がこうした逸話を載せるのは、諏訪を離れて各地を転戦した只今の大祝への批判ではないか。

大祝自らが軍勢を率いて戦っているだけでも神慮に背くというのに、そのうえ敵を諏訪郡に引き入れて殺害を謀る。いくさの声が間近く聞こえ、死臭が漂う。社壇の内にさえ血を流し、我を穢した。我は深く恨みに思い、神罰によって誅せんとも思ったが、今日までは許してきた。しかしこの秋のうちには誅殺し、せめて菩提を助けてやろうと思う、と。

建武二年七月の挙兵以来、諏訪の大祝は足利政権に抵抗し、戦い続けてきた。観応の擾乱では諏訪直頼は信州における直義派の中心的な立場にあった。前述のように、観応二年一月、京都から諏訪に戻った諏訪直頼は、諏訪郡と佐久・小県を結ぶ大門街道の要衝・湯川宿（茅野市北山湯川）に布陣。一月五日には国人衆に命じて船山郷の守護館を攻め、同月一〇日には守護代・小笠原政経が楯籠もる放光寺も攻める。さらに軍勢を甲州へ差し向けて同月一六日には高師冬らが楯籠もる須沢城を攻め、翌一七日には須沢城を陥落させて師冬を自害に追い込む。「松原縁起」が「数多の軍勢を率い、度々の合戦を致す」というのは、このあたりの戦闘を踏まえてのことだろう。

敵を諏訪に引き入れて殺害し、社地を血で穢したという事実は確認できない。また、託宣には「秋三月の中、命を縮めて」とあるが、この年の秋に大祝が亡くなったという事実はない。ここは「松原縁起」の虚構だろうか。

たとえ諏方郡が鹿の臥処のごとく荒れ果ててしまったとしても、我はここを去るまいと誓いを立てていた。しかし、もはやこの恨みによって諏訪郡を去ることにした。大明神自身も当初は新海社へ移るつもりだったという。しかし、結局のところ当地に影向した。松原の湖を手水として、足を漱ぎ、息を休めた。湖のほとりに社殿を建て、祭礼から相撲、流鏑馬にいたるまで諏訪での儀式のとおりにせよ。

吾乗機為高氏嫡《チャク》子雖思、今以㆓次男《ヲ》㆒是定。乗機顕《ル》㆓定あ《リ》本朝明将軍㆒也。加様理無《リナニトナキモノハ》㆑何者、雖《モ》㆓披露㆒、人不㆑可㆑有㆑用《フ》㆑之

というくだりも読みにくい。「吾乗機」、すなわち大明神の神意は尊氏の嫡子を後継者にしようと思っていたが、今、次男が後継者として定められてしまった、と読むべきだろうか。尊氏の嫡子は義詮であり、義詮は尊氏を継いで二代将軍となっているから「今以㆓次男《ヲ》㆒是定」では辻褄があわない。尊氏の庶長子・直冬は叔父である直義の養子となり、実父である尊氏と敵対し続けていたから、さすがに直冬を「嫡子」とは数えないだろう。むしろ『太平記』巻第一〇「高氏京都にて敵になる事」によれば、高氏が鎌倉幕府に背いたとき、高氏の二男千寿王（義詮）は鎌倉大蔵谷からの脱出に成功。いっぽう伊豆走湯山にいた長男竹若は上洛を企てたが、途中の浮嶋ヶ原で長崎高泰と諏訪木工左衛門入道に出会って誅殺されている。そう数えれば、大明神の真意は竹若にあったが、ことあろうに諏訪氏の一族によって殺害され、次男の義詮が後継となった、と読めなくもない。

あるいは、神意は尊氏を（神の）嫡子（＝神意に適う王権）と認めていたが、今、次男（直義）がその地位に就いてしまった、と読むべきか。だとすればこの年の二月に鎌倉で直義が頓死したのは、まさに諏訪大明神の神意だったと言いたいのだろうか。神の意は我が朝の名将軍によって示されるべきものであるという。

こうした託宣は、道理をわきまえない者たちに披露しても用いられることはない。持戒持律の僧侶にこそ披露する

のである、と。「釈迦之御弟子」にして「持戒持律之人」といえば、この場では長老に同行していた道智房のことを指すのだろう。「道智房本《ヨリ》精進身也」とあった。つまり、この託宣の直接の受け手、ということになる。

二 「松原縁起」の制作をめぐって

稿者は以前に『伊那古大松原大明神縁起』の「世は百七十三年の間、源高氏の世となるべし」という託宣に注目したことがあった。それは、言い換えれば、一七三年後に足利の世が終焉するか、あるいは治世とは言い難いまでに著しく衰退することを「松原縁起」が予言している（つまりそれを知っている）のではないかと考えたのである。[24] それで「松原縁起」の成立時期を考証することができるかもしれない。

足利尊氏が征夷大将軍に任じられた暦応元年（一三三八）から起算するとしたら、一七三年後は永正七年（一五一〇）になる。一一代将軍・足利義澄が前将軍・足利義材（後の義稙）に追われて近江に逃れ、将軍職を廃されたのが二年前の永正五年（一五〇八）。以降の足利将軍家は義澄《一一代》流（義晴《一二代》―義輝《一三代》―義昭《一五代》）と義稙《一〇代》流（義維―義栄《一四代》）が抗争と迭立を繰り返し、将軍の地位はさらに不安定なものとなる。義稙《一〇代》、義澄《一一代》、義晴《一二代》、義輝《一三代》、義昭《一五代》らはいずれも敵対勢力によって京都を追われ、義栄《一四代》は摂津富田で将軍宣下を受けたまま京都へ入ることさえできずに没した。義稙《一〇代》、義澄《一一代》、義晴《一二代》らは京都以外の地で客死。義輝《一三代》は三好義継らに襲撃され殺害されている。一一代将軍・足利義澄の追放と廃位が足利幕府の衰亡のはじまりとみなせなくもない。

いっぽうで、一五代将軍・足利義昭が織田信長によって京都を追放される元亀四年（一五七三）はまだ六〇年以上も先である。天正一六年（一五八八）に足利義昭が征夷大将軍職を辞して落飾するのはそこからさらに一五年後のこと。つまり「松原縁起」の託宣は、足利の治世がそこまで続くことを知らないということになる。

「一七三年」が何を意味するか、その検証を踏まえて「松原縁起」の制作を「足利義澄が追放された永正五年頃を上限として、それほど下がらない時期」と推量したのである。

しかし、本書ではそれを撤回したい。そもそも足利将軍家の政権基盤は脆弱である。前述のように京都を追われた将軍も少なくない。足利義澄の追放と義材義稙の復職をもって足利政権の終焉もしくは著しい衰退の始まりとみなすには無理がある。「世は百七十三年の間、源高氏の世となるべし」という託宣にとらわれ過ぎていたのかもしれない。「松原縁起」には、もう一つ、注意しなければならない本質があった。諏訪大明神自らが戦乱の血で穢れた諏訪の地を見棄てたという、いわば諏訪の本宮の権威に対する完全な否定である。それは諏訪上宮の大祝家による祭祀への露骨な否定である。

前節で述べたように「松原縁起」は伴野庄二日市場に住む某女の神がかりから始まる。伴野荘は佐久平から蓼科北麓にかけて散在する広大な荘園である。しかし伴野長泰が弘安八年（一二八五）の霜月騒動で安達泰盛に与して敗死。伴野荘の大半は北条氏に接収される。守矢家文書の嘉暦四年（一三二九）三月付「鎌倉幕府下知状案」（「諏方上宮五月会付流鏑馬之頭・花会頭与可為同前御射山頭役結番之事」[25]）は、信濃国内の御家人たちを一三組にわけて上社の祭礼を賄う頭役の結番を命じたものとされる。そのうち五番の御射山左頭役として伴野荘の大沢郷・鷹野郷の地頭の「駿河守跡」、七番の御射山左頭役として伴野荘三塚郷・小宮山郷の地頭の「遠江守跡」、一一番の御射山左頭役として伴野荘桜井郷・野沢郷・臼田郷の地頭の「丹波前司跡」らの名がみえ、いずれも北条氏一門と推定される[26]。

伴野荘の大半が北条氏に接収される以前は、伴野氏も諏訪上宮の大祝家と姻戚関係にあった。大徳寺文書の年月不詳「信濃国伴野庄諏方上社神田相伝系図」（「神田系図」[27]）によれば、諏訪上宮の大祝・信重の娘「大中臣氏」は伴野六

信濃国伴野庄諏方上社神田相伝系図

- 信重（信濃権守） ― 信時 ― 盛信 ― 盛重（安芸守） ― 頼重（三河守） ― 忠重 ― 当祝
- 信重 ― 大中臣氏（伴野六郎時長妻）
  - 以神田四町自信濃権守信重祝手、
- 同氏（光時母）
  - 神田五段大被譲之、

大中臣氏・同氏の子:

- 光時（伴野又三郎法名覚心、一丁五段領主、）
  - 光泰（新三郎）
- 伴野出羽守妻（神田一丁五段被譲之、）
  - 盛時（出羽次郎跡、今浮面分、（免））
- 伴野七郎時朝妻（神田五段被譲之、）
  - 女子（比丘尼明康　神田三段被譲之、三河入道返之、）
  - 女子（神田二段被譲之、諏方押之、）
- 薩摩五郎左衛尉母（門脱カ）（春日郷内神田五段、）
  - 五郎左衛門（三段今当知行、）
  - 女子比丘尼（二段今諏方押之、）

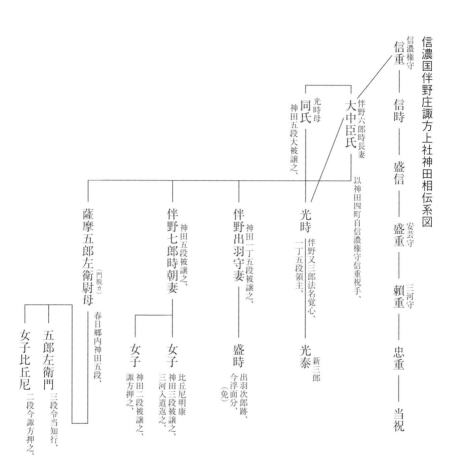

郎時長に嫁ぎ、その際、父の諏訪信重から伴野荘の内で神田四町を分与されたと記されている。いわゆる化粧田だろう。「神田系図」の成立と解釈については諸説あるが、(28)本書ではその議論はさておく。本書が注目したいのは、大祝・諏訪信重の娘「大中臣氏」から四町の神田を分譲された「光時伴野又三郎法名覚心一丁五段領主」「伴野出羽守妻神田一丁五段被譲之」「伴野七郎時朝妻神田五段被譲之」「薩摩五郎左衛尉（ママ）母春日郷内神田五段」らの所領のゆくえである。四町のうち「伴野七郎時朝妻」が譲り受けた五段は二人の女子に、それぞれ三段と二段が分与された。ところが姉（比丘尼明康）が相続した三段には「三河入道返之」と注記されている。「三河入道」は三河入道照雲、つまり中先代の乱を主導した諏訪頼重だろう。同系図によれば諏訪信重から数えて五代の裔にあたる。かつて「大中臣氏」が伴野時長のもとへ嫁ぐ際に、父・信重から与えられた伴野荘のなかの神田の一部が「大中臣氏」から三代を経て諏訪氏に返還されたことになる。また、「伴野七郎時朝妻」のもう一人の女子が相続していた神田二段には「諏方押之」と注記がある。諏訪氏に押領されたというのである。「薩摩五郎左衛門尉母」が相続した伴野荘春日郷（佐久市春日）の神田五段も、子息の「五郎左衛門」に三段、「女子比丘尼」に二段が分与されたが、そのうちの「女子比丘尼」が相続した二段も「今諏方押之」と注記されている。

おそらく霜月騒動によって伴野氏が零落したことで、得宗家の御内人である諏訪氏は伴野氏との姻戚関係を見直し、伴野荘に散在する諏訪神田を回収もしくは侵奪しようと動いたのだろう。

おなじく大徳寺文書の年月不詳「伴野庄内子細を申す所々の事」（「某注進状」）(29)は、某人が伴野荘内の諸郷・諸村における在地勢力らの濫妨を領家である大徳寺に訴えた書状のようである。その第七項には、

一　当庄内諏方神田三町五段散在の内一丁五段、本社祝これを引持し、その外残る所、或は先の給主これを管領し、或は三塚新三郎・有坂左衛門五郎等これを引持すと云々。

とある。年月は不詳であるが、花園上皇が伴野荘を大徳寺に寄進したのが元徳二年（一三三〇）[30]。翌元徳三年（一三三一）にはいまだに住民らが院宣に従わないということで、大徳寺の宗峰妙超に対してふたたび院宣が下されている[31]。さらに後醍醐天皇も元弘三年には再三に及んで大徳寺に伴野荘の安堵を下していることを踏まえると[32]、在地勢力の濫妨を大徳寺に訴えたこの書状が、元弘三年前後の状況を示していると考えるのが妥当だろう[33]。伴野荘の内に散在する諏方の神田三町五段というのは、前述のように霜月騒動の後、諏訪氏が伴野氏から回収もしくは押領した神田だろう。そのうちの一丁五段は大祝の直轄だったらしい。

霜月騒動後の伴野氏はといえば、前掲の嘉暦四年三月付「諏訪上社頭役注文」に記された諏訪上宮の五月会や御射山の頭役の結番にも名が見られないから、伴野荘のほとんどを没収されて、御家人としての番役を果たせない立場にまで没落していたようである[34]。同じく前掲の「某注進状」には、下県村（佐久市伴野下県）の「小笠原六郎入道女子岡田後家跡」の田六町を吾妻彦六が押領していることや、沓沢村（佐久市根岸沓沢）に「小笠原六郎入道女子」に相伝された所領があることが記されている。小笠原六郎は伴野氏の初代にあたる伴野時長。その娘に伝えられたごくわずかな土地である。

霜月騒動からおよそ五〇年、元弘三年五月に鎌倉幕府が滅亡すると、伴野氏は失地回復の活動を始める[35]。諏訪氏に押領されていた伴野荘の神田などは真っ先に奪回したかったに違いない。同じ頃、一門の惣領にあたる小笠原氏は足利高氏の挙兵に従い、建武政権では小笠原貞宗が信濃国の守護職に補任されていた。尊氏が建武政権を離れて北朝を擁立した後も、小笠原氏は観応二年のごく一時期を除いてほぼ足利政権側に立ち、信濃守護職に任じられている。小笠原氏に比べると伴野氏の動向は必ずしも詳らかではないが、康永四年（一三四五）八月二九日の天竜寺落慶法要では伴野出羽前司（長房）が後陣一〇騎の一人として列し[36]、文和二年（一三五三）六月九日の神楽岡の合戦においては足利義詮勢のなかで土岐彦四郎頼泰弟、細川伊予守元氏、伴野入道らが討ち取られたとの風聞があり、伴野出羽守は土御門油小路の自邸に火を放っている[37]。霜月騒動以来の逼塞を思えば、伴野氏が足利政権に従った経緯は当然といえよう。

いっぽう諏訪上宮の大祝・諏訪氏は建武二年七月の中先代の挙兵以来、信州における反足利政権の中心的な勢力として抵抗を続けていた。南朝方に従ったのも、直義党に与したのも、すべては北条時行への同調からだろう。一貫して足利政権に反抗する大祝は、政権にとって厄介な存在である。しかし「神」の姓のもとに結合してきた信濃武士たちの結束の象徴たる諏訪大明神の権威は無視しがたい。ならば諏訪大明神の神威はそのままに、諏訪と大祝のみ否定すればよい。その反本宮、反大祝のイデオロギーこそ「松原縁起」の本質であり、制作のモチベーションではないか。

前述のように、諏訪直頼は信濃における直義派の代表的な存在だった。観応二年一月に甲州・須沢城を陥落させた後、この戦いに従った市河経助や市河泰房への軍忠状は諏訪直頼の証判によって発給されている[38]。観応二年の前半は南朝・直義派に与して戦ってきた諏訪氏の最盛期である。

しかし同年七月三〇日に足利直義が京都を脱して北陸路に逃れる[39]と状況は一変する。一二月一〇日、諏訪直頼と祢津宗貞らは小県郡夜山中尾（上田市尾野山）において小笠原勢と合戦し、惨敗を喫したらしい[40]。

そして観応三年。一月には足利直義が尊氏に降伏。小笠原政長は勲功として信濃国の守護領を回復し[41]、国内における直義方の闕所を尊氏方の地頭・御家人らに配分する権限を与えられた[42]。二月二六日、直義は幽閉先の鎌倉・浄妙寺で頓死を遂げる。閏二月、追い詰められた諏訪直頼は宗良親王を奉じて反撃の兵を挙げる。上野の新田義興・義宗兄弟、脇屋義治、そして旧主・北条時行らと呼応して関東を転戦。一時は尊氏を追って鎌倉を占拠するが、宗良親王と信濃勢は小手指原（所沢市）の戦いに敗れて信濃に退却する。『太平記』巻第三〇「諸国の兵を扶け引き帰す事」には、京都・石清水八幡宮に追い詰められた後村上天皇を救援するために諸将が軍勢を動かすなかで、宗良親王も滋野・祢津氏らを率いて五月一一日に信濃を出立したとある。が、相次ぐ敗戦によって諏訪氏や祢津氏は領地も兵力も著しく疲弊していたはずである。この期に及んで信濃を空けたまま京都へ軍勢を向かわせる余力があったとは信じがたい。文和元年四月二五日付『小笠原政長書状案』(小笠原政長遺言)[43]によれば、陣中で病を得て死期を覚悟した小笠原政長がその遺言の中で「たゝ心にかゝり候事は、しなのゝかみうち候はぬ事」と述べ、信濃守諏訪直頼を討てない悔しさを吐露している。それほど諏訪直頼の抵抗が執拗で激しかったのだろう。

「松原縁起」がその奥書に記す観応三年六月一七日とは、信濃における南朝方の旗頭だった諏訪氏が、戦火と俗塵に塗れて戦い、敗れ、いよいよ劣勢の色が濃くなり始めた、まさにその時期である。諏訪大明神が諏訪の社地を見棄てて、松原に影向したというのも、この年ならば説得力がある。諏訪信仰におけるネガティブなエポックと言ってもよい。

翌文和二年(一三五三)五月、北条時行は捕らえられ鎌倉・龍の口で処刑される[44]。建武二年七月の挙兵以来、一八年に及ぶ抵抗の結末である。その二年後の文和四年(一三五五)八月、諏訪上宮の大祝・諏訪氏をはじめとする信州の南朝勢は、桔梗ヶ原において信濃守護・小笠原長基と戦い、敗れる。この敗戦によって信州における南朝方の抵抗は消沈し、数年後には諏訪氏も北朝足利幕府に恭順する。

観応三年とは、足利直義の降伏に始まり、小笠原政長の復帰、直義の死、そして武蔵野合戦での惨敗と、諏訪氏にとっては坂道を転げ落ちるような衰退と疲弊の始まりだった。大祝家による統率を失った諏訪信仰は、親大祝、非大祝、反大祝といった様々なイデオロギーに迎えられ、それぞれの物語として再製されてゆく。『画詞』や『神道集』の「諏訪縁起」がそうであるように、それはほぼ同時多発的に始まった。かつて霜月騒動に連座して北条氏に所領を没収され、諏訪氏からも神田の押領を受けていた伴野氏がこの機を見逃すはずはない。同族の小笠原氏は足利政権の先兵であり、大祝の天敵となっている。反大祝の旗色はもはや鮮明である。

大祝は大明神の神裔にして、神体そのものである。その大祝の権威を真っ向から否定する。それが「松原縁起」の本質であり、動機付けだろう。ならば「松原縁起」は、むしろ観応三年からそう遠くない時期に作成されたと考えるのが妥当ではないか。

三 「松原縁起」の風景

松原諏方神社では、諏訪の本社に倣い年に七五度の神事が明治まで執り行われていたという。(45)「松原縁起」に「神拝、祭礼、相僕、流鏑馬に至るまで、何事か諏方之儀式に違ふべき」と記されたのもけっして大袈裟ではない。たとえば四月一〇日（現在は四月の第二日曜日）に催される春祭は、もともと旧暦三月の酉の日の神事を受け継いだ祭礼である。昭和一五年（皇紀二六〇〇年）以来、氏子の女児たちによる浦安の舞の奉納が催事の中心になったが、それまでは上社の御頭祭（酉の祭）に倣って七五頭の鹿や猪が神膳に供えられていた。明治まで続いていたという七五度の神事も現在ではその多くが廃されて久しい。しかし、そうした中で現在まで受け継がれてきた当社の御射山祭は、『諏訪大明神画詞』や『年内神事次第旧記』に記された中世の御射山祭の面影を伝えるものとして興味深い。

明治改暦まで松原諏方神社の御射山祭は、七月二三日から二八日にわたって執り行われる例だった。(46)二三日は御射山原に穂屋を建てる「おこやがけ」、二六日は本殿から御射山原への神霊遷御、二七日は御射山原での祭儀、二八日は本殿への還御である。(47)明治の改暦から戦後しばらくまでは月遅れとして八月二六日に遷御、二七日に本祭、二八日に還御が執り行われたが、(48)現在では八月第三週の日曜日に御射山原での「おこやがけ」、四週目の土曜日に御射山原

松原諏方神社の御射山原。手前が下社の穂屋、奥が上社の穂屋。星見の松を挟んで対に建つ。左に見える屋根は仮宮。御射山神事の夜には神職と供奉の少年たちがお籠りをする。

への遷御、翌日の日曜日に祭儀と還御が同日のうちに催されている。

松原諏方神社の御射山祭は穂屋の設営から始まる。松原諏方神社から北西に、直線で約一・五km、道のりにして三kmほど離れた御射山原に二基の片屋根の穂屋が建てられる。これを「おこやがけ」という。「おこやがけ」は氏子の成人男性たちがほぼ総出となり、白木の軸組の側面に葦《あし》、屋根には茅《かや》(薄《すすき》)を葺いてゆく。穂屋の間口は約二m、高さは三mほどである。「星見の松」と呼ばれる神木を挟んで、上社の穂屋と下社の穂屋が向かい合う。御射山原の山宮の石祠にも小さな穂屋をかけて覆う。屋根を飾る茅は、「おこやがけ」の後、氏子たちがそれぞれに数本を抜き取り、自宅に持ち帰って祭箸とする。御射山の神事で茅が特別なアイテムであることは諏訪の本社においても古くからの習いである。『画詞』祭第五・秋上によれば、御射山の神事において「尤眉目タリ」といわれた二七日の「矢抜き」の儀式で、

下社の穂屋。側面は葦、屋根は茅で葺かれる。

鹿を射止めた射手には尖り矢に尾花（薄《すすき》）を添えて与えられていた。また、『年内神事次第旧記』[49]によれば、御射山の神事において神前に捧げられたのは茅の茎に白紙を挟んだ「あゐちの御手幣」だった。現代の諏訪大社の御射山祭も、別名を「穂屋の祭」と呼びならわされるように、茅で囲われた穂屋を中心にして祭儀が営まれる。祭の場には薄が飾り立てられ、薄の穂を玉串として奉納するなど、薄は御射山神事の象徴とされている。

第四土曜日の朝、松原諏方神社の下社の神霊は、まず上社の傍らの山宮へ遷される。午後になると、上社、下社、山宮の神霊を移した幣帛をご神体として、上社から御射山原へ向かう行列が出発する。現在では幣帛は神職に捧げられて軽トラックの荷台に乗るが、昭和四〇年代までは神職らは騎馬で御射山へ向かったという[50]。幕末までは、別当・神光寺の住職を先頭として、上社の神主（一名）、下社の神主（一名）、両社の祢宜（各二名）、名主らがそれぞれ騎乗し供奉した[51]。

幣帛に先駆けて少年たちがそれぞれの生誕を記念した幡や幟、吹き流しを掲げながら、年長の少年が吹き鳴らす進軍ラッパにあわせて、一人ずつ猛然と駆け出してゆく。御射山原までは数一〇〇mごとに疾走と小休止を繰り返す。昭和の終わりごろまでは一人ずつ雄叫びをあげながら駆け抜けていたという。注目したいのは少年たちの雄叫びである。なぜ少年たちは雄叫びを上げるのか。

『画詞』祭第五・秋上によれば、七月二六日の御射山への上りましのとき、大祝以下の騎馬行列は御射山に到着すると「サテ大鳥居ヲ過ル時ハ、一騎充《ツヽ》声ヲアケテトヲル」という。御射山の大鳥居をくぐる際に一騎ずつ声を挙げるのである。

『吾妻鏡』[52]建久四年（一一九三）五月一六日条には、富士野の巻狩において源頼家がはじめて鹿を仕留めたことを祝い、矢口の祭が催されたことが記録されている。工藤景光、愛甲季隆、曽我祐信の三名が選ばれて矢口の餅を賜った。

> 十六日（中略）まず景光召によつて参進し、蹲居して白餅を取りて中に置き、赤を取り右方に置く。その後三色をおのおの一つこれを取り重ね、黒上、赤中、白下。座の左の臥木の上に置く。これ山の神に供すと云々。次にまた元のごとく三色これを重ね、三口これを食ひて始めは中、次は左の廉、次は右の廉。矢叫びの声を発つ。はなはだ微音なり。

工藤景光は「十一歳より以来、狩猟をもって業となす。しかうしてすでに七旬余、いまだ弓手の物を獲ずといふことなし」[53]と称された狩猟の名人である。狩猟の儀礼にも通じていたらしい。矢口の餅を山の神に供えて「矢叫びの声」を放つ。矢が宙を切り裂く風切り音のような声だろう。たぶん裏声の遠吠えのような声だろうか。「はなはだ微音なり」というから警蹕のような息を吐く声かもしれない。同じく『吾妻鏡』建久四年九月一一日条には、北条義時の嫡男、のちの泰時が初めて鹿を射止め、その祝いの矢祭の様子が記録されている。小山朝政、三浦義連、諏訪盛澄

神霊の幣帛に先駆け、幡や幟、吹き流しを押し立てて疾走する少年たち。

の三名が将軍頼朝の御前に召し出され矢祭の十字餅を賜る。

> 十九日（中略）将軍家、小山左衛門尉朝政を召し、一口を賜ふ。朝政御前に蹲居して、三度これを食ふ。初口は叫声を発ち、第二、三度には然らず。次に三浦十郎左衛門尉義連を召し、二口を賜ふ。三度これを食ひて、毎度声を発つ。

小山朝政や三浦義連があげた「叫声」というのも「矢叫びの声」と同じだろう。

新潟県川上市の奥三面に伝わった羚羊（アオシシ）狩りでは、獲物を仕留めた者は「ホーイ、ホーイ、ホホホーイ！」という裏声をつかった特殊な叫び声を三度繰り返す。ヨーロッパアルプスの牧童たちのヨーデルにも似た裏声である。これを「ヨロコビ大声」といい、この声をあげることを「サンナイたてる」ともいう。サンナイは狩りに出発する前に鎮守の祠の前でもたてる。[54]

あるいは、奥羽のマタギたちも獲物（熊）を仕留めた者

風尾宮の祠。左奥に朽ちた風尾の松の痕が見える。

は「ショウブ、ショウブ、ショウブ！」と「ショウブ声」を三回あげる。ショウブ声は山の神への礼であり、かならず叫ばなければならないとされている[55]。ヨロコビ大声にしてもショウブ声にしても、ただ威勢がよいというだけのことではない。それらは山の狩庭の神を勧請する特別な声である。

御射山原までの要所ごとに少年たちが一人ずつ雄叫びを挙げて駆けるのは、まさしく『画詞』に記された御射山の大鳥居をくぐる際に一騎ずつ声を挙げていたことを受け継ぐものではないか。おそらくはそれはもともと御射山の神を勧請する特別な「矢叫びの声」だったに違いない。

松原諏方神社から御射山原へ登る急峻な山道のかたわら[56]、現在では朽ちかけた松の樹の下に「風尾宮[57]」と呼ばれる石祠が祀られている。御射山へ向かう行列は風尾宮において途次の祭儀を執り行う。神職は茅の穂先に甘酒を浸し、その甘酒を石祠に振りかけ、祝詞をとなえる。松の樹が神籬だったことは一目瞭然である。『画詞』祭第五・秋上によれば、七月二六日の御射山への上りましでは、前宮本殿と

北
松原諏方神社御射山
御射山山宮
第4キャンプ場
松原湖駅
第1キャンプ場
&バンガロー
風尾宮
小海線
松原諏方神社下社
松原湖
松原諏方神社上社
松原湖高原線
神光寺址
大月川
海尻駅
千曲川

摂社の溝上社で進発の儀式が営まれた後、行列は酒室社（茅野市宮川坂室）に至って神事饗膳が催されたという。「酒室ノ神事畢テ、長峯ヘ打ノホリテ、行々山野ヲ狩ル」とあるから、酒室社での神事から先が、いよいよ神野の御狩りということになる。松原諏方神社の御射山祭における「風尾宮」での神事は、およそ諏訪本社の御射山祭における酒室社の神事に相当するものだろう。

一行が御射山原に到着すると、上社、下社、山宮の神霊を移した幣帛はそれぞれの穂屋に納められる。神職と氏子たちは穂屋のかたわらの小屋で直会を催す。当夜、神職と総代、少年たちは小屋に宿直する。諏訪大社の御射山祭でも神職と供奉員たちは御射山へ到着の後、膳部小屋に招かれて直会を受ける。膳部小屋は周囲を茅で覆われていて、諏訪大社の御射山祭ではこの膳部小屋を「穂屋」と言い慣わしている。(58)松原諏方神社でも現在のような常設の小屋が建てられる以前は、「オコヤカケ」の際に小屋を建て茅で覆っていたという。御射山を象徴する神秘の穂屋の内部で催される宴は、言葉にすれば直会とはいうが、むしろ饗膳の神事に近い。

翌朝、御射山の神事が始まる。「星見の松」と呼ばれる神木の下に神饌が供えられ、神職による祝詞が唱えられた後、玉串の奉納が行われる。松の下での祭儀が済むと、神職、氏子、少年たちは、御射山原から南西に四〇〇mほどなだらかな尾根を登り、御射山の「山宮の奥宮」の祠に参詣する。(59)『画詞』祭第五・秋上にも、登りましから一夜明けた二七日の早旦に「大祝以下大小神官榊ヲ捧テ山宮ニ詣ス」とあるから、これに相当する神事だろう。山宮からふたたび御射山原に戻ると「星見の松」の下で昼の直会が設けられる。これも『画詞』祭第五・秋上によれば、山宮の参詣を終えた後、四御庵に戻り、「恒例ノ饗膳」が催されていたという。

かつて御射山祭の七月二七日には、午の刻に御射山原の「星見の松」の間から空を見上げると戌亥の方角に星を見ることができたと伝えられていた。(60)真昼の午の刻に星が見えるとは尋常ではないが、諏訪本社の御射山祭においても、いわゆる諏訪の七不思議の一つとして「穂屋野の三光」がある。たとえば延宝七年（一六七九）に諏訪上宮の大祝頼隆から幕府寺社奉行の松平重治へ進上された『社例記』[61]には、御射山祭の七月二七日の午の刻に「三光照二臨社頭一」とある。日、月、星の三光が真昼の御射山に来光するというのである。享保九年（一七二四）に成立した『信府統記』[62]第五にも「二十七日午ノ刻ニ日月星ノ三光並ヒ見ユ」とある。ただし、注意しなければならないのは、嘉禎四年（一二三八）の奥書を記す『諏方上社物忌令』[63]に載せられた「七不思議之事」には「穂屋野の三光」はあげられていない。そもそも『社例記』や『信府統記』にしても、御射山の午の刻の三光を七不思議の一つとは数えていない。諏訪の七不思議の一つとして「筒粥」に替わって「穂屋野の三光」が説かれるようになるのは江戸時代の中期以降ではないかと思われる。

真昼でも水面に星が映るという、いわゆる星見の井戸は、たとえば鎌倉・極楽寺坂の「星の井」（星月の井）や座間・星の谷観音の「星の井」などのように各地に伝わる。深い井戸の底は太陽光の散乱の影響を受けにくいとも説明されている。松原の御射山の星見の松についていえば、かつて枝葉を繁らせていた二本の松の間に立って空を見上げると、鬱蒼とした枝葉が井戸筒と同じような働きになり、ひょっとしたら井戸の底から空を見上げるのと同じように真昼でも星が見えたのかもしれない。

しかし、それにしても真昼の午の刻に日月星の三光が並んで見えるというのはいくらなんでも無理がある。二七日の月は午の刻には南中を少し過ぎた位置にあり、太陽の光が近すぎて肉眼では見えるはずがない。星はなおさらである。

ならば、御射山祭の七月二七日の午の刻に日月星の三光が来光するというのは、どういうことだろうか。

御射山祭の本質は狩庭の祭儀だとしよう。『神道集』[64]巻第四「信濃国鎮守諏方大明神秋山祭事」には、御射山の七月二七日は田村丸が諏訪大明神の援助によって悪事の高丸を滅ぼした日として、その祭はかならず大風と大雨に見舞われる「死狂日」であると説く。しかし、神道集の説を真に受けてよいだろうか。七月二七日といえば、明け方、東の空に細い弓のような月が昇る。有明の月であり、暁月ともいう。それから少し刻をおいて、有明の月を追うようにして日が昇る。明けの明星は輝きを増す。日月星の三光は神霊との交感が果たされる「聖なる時空」の象徴だったのではないか。日月星の三光の輝きの下、聖地・御射山において大祝は諏訪大明神と交感し、神の現し身たるその身体に大明神の神霊を受け継ぐ秘儀が執り行われたのだろう。それが「御衣着」の秘儀である。

『万葉集』[65]巻第一に収められた「軽皇子の安騎の野に宿りし時に、柿本朝臣人麻呂の作りし歌」の一連の歌（四五～四九）も、おそらく同じような狩庭の霊的交感儀礼の瞬間を詠んだものではないかと思う。

東の野にかぎろひの立つ見えて　かへり見すれば月かたぶきぬ　（四八）
日並の皇子の尊の馬並めて　み狩立たしし時は来向かふ　（四九）

安騎野という狩りの聖地において、東の空に日が昇りかけ、西の空には月が傾く聖なる刻に、日並の皇子の尊たる亡き草壁皇子の神霊と軽皇子との交感が果たされる。この場合は望月か、あるいはそれに近い十三夜の名残月だろう。諏訪の大祝が御衣着の秘儀によって大明神の魂を受け継いだように、軽皇子も亡父・草壁皇太子の霊と交感し、その正統なる継承者としての魂を受け継いだのではないだろうか。

日月星の三光が輝く暁の刻、そこに一つの宇宙が発現する。そして諏訪大明神と大祝との交感儀礼が営まれる。『阪波私注』や『阪波御記文』[66]は諏訪大明神と大祝との一体（交感）を御射山における正法にして正理なる「法理」、すなわち「祝」の証として説く。

　さらに言えば、神の再生儀礼が祭のなかで一度だけとは限らない。もう一つの神霊の生誕（影向）の祭儀。それが真昼の午の刻にも営まれたのではないか。正和二年（一三一三）写の奥書を記す『陬波私注』(67)は、その冒頭に諏訪大明神の生誕と薨去を説く。


　　大明神甲午仁有㆓御誕生㆒甲午仁隠㆓御身㆒給

　大明神は甲午に誕生し、甲午に姿を隠すという。本書第一章でも述べたように、その甲午は、六〇年に一度の年干支であるはずがない。年干支の甲午だとしたら御射山での交感は六〇年に一度ということになってしまう。月干支だとすれば午の月は五月にあたるから七月の御射山にはあわない。日干支だとすれば六〇日に一度のことであるが、それがかならず七月二七日にあたるとはかぎらない。大明神が誕生し、また姿を隠すという甲午は時干支だろうか。時干支によれば、丙日と辛日は午の刻が「甲午」となる。その午の刻を期して諏訪大明神の死と大祝への再生の祭儀が執り行われたのではないか。たとえば京都・下鴨神社の境内摂社・御蔭神社における「御生《みあれ》神事」も午の刻を期して御阿礼の聖地・御蔭山に神霊（荒魂）が降誕する。

　御射山神事の本質ともいうべき日月星の三光が輝く暁刻の奇跡は早くに失われ、午の刻の再生儀礼だけが御射山の神事におけるクライマックスになった。ただ、かつて日月星の三光に求めた神秘だけは記憶のうちに留まっていた。そして午の刻の祭儀に三光の降臨を求めるようになったのである。松原社においても、ふるくには御射山祭の七月二七日の午の刻に「星見の松」の下で神霊影向の神事が営まれていたのではないだろうか。

松原村は近世を通して一村三〇石がそのまま松原諏方社の社領とされ、上下両社とその別当である神光寺への奉仕によって年貢・諸役が免除されていた。松原諏方社の祭祀は神光寺の別当を上首として、上社の神主を世襲した畠山家と下社の神主を世襲する鷹野家とがそれに次ぐ。両社の祢宜各二名も畠山氏と鷹野氏が就いている。村方は上諏方明神組と下諏方明神組によって構成され、神職だけでなく、名主（組頭による年番）、組頭、百姓代といった村役も畠山姓と鷹野姓による互選だった。慶安二年（一六四九）八月一七日付の「徳川家光朱印状」[68]によれば社領三〇石は別当と両社神主に分配されていたが、事実上は松原諏方社の氏子たちによる一村自治である。神光寺の住職のほかは神職と住民の大半は同族であり、近世を通して他姓の居住を許さず、畠山氏と鷹野姓の二苗によって自治が守られてきた。氏子というよりも神人《じにん》に近い。この村に中世以来の信仰社会が受け継がれてきたことと無関係ではあるまい。

『神道集』は、巻第四に「信濃国鎮守諏方大明神秋山祭事」として田村丸による高丸退治と秋山祭（御射山祭）の始まりを説く。高丸の娘は生け捕りにされ、諏訪大明神の子を生む。大明神はその子を神主（大祝）に定め、「我が体」として「神」の姓とともに子孫に受け継がせた。〝大祝は大明神の現身〟を主張する大祝家々伝の諏訪信仰の系譜である。

ところが、同じく『神道集』巻第四に収められた「諏方大明神五月会事」は、概ね「秋山祭事」の焼き直しであるかのような満清将軍による鬼王・官那羅の退治を説きながら、しかし大祝の由緒には触れようとしない。それどころか大明神の前生を天竺に求め、下宮（本地・千手観音）の前生は舎衛国の波斯匿王の娘・金剛女宮、上宮（本地・普賢菩薩）の前生をその夫である祇陀大臣とする。天下第一の美女だった金剛女宮は前世の報いによって恐ろしい金色の鬼の姿となるが、釈尊を拝して仏身を得た奇跡を伝える。松本隆信はこの金剛女宮の物語を下宮の垂迹譚と推定している。たしかに前半の満清将軍譚はともかくとして、後半部の金剛女宮譚では上宮の大祝の権威や成り立ちはまったく意味を持たない。『神道集』が上宮を憚らずにこのような垂迹縁起を採用したこと自体、上宮大祝の権威が衰えてきたとみるべきだろう。文和四年（一三五五）八月の桔梗ヶ原に前後して、下社はいちはやく北朝足利幕府に恭順したらしい。延文四年（一三五九）一二月には将軍足利義詮から下社大祝に対して天下静謐の祈祷が命じられている(69)。

かつて霜月騒動によって北条氏とその側近である諏訪氏に領地を奪われていた伴野氏は、北朝足利幕府に与することで佐久郡の復権を目指した。伴野氏は、というよりも、伴野氏が支持した諏訪信仰は、対立する大祝の権威を真っ向から否定した。そして松原湖を諏訪湖に見立てて、そこに新たな諏訪信仰を創造した。その情景の中で『伊那古大松原大明神縁起』が説き起こされた。

注

（1）『太平記 二』（新編日本古典文学全集五五、長谷川端校注・訳、小学館、一九九六年）
（2）『神道大系 神社編三〇 諏訪』所収（竹内秀雄校注、神道大系編纂会、一九八二年）
（3）鈴木由美『中先代の乱―北条時行、鎌倉幕府再興の夢』（中公新書、中央公論社、二〇二一年）
（4）『新編信濃史料叢書 第七巻』（信濃史料刊行会、一九七二年）所収をもとに稿者が書き下した。
（5）大徳王寺城の比定地については本書序章「中先代の乱と諏訪信仰」の注（11）を参照。
（6）諏訪直頼については本書序章「中先代の乱と諏訪信仰」の注（15）を参照。
（7）市河文書・観応二年三月付「市河頼房代官泰房軍忠状」、同「市河経助軍忠状」。いずれも『信濃史料 第六巻』信濃史料刊行会、一九六九年訂正重刊）などによる。
（8）古くは天正一八年一二月一〇日付「仙石秀康（秀久）寄進状」（『信濃史料 第一七巻』所収）に「松原大明神へ当年寄進之事」の背景として「当年者早四五ヶ年も無之御渡、三度迄御座候由候之条」とある。また、佐久郡野沢村に生まれた史家・瀬下敬忠が宝暦三年（一七五三）に著した『千曲之真砂』（『新編信濃史料叢書 第九巻』所収）附録「佐久郡松原諏訪社七不思議之事」には「御渡りも諏訪のことし」とある。

(9) 小林尚二『松原史話』（私家版、一九三二年）、鷹野一弥『小海町志 川西編』（小海町志刊行委員会、一九六八年）等による。

(10) 前掲注（9）小林尚二『松原史話』

(11) 畠山秀則「松原大明神縁起と見付太夫」（『佐久』三〇、佐久史学会、二〇〇〇年）

(12) 桜井松夫「信濃国佐久郡大井荘・伴野荘地頭 小笠原流大井・伴野両氏について」（花岡康隆編『信濃小笠原氏』所収、シリーズ・中世関東武士の研究一八、戎光祥出版、二〇一六年）

(13) 『吾妻鏡』文治二年一〇月二七日条に「信濃国伴野庄の乃具の送文到来す。二品すなはち御書を副へ、京都に進ぜせしめたまふ。地頭加々美二郎長清、日者すこぶる緩怠すと云々」とある。

(14) 『尊卑分脈』清和源氏「伴野」によれば、長泰に「依城陸奥守入道事於鎌倉被誅了」、泰直に「共於伊野被誅了」、盛時に「父同時被誅了」、長直にも「父同時被誅了」とある。また、梵網戒本疏日珠抄裏文書「安達泰盛乱自害者注文」（『鎌倉遺文 第二一巻』所収、一五七三四）には「伴野出羽守」、同「安達泰盛乱自害者注文」（『鎌倉遺文 第二一巻』所収、一五七三八）には「伴野三郎」「同彦二郎《於信乃自害》」とある。

(15) 『長野県史 通史編 第二巻 中世一』第六章「鎌倉時代の社会」第一節「公領と荘園」（井原今朝雄執筆、長野県史刊行会、一九八六年）に紹介。

(16) 前掲注（15）に同じ。

(17) 前掲注（15）に同じ。

(18) 国立国会図書館デジタルコレクションにて閲覧。

(19) 『神道大系 神社編三〇 諏訪』所収

(20) 『復刻諏訪史料叢書 第三巻』所収

(21) 『寺社縁起』所収（日本思想大系二〇、桜井徳太郎・萩原龍夫・宮田登校注、岩波書店、一九七五年）

(22) 福田晃「『北野天神縁起』の発想―続「本地物語の原風景」―」（『伝承文学研究』四三、伝承文学研究会、一九九四年。後に福田晃『神話の中世』所収、三弥井書店、一九九七年）

(23) もちろん大祝側にも理論武装はある。『守矢貞実手記』には「大祝神職として手負死人に交る事非例なり。然りと雖も父祖賢慮不二なり。故に疑念の者は、かの神道拝見申すべし。この旨を以て大祝頼継三七日勤行し、葬送致す由」ともある。一つにはそれが父祖の遺志を継ぐ忠義孝養の作善であること。さらに二一日間の潔斎を経て自らの葬送を擬することによって禊とするという。

(24) 拙稿「諏訪縁起の変容—阪波大王から甲賀三郎へ—」(福田晃・徳田和夫・二本松康宏編『諏訪信仰の中世—神話・伝承・歴史—』所収、三弥井書店、二〇一五年)

(25) 『信濃史料 第五巻』所収

(26) 伊藤冨雄「諏方上社中世の御頭と鎌倉幕府(五)」(『信濃(第一次)』六-五、信濃史学会、一九三七年。後に『伊藤冨雄著作集 第一巻 諏訪神社の研究』所収、永井出版企画、一九七八年)

(27) 『信濃史料 第五巻』所収

(28) 渡辺世祐『諏訪史 第三巻』(諏訪教育会、一九五四年)、鈴木国弘「信濃国伴野庄諏訪上社神田相伝系図」について—「武士団研究の一史料—」(『日本大学人文科学研究所研究紀要』二〇、日本大学人文科学研究所、一九七八年)、同「「信濃国伴野庄諏方上社神田相伝系図」再考」(『史叢』二三、日本大学史学会、一九七九年)、小松寿治「「信濃国伴野庄諏訪上社神田相伝系図」について」(『駒澤史学』三九・四〇、駒沢史学会、一九八八年)等。

(29) 『信濃史料 第五巻』所収

(30) 大徳寺文書・元徳二年二月一五日付「花園上皇院宣案」(『信濃史料 第五巻』所収)。

(31) 大徳寺文書・元徳三年七月二日付「花園上皇院宣案」(『信濃史料 第五巻』所収)。

(32) 大徳寺文書・元弘三年六月七日付「後醍醐天皇綸旨」、同年同月一二日付「後醍醐天皇綸旨」、同年七月三日「後醍醐天皇綸旨」。いずれも『信濃史料 第五巻』所収。

(33) 『信濃史料 第五巻』はこれを建武元年五月の頁に置く。

(34) 桜井松夫は「鎌倉幕府下知状案」の九番御射山左頭にみられる「佐久郡内伴野庄内」に伴野氏の所領が含まれている可能性を述べ、伴野荘に伴野氏の領地がわずかに残っていた可能性を示唆している。(前掲注(12))。ただし、たとえこうしたところに伴野氏の所領が残っていたとしても、御家人として諏訪の頭役の結番に氏名があげられないことが、かえって伴野氏の置かれた状況を物語っているといえよう。

(35) (建武二年)二月八日付「後醍醐天皇綸旨(信濃国伴野庄出羽弥三郎以下輩濫妨事)」、(建武二年)五月七日付「信濃国宣(当国伴野庄地頭職濫妨事)」。いずれも『信濃史料 第五巻』所収。

(36) 『園太暦』康永四年八月二九日条、『師守記』康永四年八月二九日条等。

(37) 『園太暦』文和二年六月九日条。『信濃史料 第六巻』では討ち取られた伴野入道と自邸に放火した伴野出羽守を同じ「長房」として、この戦いで伴野長房が討死したとする。ただし、討ち取られたというのはあくまでも風聞であり、現に討ち取られたと風聞される一人の細川伊予守元氏（清氏）は後光厳天皇を警護して近江へ落ち延びている。

（38）前掲注（7）

（39）『房玄法印記（観応二年日次記）』観応二年七月三〇日条（『続群書類従　第二九輯下』所収）。直義に供奉する武士たちのなかに「諏方信乃守」の名がある。ただし『太平記』（天正本）巻第二九「武衛禅閤逐電の事」には「諏方下宮の祝」とある。

（40）佐藤文書・観応三年正月付「佐藤元清軍忠状案（佐藤蔵人元清申軍忠事）」（『信濃史料　第六巻』所収）

（41）小笠原文書・正平七年正月一九日付「足利尊氏御教書（信濃国春近領事）」（『信濃史料　第六巻』所収）

（42）小笠原文書・正平七年正月一九日付「足利尊氏御教書（信濃国闕所地事）」（『信濃史料　第六巻』所収）

（43）『信濃史料　第六巻』所収。ただし小笠原政長はここでは死なず、一三年後の貞治四年（一三六五）まで生きている。

（44）『鶴岡社務記録』文和二年五月二〇日条（『続史料大成一八』所収）

（45）前掲注（9）

（46）前掲注（8）『千曲之真砂』附録「佐久郡松原諏訪社七不思議之事」

（47）前掲注（9）小林尚二『松原史話』

（48）前掲注（9）鷹野一弥『小海町志　川西編』

（49）『神道大系　神社編三〇　諏訪』所収

（50）鷹野満弥太氏のご教示による。『松原の民俗―長野県南佐久郡小海町松原―』第八章「信仰と祭り」（神奈川大学歴民調査報告第三集、福田アジオ編、神奈川大学大学院歴史民俗資料学研究科、二〇〇六年、内山大介執筆）によれば「（調査時から）二〇年くらい前までは（中略）馬が用いられた」とある。

（51）前掲注（9）鷹野一弥『小海町志　川西編』

（52）『全訳吾妻鏡　第二巻』（貴志正造訳注、新人物往来社、一九七六年）

（53）『吾妻鏡』建久四年五月二七日条

（54）『狩猟習俗Ⅱ』（民俗資料選集六、文化庁文化財保護部編、国土地理協会、一九七八年）新潟県の狩猟習俗・第一章「三面郷の狩猟習俗」等。

（55）武藤鉄城『秋田マタギ聞書』（慶文社、一九六九年初版、一九九四年増補版）等。

(56) 神霊の遷御が騎馬から軽トラックに変わってから、この山道は使用されなくなった。
(57) 前掲注(9)小林尚二『松原史話』には「神座遠の松」とある。
(58) 石川俊介「原山を駆ける神輿―上社御射山祭の現在―」(石川俊介・下本英津子・鈴木良幸『諏訪大社上社御射山祭の歴史と民俗調査報告書』所収、名古屋大学諏訪文化研究会、二〇一二年)
(59) 神霊の遷御が騎馬から軽トラックになってからは山宮への参詣も軽トラックの通行可能な道路を迂回している。山宮での神事が済んだ後、御射山原へ戻る際には神霊の御幣を奉じた軽トラック以外は尾根の旧参道を下る。
(60) 佐久郡岩村田宿に生まれた史家・吉沢好謙が宝暦二年(一七五二)に刊行した『信濃国佐久郡伴野庄松原邑諏方上下社境内之図』には「御射山神事七月廿七日午時戌亥方星出現」とある。また、前掲注(8)の『千曲之真砂』附録「佐久郡松原諏訪社七不思議之事」にも「七月廿七日御射山祭の剋に、戌亥の方に星出現あり、毎年如例、諸人拝之」とある。ただし同じく吉沢好謙が明和四年(一七六七)に著した『信濃地名考』中巻補遺(『新編信濃史料叢書 第一巻』所収)には「今も佐久郡松原の社のみさ山祭毎七月、廿七日八ヶ嶽の間に日月星をみるなといふ也」とあり、ふるくには「星見の松」ではなく、戌亥の方角に星が現れたとされる。単独の星なのか、日月星の三光なのか説は定まらない。
(61)『復刻諏訪史料叢書 第一巻』所収
(62)『新編信濃史料叢書 第五巻』
(63) 前掲注(19)に同じ。『諏方上社物忌令』のうち上社本は七不思議として「御渡」「カヘルカリ」「御アマオチ」「葛井池ノ木葉」「高野ノ鹿ノミ、」「ツ、カイ狩野ノ鹿生スル事」「御作久田作久モヲエツクユコト」、神長本は「御アマオチ」がなく、かわりに「御射山ニ不種麻之おゆる事」を数えている。
(64)『神道大系 文学編一 神道集』(岡見正雄・高橋喜一校注、神道大系編纂会、一九八八年)
(65)『万葉集 一』(新日本古典文学大系一、佐竹昭広・山田英雄・工藤力男・大谷雅夫・山崎福之校注、岩波書店、一九九九年)
(66) 金井典美・岡里威夫「金沢文庫の古書「陬波御記文」について―御射山祭新資料―」(『金沢文庫研究』一三-八、一九六七年。後に金井典美『諏訪信仰史』所収)
(67) 金井典美「金沢文庫の古書「陬波私注」について―中世における諏訪信仰の新資料―」(『金沢文庫研究』一五-九、一九六九年。後に金井典美『諏訪信仰史』所収)
(68) 前掲注(8)鷹野一弥『小海町志 川西編』所収

（69）鮎江文書・延文四年一二月一九日付「諏訪下社大祝宛足利義詮御教書」（『信濃史料　第六巻』所収）

第三章　諏方系「諏訪縁起」の風景（一）

――蓼科山と雨境峠から――

一　異端の神話

「諏訪縁起」、いわゆる甲賀三郎の物語には、主人公の名を「兼家」とする伝本と「諏方」とする伝本の二つの系統がある。詳しくは第一章の章末に載せる二つの梗概を参照していただきたい。

そうした二つの系統の成立についてはは研究史上でもさまざまな解釈がある。

たとえば柳田國男は、それを「伝承者の信仰系統の差」と考えた。兼家の物語は京都に程近い西近江の甲賀で「一種の語部」らの手によって成立したと推定し、諏方の物語は『神道集』と同じように東国、上州あたりで成立して諏訪へもたらされたと推察している。(1)

また、松本隆信は兼家の物語が甲賀地方の伝承として先に存在し、それが信州の諏訪の上宮へ運ばれて、『神道集』の甲賀三郎物語、つまり諏方の物語として改作されたと説明する。(2)

あるいは、金井典美は、先に兼家の物語が下社の影響下において近江の甲賀地方で成立し、その後、それに対抗す

るかたちで京都における上社系の諏訪神人が諏方の物語を改作したと説明している。(3)

それにしても柳田國男は何を根拠として兼家の物語の成立を甲賀の地としたのか。柳田以降の研究史も何を根拠としてその「兼家系甲賀成立説」を踏襲したのか。あるいは、松本隆信は江戸時代後期の諏方系の写本の多くが信州の諏訪信仰圏内に伝わることを指摘し、それらが「この地方の人々の間に伝えられてきたものを筆録した」素朴な本であるのに対して、兼家系には絵巻や絵入本があるから「早くから中央にも知られていた」と説く。それが「兼家系先行説」の論拠だとしたら、兼家系の絵巻よりも成立がさかのぼるであろう『神道集』の「諏訪縁起」をどう説明するのだろうか。金井典美が兼家系を『神道集』よりも前にすでに甲賀で成立していたと説く根拠もよくわからない。

甲賀三郎の物語における二つの系統の成立は、柳田が示唆したように「伝承者の信仰系統の差」であることはたぶんそのとおりだろう。ただし、その差とは「甲賀か諏訪か」とか「甲賀か京都か」とか「上社か下社か」とかの差ではない。そもそも甲賀三郎の物語が信州の諏訪本社の直接的な影響圏で生成することはあり得ないのである。

中世の諏訪信仰の中心には大祝がいる。大祝は諏訪明神の神裔にして神体そのものである。それは諏訪にとって最たる誇りだったはずである。

大祝を以って御体と為す　（『諏訪信重解状』(4)）

此の人を得て真の神体と思ひ　（『阪波御記文』(5)）

我の体を以って法理（祝）の体とせよ　（『阪波私注』(6)）

我において体なし、祝を以って体とす　（『諏訪大明神画詞』(7)）

ところが諏方にしても兼家にしても、いずれにしても甲賀三郎の物語には、この「大祝」という肝心の思想が描かれていないのはどういうことか。大祝をいただく諏訪本社の信仰において、大祝の系譜につながらない甲賀三郎などは、とうてい認めることのできない異端の神話である。

前章までに述べてきたように、中先代の乱によって大祝の権威が失墜した後、信州の各地で新たな「諏訪縁起」が同時多発的に生まれた。松原諏方明神（南佐久郡小海町）に伝えられた「松原縁起」のように大祝への批判を露骨に示したものもある。そうした「反大祝」色の強い縁起に比べると、甲賀三郎の神話は大祝の権威を真っ向から否定するものではなく、むしろ大祝の権威どころか、その存在さえもない、まったく別の世界線の上に成り立つ。

たとえば、南九州の日向地方では狩りの神とされるコウザキは七人の何某の三郎とされる。千葉徳爾の報告によれば、猟師たちは猪を仕留めた後、オタドコ（解体場所）においてその耳を七つに切り分け、一切れずつ串に刺してコウザキに供えるという（七キレ祭）(8)。その祭事が済むと、猪を乗せておいたオタ木《ぎ》（解体に用いた荷棒）をオタドコの北方の山中に納める（オタ木《ぎ》ナオシ）。「オタ木《ぎ》ナオシ」の際の唱えごと（祭文）は七人のコウザキに捧げられる。

一　いての三郎
二　うちての三郎
三　かにいろ三郎
四　しば三郎
五　まないた三郎
六　まなばし三郎

七　おたどこ三郎

塚田六郎は、奥羽のマタギたちの始祖とされる盤司盤三郎（万治万三郎）やいざなぎ流祭文におけるオコゼの三郎などを例として、山の神の名が「三郎」であることを指摘する。(9) 第一章でも述べたように、甲賀三郎の本性は御射山の神だった。(10) それは何某の三郎の神名をもって崇められた山神たちに連なるにちがいない。

本章では、まず甲賀三郎諏方の物語に描かれた蓼科山の風景を読み解いてみる。

二　「諏訪縁起」のなかの蓼科山

近江国甲賀郡の地頭・甲賀権守諏胤には、太郎諏致、次郎諏任、三郎諏方の三子がいた。三郎は父の跡を継いで惣領となり、美しい春日姫を妻とする。あるとき三郎は妻と二人の兄たちをともない、近江国伊吹山で盛大な巻狩を催す。ところがその最中、春日姫は草子に化けた魔物に攫われてしまう。三郎は妻を探して五畿七道の霊山をめぐる。しかし妻はどこにもいない。

乳母子ノ宮内ノ判官ノ申サレケルハ、実トヤ忘テ候ケリ、信濃国笹岡ノ郡ノ内ノ蓼科ノ嶽ヲ見サリツルコソ心ニ懸テ覚ヘ候ヘ。

（『神道集』巻第十「諏訪縁起」）(11)

三郎の乳母子である宮内判官は、信濃国の蓼科山を見漏らしていたことに気付き、主従は蓼科山へと向かう。

急キ蓼科ノ嶽へ移リツヽ、此彼コヲ廻テ見程ニ、北ノ峯ノ小シ艮ラノ角ニ当テ、大ナル楠アリ、差遶テ見ヘハ、太ナル人穴有。

蓼科山の丑寅にそびえる楠の巨木のもとに大きな人穴があった。三郎は人穴を降りて地底を進み、囚われていた春日姫を救い出す。ところが次兄の嫉妬と姦計によって三郎だけが人穴の底に取り残されてしまう。

七三の人穴を抜けて七二の国々をめぐり、維縵国の王・好美翁に迎えられた三郎は、王の愛娘である維摩姫の婿となって一三年と六ヶ月を過ごす。それでも三郎は日本国に残した春日姫のことが忘れられず、好美翁に暇を乞い、帰国の途につく。好美翁の教えに従って一〇〇〇日の苦難の旅を克服した三郎はようやく日本国へ帰還した。

信濃国浅間ノ巓《イタヽキ》へソ出サレタリ。且ク御身ヲ息メテ、東ノ方ヲ見玉ヘハ、上野ノ伊（香）保・赤城、常陸ノ筑波見ヘニケリ、南ノ方ヲ見玉ヘハ、富士ノ高根・秩父山、甲斐ノ白根、心憂リシ蓼《タテ》科ノ嶽モ見ニケリ、西ノ方ヲ見玉ヘハ、更科山・稲武嶽・苔ノ御嶽モ見ヘニケリ、北ノ方ヲ見玉ヘハ、妙光山ノ御嶽・戸隠山・阿妻屋ノ嶽、越後国内薬ノ嶽モ見ヘシカハ、今更旅立ツ心地シテ、生ヲ替タル我身ヤラント思食サル。

三郎は信濃国の浅間嶽の山頂から地上に現れ、感慨深く四方の山々を見渡す。南に望む蓼科山にはことのほかつらい思い出がよみがえる。

維縵国ノ財共ヲハ、本鳥俵ニ取入テ、蓼科ノ嶽ニシテ収ラレケル。

三郎は好美翁から授かった維縵国の財宝を本鳥俵に詰めなおして蓼科山に収め、故郷・甲賀へと帰還を果たす。

早那起梨ノ太子、尤此義謂レ有トテ、天ノ早車ヲ奉ラレタリケレハ、夫婦二人此ニ乗テ、兵主ノ大明神御在、御使ト共ニ信濃国蓼科ノ嶽ニ付セ給ヌ。

春日姫とともに震旦の平城国へ渡った三郎は早那起梨の天子によって神通力を授かり、やがて兵主大明神から日本国の衆生守護を請われて蓼科山へ戻ってくる。三郎諏方はその御名をもって諏方大明神となり、上宮として示現する。春日姫は下宮である。維縵国の妻・維摩姫も夫を慕って信濃へ現れ、浅間山の大明神になったという。

こうして甲賀三郎諏方の旅をたどってみると、「蓼科ノ嶽」は、ときに地底への入り口として、ときにモニュメントとして、ときにターミナルとして、物語における一つの特異点になっていることがわかる。あるいは、仕掛け、というべきか。

いっぽうの兼家系はと言えば、まず地底めぐりの始まりは「若狭国から《(う)》かけ山」(石川本)[12]である。そして地底をめぐり、「信濃国あさまの嶽なきの松はら」から日本国への帰還を果たす。浅間の嶽に現れるのは諏方系と同じであるが、兼家系はさらに「なきの松原」と具体的な地名を示す。天竺から日本国へ戻り、衆生救済の現人神として最初に現れたのも「信濃国浅間のたけなきの松原」である。蓼科山の出る幕はなく、それに相当する場所として浅間山の「なきの松原」がある。「なきの松原」は浅間山の北麓にあたり、鎌倉時代から室町時代にかけて海野氏の支配地もしくは影響地域であった。「なきの松原」を含む西吾妻では室町から戦国期にかけて海野氏の支族を称する小豪族たちが割拠し、それぞれの領地においては諏訪社を奉じ、また四阿や下屋、王城山などの修験を管掌していた[13]。兼家系の物語において特異点となる「信濃国浅間のたけなきの松原」は、おそらく海野氏が奉じた浅間山系の諏訪信仰の中で解き明かされるだろう。(14)

それならば甲賀三郎諏方の物語の特異点である「蓼科ノ嶽」に、そうした情景を読み解くことは可能か。

三　蓼科山と雨境峠の祭祀遺跡群

『延喜式』(15)巻第二八のうち兵部省の諸国駅伝馬の項によれば、信濃国には阿知、育良、賢錐、宮田、深沢、覚志、錦織、浦野、曰理、清水、長倉、麻続、曰理、多古、沼辺の一五駅家が記されている。

信濃国駅馬　阿知卅疋。育良《ユクラ》。賢錐。宮田。深沢。覚志《カヽシ》各十疋。錦織。浦野《ウラノ》各十五疋。曰理《ワタリ》。清水《シミツ》各十疋。長倉《ナカクラ》十五疋。麻績《ヲミ》。曰理。多古。沼辺《ヌノヘ》各五疋。

このうち阿知から長倉までは律令制下に整備された官道の東山道、麻続から沼辺はその支道とされる。東山道は美濃の坂本駅（岐阜県中津川市）から神坂峠を越えて信濃国伊那郡の阿知駅（長野県下伊那郡阿智村）へ入る。伊那谷を北へ縦貫し、筑摩郡の錦織駅（松本市）から保福寺峠を越えて小県郡へ至り、佐久郡の長倉駅（北佐久郡軽井沢町）(16)から入山峠を越えるとその先は上野国である。

そうした古代官道の東山道とは別に、伊那谷から杖突峠を越えて諏訪盆地へ下る古道がある。近世には秋葉街道とも杖突街道とも呼ばれ、現代の国道一五二号線の前身ともいえるルートである。諏訪盆地からは北八ヶ岳西麓の高原地帯を北へ登ってゆく。やがて諏訪郡と小県郡の郡境となる大門峠に差しかかり、そのまま峠を越えて北へ下れば小県郡へと至る。この往還は大門街道と呼ばれ、その先には甲賀三郎兼家の三人の王子の物語の背景とも考えられる下之郷諏訪明神（生島足島神社）[17]や諏訪信仰の熱烈な信奉者であり大祝と親密な関係にあった塩田流北条氏[18]の治める塩田荘も近く、千曲川を渡れば海野郷、そして浅間山麓へと続いている。一方、大門峠を越えずに東へ岐れ、蓼科の高原をさらに登ってゆくと雨境峠である。この峠を越えると佐久郡に入る[19]。

諏訪盆地から大門峠、雨境峠を越えて佐久へ下る古道について、一志茂樹はそれを『令集解』[20]巻第二二のうち考課令の殊功異行条に「古記云」として記された須芳《すわ》郡の主帳が開削したという「須芳《すわ》山嶺道」に比定し、それが令制下で東山道が整備される以前に開鑿された古道の跡であると推定した[21]。

古記云、殊功、謂笠大夫作伎蘇道、増封戸、須芳郡主帳作須芳山嶺道、授正八位之類也

一志以降の長野県の地域史学では「令制以前の古東山道」という概念がほぼ定着しているようである[22]。一志が雨境峠を越える山道を上代の幹道の跡と推定した論拠の一つは、雨境峠付近に点在する鳴石、勾玉原、鳴石原、赤沼平、鍵引石といった遺跡への注目である。たとえば勾玉原という地名が示すように、このあたりは古くから勾玉や管玉が出土することが知られていた。『長野県町村誌』[23]の北佐久郡芦田村の項（明治一〇年上申）には「該地玉石多くあり、其質青黒二色、穴ありて勾玉管玉の少なるもの、如し」とある。大正の頃には地元の好事家らによる遺物の採集が盛んになり[24]、昭和の初めには藤森栄一[25]や大場磐雄[26]による実地調査も行われた。そうした成果として尖頭器や石刃、勾玉、臼玉、管玉、六世紀から七世紀初頭頃のものとされる須恵器や土師器などが採集され、旧石器時代から縄文、弥生、古墳時代にかけての祭祀遺跡群として位置付けられるようになる[27]。鳴石や鍵引石は古代の磐座であっ

雨境峠

雨境峠から蓼科山を望む

中与惣塚

たともいう[28]。大門峠に近い白樺湖畔の池の平遺跡や御座岩岩陰遺跡からも同様の遺物が採集され、そうした遺跡群を線で結ぶかたちで、いわゆる古東山道の存在が推考されてきた。一志が推定した古東山道の詳しいルートについては批判的な異論もあるが[29]、それよりも、上代以前の祭祀遺跡群を手掛かりとして古東山道を推考する一志の説明と、雨境峠が古東山道であることを前提としてその峠の神を祀るための遺跡と推定する後学の説明とが、循環論証[30]によって成り立っている（陥っている）としか言いようがない。旧石器時代やら縄文時代やらに遡る遺跡を手掛かりとして、そこから須芳郡の主帳が開削し、功によって正八位を授かったという「須芳山嶺道」を推考するのは、そもそもあまりにも時間的な隔たりがあり過ぎるのではないか[31]。

それにしても上代の古道についての云々はさておき、雨境峠にはもう一つの興味深い遺跡群がある。「与惣塚」「中与惣塚」「法印塚」と呼ばれる石塚である。ちなみに「与惣塚」は木曽義仲の乳母子である今井四郎兼平の子・今井与三兼連を埋葬した墳墓であるという。与三兼連は木曽義仲の没後に義仲の子息・義重冠者を尋ねてこの地に至ったが、病によって亡くなり、その遺骸を葬ったところと伝えられている[32]。

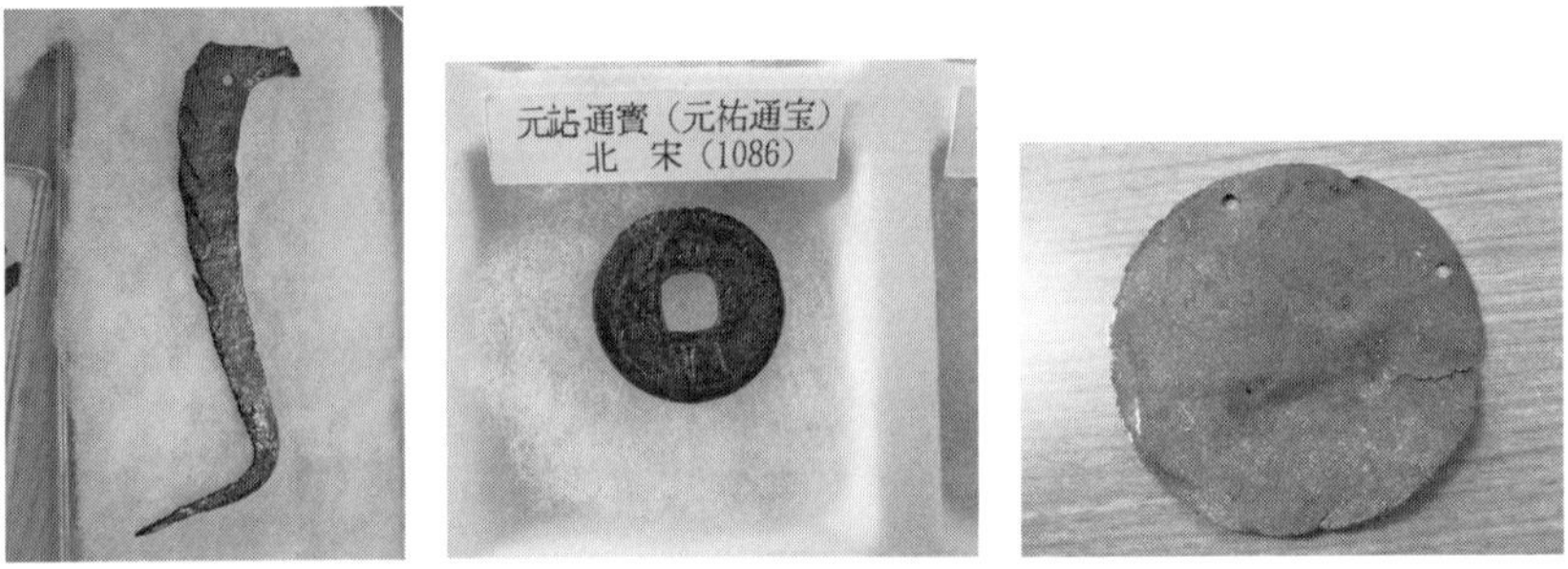

中与惣塚からの出土品、薙鎌、北宋銭、御正体（写真提供：立科町教育委員会）

ここで注目したいのは、一九六六年の九点におよぶ薙鎌の出土である。当時の調査を主導した桐原健は大場磐雄に助言を乞い、大場はこの薙鎌を馬形の一部ではないかと示唆したという。大場からの示唆を受けた桐原は、そこに蓼科山の神に馬形を捧げた祈雨や水分の祭祀を想定した(33)。また、一九九三年～九四年の調査を主導した小林幹男は、雨境峠が佐久郡と諏訪郡の境界であることから、これらの薙鎌が石塚に祀られた塞の神の信仰と関係するのではないかと推考している(34)。しかし、薙鎌をわざわざ馬形に見立てる必要はないだろう。それを鳥形に見立てようとも蛇形に見立てようとも、とどのつまりは薙鎌である。そして薙鎌が諏訪信仰の象徴的な神器であることは言うまでもない。それどころか薙鎌はときに御神体そのものにもなる。たとえば次章で後述するように佐久郡における諏訪信仰の最も有力な支社である新海社では、三つの薙鎌を一つに重ねあわせ、それに人形のような衣装をまとわせて御神体としている。薙鎌をわざわざ塞の神の信仰に結び付けるのもどうだろうか。雨境峠の中与惣塚に諏訪の神器である薙鎌が奉じられたのは、蓼科山を間近に仰ぐこの場所に諏訪明神の祭祀そのものが営まれた何よりの証左ではないか。

一九六六年の調査によって中与惣塚から採集された古銭貨は三九枚である。そのうち銭貨名が判読できたのは二七枚。そのうちの一四枚が北宋銭。次いで明の洪武通宝と永楽通宝が各三枚で計六枚。北宋から明にかけての銭貨が大半を占めることから、桐原はこれらの石塚の築造を「まづは鎌倉末、降っても室町初期」と考定した。[35] また、一九九四年の調査では与物塚の頂上付近から鎌倉時代後期のものと考えられる内耳土器の破片が検出されたといい、[36] こうした出土品による成果と考証も踏まえると鎌倉時代末期から室町時代初期の築造というのは、おそらく妥当かと思われる。

雨境峠の石塚が鎌倉時代末期から室町時代初期にかけて築造された諏訪信仰に関わる祭祀遺跡群だとすると、甲賀三郎諏方の物語が俄然とそこにつながってくる。

中与惣塚出土古銭一覧表

（『雨境峠—祭祀遺跡と古道—』より）

鋳造国	銭貨名	初鋳年	書体	枚数 昭和41年	枚数 平成6年
唐	開元通宝	621		4	1
唐	乾元重宝	758		1	
北宋	咸平元宝	998			1
北宋	景徳元宝	1004	真書	1	
北宋	景祐元宝	1034	真書	1	
北宋	皇宋通宝	1038	篆書		1
北宋	熙寧元宝	1068	篆書	1	2
北宋	元豊通宝	1078	行書	2	
北宋	元豊通宝	1078	篆書	2	
北宋	元祠通宝	1086	篆書	2	
北宋	元站通宝	1086	篆書	1	
北宋	元祐通宝	1086	篆書	1	
北宋	紹聖元宝	1094	篆書	1	1
北宋	政和通宝	1111	分楷	1	
北宋	政和通宝	1111		1	
明	洪武通宝	1368		3	
明	永楽通宝	1408		3	
日本	寛永通宝	1636		2	
	不明			12	
計				39	6

前に述べたように、甲賀三郎諏方が地底へ降りたのは蓼科山の丑寅にそびえる楠の巨木の下の大きな人穴からである。そして地底を経巡った諏方は浅間嶽の山頂から地上に帰還した後、維縵国の財宝を本鳥俵に詰めなおして蓼科山に収めたという。

『神道集』所載の「諏訪縁起」によれば、諏方が維縵国を辞去するとき、舅の好美翁は諏方に維縵国の財を引出物として贈った。

一つめは「鹿ノ生肝ノ作リ餅」を一〇〇〇枚。これを一日に一枚だけ食すこと。

二つめは「菅ノ行縢」。これはやがて契川という大河を渡るときに毒蛇や蜈の難を防ぐ。

三つめは「三段ニ切《ツタ》ル中紙」を三帖。契原という原野を進むときに目口鼻から入り込もうとする糠虻を防ぐ防虫用マスクである。

四つめは「萩花」を三把。亡帰原を通過するときに虻蚊を払う。

五つめは「投鎌」を三つ。契陽山で鬼王たちに取り囲まれたら、この薙鎌を取り出して「維縵国の好美翁の第三の聟」と名乗れば、鬼王たちは怖れおののいて退散する。

六つめは「梶葉ノ直垂」。荒原庭という原で美女たちが誘惑してきたら、この直垂を着用して退ける。

七つめは「三ツ葉柏カ幡」。真藤山で美貌の稚児たちに引き留められたら、この旗を掲げて「維縵国の好美翁の第三の聟」と名乗りをあげれば難を逃れる。

七種の宝はすべて餞別というよりも日本国へ無事に帰還するための呪具である。それらを好美翁は本鳥俵に詰めて諏方に授ける。

諏方が蓼科山の人穴に納めたとされる維縵国の財については後で別に詳しく述べたい。

諏方が維縵国の神器を収めたのは蓼科山のどこか。厳密にいえば、こうした伝承の背景となり得るのはどこなのか。

宝暦四年（一七四五）五月に小諸藩士の稲垣市右衛門が蓼科山を実地検分した際の『立科山見分留書』[37]によれば、蓼科山頂に近い八王子権現社（奥宮）の近くに甲賀三郎の人穴が祀られているという。

一　社の後戌亥の方出先ニ甲賀ノ三郎這入候由石之間ニ穴有り、七五三縄はり有之、

蓼科山の人穴といえば諏方系の物語に沿う伝承である。ただ、それが「諏訪縁起」の成立期にさかのぼり得るかというと、どうであろうか。松本隆信が指摘するように、江戸時代後期には信州各地に諏方系の写本が伝播していたこと

を考えると、むしろ蓼科山頂の〝人穴〟もその頃に創られた〝名所〟と考えるほうが、あり得る話である。

蓼科山の山頂を至近に仰ぎ見る峠に鎌倉時代末期から室町時代初期の築造と推定される石塚がある。そこにおそらくは青銅板の御正体とともに薙鎌が祀られていた。あるいは祠に打ち込まれたかして供えられたのかもしれない。峠を越える旅人たちはそこに銭幣を供えた。「甲賀三郎諏方の旅を守った維縵国の財を収めた祠」という伝承とともに「諏訪縁起」の情景が見えてくる。

四　雨境峠の情景

『諏訪大明神画詞』縁起中には坂上田村丸による安部高丸追討譚が載せられている。桓武天皇の治世、安部高丸追討の勅を賜った坂上田村丸は奥州へ下向する途中、信州の「伊那郡ト諏方郡トノ堺ニ大田切ト云所」で穀《かじ》の葉の藍摺の水干を着て、鷹羽の箆矢を背負い、葦毛の馬に乗った武士と出会う。穀の葉の武士は田村丸の先陣として奥州へ同行し、神変不思議の術によって田村丸を助け、高丸を討ち取る。帰洛の途中、信州まで戻ってくると「佐久郡ト諏方郡トノ堺」の「ヲホトマリ」に至ると穀の葉の武士は自らが諏訪明神であることを明かし、狩猟による生類利生の誓願と神記一巻を託して姿を消した。

諏訪明神が姿を現したという伊那郡と諏方郡との境の「大田切」については、駒ヶ根市と上伊那郡宮田村との境界となる大田切川がその比定地とされている。帰途で諏訪明神が正体を明かして消えたという佐久郡と諏訪郡の境界の「ヲホトマリ」については諸説あるが、詳細はひとまずおく。ここで注目したいのは、坂上田村丸が奥州下向の際に通行したとされる道が諏訪郡から佐久郡へと通じているという点である。

もちろんこれをもって「古東山道」を云々するべきではない。『諏訪大明神画詞』にとって田村丸と諏訪明神による高丸追討譚の目的は、諏訪の神領の寄進と年七〇余日の神事、そして生類利生の誓願を具現した四度の御狩の由来である。それは『画詞』祭第一の冒頭でもふたたび述べられる。祭第七に記された一二月の御室神事における二四日の「シンフクラ祭」も諏訪明神が田村丸を助けて安倍高丸を滅ぼし、その高丸の娘に子を生ませたという設定が底流にある。(38)

前節の冒頭で述べたように、律令制下に整備されたとされる官道の東山道は伊那郡から筑摩郡を経て小県郡、佐久郡へと通じていた。田村丸が勅を奉じ官軍を率いて東征するならば、官道である東山道を進むほうが話としてはしっくりする。なぜ坂上田村丸の伝承はそちらの官道ではなく、諏訪～佐久ルートを通うのか。とりあえずその道に雨境峠という視点を置いてみる。

天文一九年(一五五〇)九月三〇日、武田晴信は信濃小県の砥石城(上田市上野)の攻略を断念した。翌一〇月一日には激しい撤退戦が繰り広げられ、武田方は多数の死傷者を出しながら辛うじて佐久の望月(佐久市望月町)まで本陣を後退させた(砥石崩れ)。

十月小辛酉　卯刻被レ入二御馬一。御跡衆終日戦フ。酉刻敵敗北。其夜望月之古地御陣所。終夜雨。二日峠ヲ越テ諏訪へ被レ納二御馬一。酉刻湯川へ御陣所。

(『高白斎記』(39)天文一九年一〇月条)

翌二日、武田家の本隊は望月から「峠」を越えて諏訪郡まで退き、その夜は湯川(茅野市北山)に本陣を置いた。翌日にはようやく諏訪郡支配の拠点である上原城(茅野市茅野上原)にたどり着く。湯川(茅野市北山湯川)は八ヶ岳西麓の集落で、諏訪側からみれば大門峠や雨境峠への登り口になる。佐久、小県と諏訪とを結ぶ街道の要地として南北朝時代にはすでに宿駅があった(40)。武田勢が望月から越えてきた「峠」について、『武田史料集』の校注を付けた服部治則は、それを大門峠と注釈したが、前節に述べたように大門峠は小県郡と諏訪郡との境界である。佐久郡の望月から越えてきたならば、それは雨境峠のはずである。

天正一〇年（一五八二）六月、織田信長が京都・本能寺に斃れると、当時は織田家の支配下にあった武田氏旧領をめぐる争いが勃発した（天正壬午の乱）。北条氏直は上州へ侵攻し、神流川の戦いで滝川一益を敗走させると、碓氷峠を越えて東信濃へ進出した。北条氏の信濃侵攻に対して徳川方の依田信蕃は芦田小屋（北佐久郡立科町）に籠城し、徹底抗戦の構えを見せる。九月二一日、徳川家康は武田家遺臣の曽根昌世、岡部正綱らを甲州から芦田小屋への援軍として派遣した。

> 九月廿一日　蘆田小屋為二加勢一、発向輩曽根上野（ママ）百二十騎、岡部二郎右衛門家人三十騎《キ》、此将、植村弥蔵、剣持弥七郎、岡部竹生島（ママ）、共三十三騎《キ》也。今福求馬、三井十右衛門、川窪新十郎、此外ニ三十一人、従二甲州武川一通二台ヶ原一、到二信州梶ヶ原一、役行者経二峯通一、廿五日芦田小屋着陣。
> （『治世元記』(41)巻第五・家康公北條御対陣并御方於二所々一合戦得二勝利一事）

甲州からの援軍は武川（山梨県北杜市武川町）から台ヶ原（山梨県北杜市白州町）を経て、信州の「梶ヶ原」に至り、「役行者」という尾根道を越えて蘆田小屋へ入城したという。

同じ頃、甲州へ侵攻した徳川家康は家臣の酒井忠次らを三河から南信濃へ派遣した。ところが酒井忠次の高圧的な

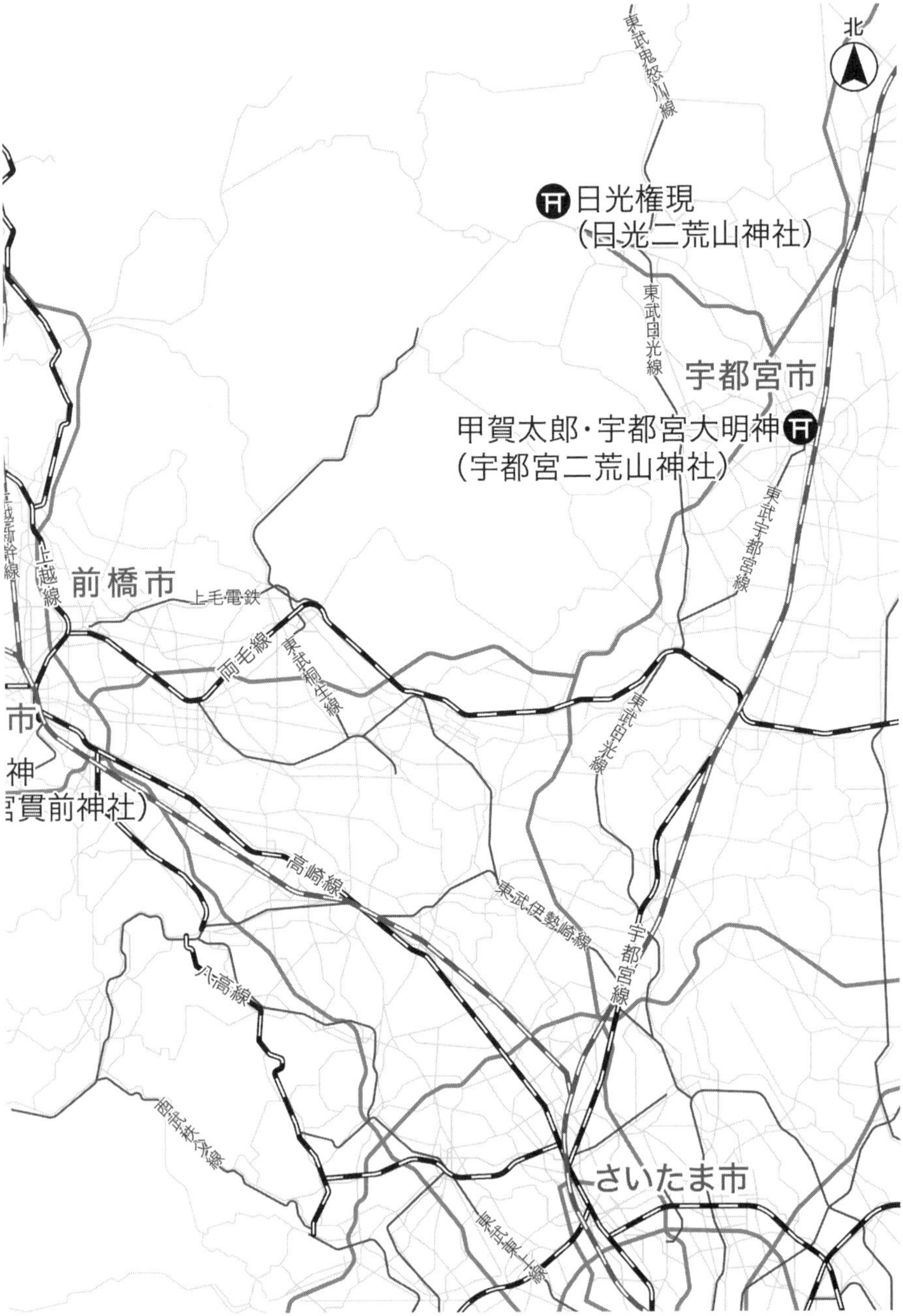
北
東武鬼怒川線
日光権現
（日光二荒山神社）
東武日光線
宇都宮市
甲賀太郎・宇都宮大明神
（宇都宮二荒山神社）
東武宇都宮線
上越線
前橋市
上毛電鉄
両毛線
東武桐生線
東武日光線
高崎線
東武伊勢崎線
宇都宮線
八高線
西武秩父線
さいたま市
東武東上線

飯山線
上越線
北陸新幹線
長野線
長野市
篠ノ井線
別所線
浅間山
維摩姫
（浅間大明神）
高崎
抜鉾明
（一之宮
望月
春日諏訪神社
荒船山
田口峠
雨境峠
新海明神
（新海三社神社）
大門峠
蓼科山
小海線
春日姫
（諏訪大社下社）
諏訪湖
柏原
甲賀三郎諏方
（諏訪大社上社）
杖突峠
中央本線
中央東線

態度に腹を立てた諏訪頼忠は「其儀ならバ、家康へハ付申間敷。然バ氏直へ可レ付」（『三河物語』[42]）と言って徳川方から北条方に寝返ってしまう。当時、北条氏直は芦田小屋に籠城する徳川方の依田信蕃を攻め囲んでいたが、諏訪頼忠が徳川方から離反して北条に味方することを聞くと、本隊主力を率いて佐久から諏訪郡へと入った。

氏直ハ此由聞召て、芦田小屋へあて丶、其より役行者へ出て、柏《かぢか》原に陣取。（『三河物語』）

常陸介（依田信蕃）ハ春日山ノ奥三沢小屋ト申処ニ籠リイラレ候。芦田小屋ト申此事ニテ御座候。氏政ハ芦田小屋責候ハントテ。彼（役）行者ト申山越ヲ諏訪郡へ打入カチカ原ト申処ヲ通。（『芦田記』[43]）

依田信蕃が籠城したという芦田小屋については、三沢小屋の別名である（『芦田記』）とか、三沢小屋は芦田城の詰め城である（『乙骨太郎左衛門覚書』[44]）とか、春日城の別名が芦田小屋であるとか[45]諸説あるが、いずれにせよ佐久郡の春日郷（佐久市春日）あたりで、雨境峠の北の麓近くである。梶ヶ原ないし柏《かぢか》原（茅野市北山柏原）は前述の湯川宿の隣で、同じように大門峠や雨境峠の南の麓である。「梶ヶ原」は「柏《かぢか》原」と同じだろう。とすれば「役行者」は雨境峠の古称ということで間違いない。雨境峠の「与物塚」は古くには「山伏塚」と呼ばれたらしく[46]、かつてこの峠を往来した修験たちの姿も透けて見える。

『諏訪大明神画詞』や『神道集』所載の縁起が製作されたであろう南北朝時代、諏訪の本社を起点として大門峠を越えた先には諏訪信仰の小県郡における筆頭分社ともいうべき下之郷諏訪明神が祀られ、雨境峠を越えた先には佐久郡における諏訪信仰の筆頭分社的な地位にあった新海明神（新海三社神社）が祀られていた。両社とも大祝の支配からは独立した祭祀を持っていたようであるが、だからといって反大祝を掲げたわけではない。諏訪から大門峠を越えて小県へ往来するにしても、あるいは雨境峠を越えて佐久へ往来するにしても、その南麓にあたる湯川や柏原は峠越えの要地となる。『諏訪大明神画詞』のなかで高丸を討ち果たした帰途に諏訪明神が自らの正体を現したという佐久郡と諏訪郡の境界の「ヲホトマリ」も、たぶんそのあたりだろう。田村丸は勅を奉じ官軍を率いて東征する。その官軍が官道たる東山道ではなく諏訪~佐久ルートを往来するのは、その峠道に諏訪明神の示現や祭祀を説く強い動機付け《モチベーション》や並々ならぬ情景《トポス》がイメージされたからに違いない。

五　新海道へ

諏方も兼家も浅間嶽の頂から地上へ帰還した。諏方は蓼科山に維縵国の財を納めて甲賀への帰途につく。蓼科の雨境峠からは眼下の佐久平越しに浅間山を臨む。諏方の維縵国の妻・維摩姫も夫を慕って地上へ現れたが、諏訪の下宮の正室・春日姫をはばかって、諏訪からはやや離れた浅間山の大明神となった。雨境峠から振り返れば、諏方が地底へ落された「心憂リシ」蓼科の嶽は指呼の間にある。峠の東には荒船山の船底のような山容を眺めることもできる。荒船山の先には諏方の第三の妻である上野の抜鉾明神がいる。雨境峠には三郎諏方の神話が一望の世界観としてリアリティのなかに展開する。その雨境峠において御正体とともに薙鎌を奉祀した中世祭祀遺跡群こそ、「甲賀三郎諏方が維縵国の財を納めた」というエピソードの背景ではなかったか。

雨境峠から佐久への経路については、「古東山道」の推定・復元がとかく話題になるが(47)、「役行者越え」と呼ばれた中世の峠道はあまり検証が進められていないようである。中世の峠道の推定は中世考古学の成果に頼らなければならないところが多く、斯く言う本書もその厳密な経路の推考はひとまずおくしかない。

ところで、前述のように新海社は中世には佐久郡における諏訪の筆頭分社的な地位にあった。『諏訪大明神画詞』祭第七には新海明神によるもう一つの御神渡りが記されている。

又佐久ノ新開社ハ行程二日計リ也。彼明神ト郡内小坂ノ鎮守ノ明神ト、二神湖中ニ御参会アリ

上社大祝家で集成された『当社神幸記』は嘉吉三年（一四四三）から天和元年（一六八一）までの約二四〇年におよぶ御神渡りの記録であり、上宮から下宮への御渡とともに佐久新海明神の御渡を注進するのが常例とされた。

その新海社には雨境峠の麓・春日に鎮座する春日社への御神幸が明治まで執り行われていた。新海社から春日社への片道約二五kmにおよぶ巡行である。道すがらの村々の諏訪社や新海社で小休止をとり、夜には春日社に到着し、燎火のもとで神楽が催された。翌日は前日とは違った道を、また途次の諏訪社で小休止をとりながら、本社の幸殿へ還御する。(48)その巡行路は「新海道」と呼ばれ「道を変えると祟りがある」とも伝えられて特別視されていた。雨境峠から春日へくだった「諏訪信仰の道」は、普通の街道ではなく、この新海道を経て新海社へと至ったと考えられる。

その新海社から田口峠を越えて西上州へ至る道は往古の修験の道とも伝えられる。(49)道の先には諏方の第三の妻・抜鉾明神、その遥か先は諏方の母御前・日光権現が住まう。『神道集』「諏訪縁起」によれば、諏方大明神となった諏方は下野日光の嶽の母御前のもとへ通ううちに抜鉾大明神に心を移す。荒船大明神は抜鉾大明神の侍女の一人であるという。甲賀三郎諏方の道は一つに繋がっている。

注

（1）柳田國男「甲賀三郎の物語」（『文学』八―一〇、一九四〇年。後に『物語と語り物』所収、角川書店、一九四六年。『定本柳田國男集　第七巻』所収、筑摩書房、一九六八年）

（2）松本隆信「中世における本地物の研究（三）」（『斯道文庫論集』一三、一九七六年。後に『中世における本地物の研究』所収、汲古書院、一九九六年）、同「諏訪の本地　甲賀三郎物語　解題」（『御伽草子集』所収、新潮日本古典集成三四、新潮社、一九八〇年）

（3）金井典美「諏訪御本地縁起の写本と系統」（『諏訪信仰史』所収、名著出版、一九八二年）

（4）二本松泰子「『諏訪信重解状』の新出本と『諏方講之式』―大祝家文書の中の諏訪縁起―」（二本松康宏編『諏訪信仰の歴史と伝承』所収、三弥井書店、二〇一九年）

（5）金井典美・岡田威夫「金沢文庫の古書「陬波御記文」について―御射山祭新資料―」（『金沢文庫研究』一三―八、一九六七年。後に金井典美『諏訪信仰史』所収）

（6）金井典美「金沢文庫の古書「陬波私注」について―中世における諏訪信仰の新資料―」（『金沢文庫研究』一五―九、一九六九年。後に金井典美『諏訪信仰史』所収）

（7）『神道大系　神社編三〇　諏訪』所収（竹内秀雄校注、神道大系編纂会、一九八二年）

（8）千葉徳爾『狩猟伝承研究』本論第四章第三節「日向東米良の狩神事」（風間書房、一九六九年）

（9）塚田六郎『古典と狩猟史』（風土文学選書六、教育出版センター、一九八四年）

（10）兼家系の物語において甲賀三郎は「上のみさやま」（天文本）、姫宮は「下のみさやま」に祀られたと説く。

（11）『神道大系　文学編一　神道集』（岡見正雄・高橋喜一校注、神道大系編纂会、一九八八年）をもとに私に書き下した。

（12）『諏方御由来之絵縁起』（天文一二年奥書・絵巻・二軸、石川浩一氏所蔵・鹿児島県歴史・美術センター黎明館寄託）稿者翻刻。

（13）二本松康宏『曽我物語の基層と風土』第一編第二章「三原野と那須野をめぐる狩庭の祭祀者たちの名誉」（三弥井書店、二〇〇九年）

（14）前掲注（13）に同じ。

（15）『新訂増補国史大系　延喜式　後篇』（吉川弘文館、一九七九年）

（16）北佐久郡御代田町に比定する説もある。

（17）本書第六章「兼家系「諏訪の本地」の風景（二）―甲賀三郎の子どもたち―」

(18) 本書第七章「諏訪信仰とみちのくの鷹―真名本『曽我物語』における畠山重忠の「鷹語り」から」

(19) 諏訪郡と佐久郡との郡境については諸説ある。江戸時代にはしばしば小諸藩（佐久郡）と高島藩（諏訪郡）の境界が争われ、雨境峠筋は小諸藩領とされた。現在でも雨境峠は北佐久郡立科町内の地籍である。

(20) 『新訂増補国史大系　令集解　第二』（吉川弘文館、一九七二年）

(21) 一志茂樹「我が国中部山地上代交通路の一性格―雨境・大門両峠に見る―」（『信濃』五―二、信濃郷土研究会（信濃史学会）、一九五三年）

(22) 桐原健「信濃における古東山道路線変遷についての考古学的所見―須芳山嶺道の消長について―」（『信濃』二五―二、信濃史学会、一九七三年）、黒坂周平『東山道の実証的研究』（吉川弘文館、一九九二年）、一志茂樹『古代東山道の研究』（信毎書籍出版センター、一九九三年）、長野県立科町教育委員会編『蓼科山麓雨境峠祭祀遺跡群概報』（立科町文化財調査報告書第四集、立科町・立科町教育委員会、一九九四年）、雨境峠祭祀遺跡群発掘調査団編『雨境峠―祭祀遺跡と古道―』（立科町文化財調査報告書第五集、立科町・立科町教育委員会、一九九五年）、小林幹男「蓼科山麓の祭祀遺跡と古道」（『古代交通研究』五、古代交通研究会、一九九六年）、松崎岩夫『長野県の東山道』（信濃古代文化研究所、一九九七年）、押野谷美智子『信濃国に於ける幻の古東山道と須芳山嶺道を求めて』（私家版、二〇〇〇年）、長野県文化財保護協会編『信濃の東山道』（長野県文化財保護協会、二〇〇五年）など。ただし、松崎岩夫はその著書のなかで「古東山道」という名称が令制の東山道以前にあたかも官道が存在したかのような印象を想起させると批判している。

(23) 『長野県町村誌　第二巻　東信篇』（長野県・長野県町村誌刊行会、一九三六年）

(24) 桐原健「長野県北佐久郡立科町雨境峠祭祀遺跡群の踏査」（『信濃』一九―六、信濃史学会、一九六七年）

(25) 藤森栄一「山国夏信」（『考古学』四―六、東京考古学会、一九三三年）

(26) 大場磐雄「峠神の一考察」（『上代文化』一三、國學院大学上代文化研究会、一九三五年）

(27) 前掲注（24）桐原論文など。

(28) 前掲注（26）大場論文、前掲注（24）桐原論文など。

(29) 前掲注（22）押野谷著書など。

(30) 「上代の祭祀遺跡を繋ぐと古東山道が推定される。古東山道と推定されるので、その峠の神を祀った祭祀遺跡であろう」というような論法による循環的な補完関係。

(31) 一志自身も大門峠から雨境峠を越える高原の道が「須芳山嶺道」であることを提唱した当初の論文（前掲注（21））では、その考証の大半を中世の街道の復元に依拠している。
(32)『信濃国立科嶽略伝記　下』（長野県立歴史館蔵本、信州デジタルコモンズにて閲覧）
(33) 前掲注（24）に同じ。
(34) 前掲注（22）『雨境峠―祭祀遺跡と古道―』「中与惣塚の性格と築造年代」（小林幹男執筆）など。
(35) 前掲注（24）に同じ。
(36) 前掲注（22）『雨境峠―祭祀遺跡と古道―』「与惣塚」（小林幹男執筆）
(37)『長野県史　近世史料編　第二巻（二）佐久地方』所収（長野県編、長野県史刊行会、一九七九年）
(38)『神道集』巻第四「信濃国鎮守諏方大明神秋山祭事」も田村丸による高丸退治譚である。
(39)『武田史料集』所収（清水茂夫・服部治則校注、新人物往来社、一九六七年）
(40) 観応二年三月付「市河頼房代官泰房軍忠状」や観応二年三月付「市河経助軍忠条」（いずれも市河家文書、『信濃史料　第六巻』所収）によれば、観応の擾乱に際して北信濃の豪族・市河氏が同年一月二日に諏訪郡の湯川宿にて直義派の代表戦力である諏訪直頼のもとへ馳せ参じたとある。
(41) 国立公文書館デジタルアーカイブにて閲覧
(42)『三河物語・葉隠』所収（日本思想大系二六、齋木一馬・岡山泰四・相良亨校注、岩波書店、一九七四年）
(43)『続群書類従　第二一輯下』所収
(44)『信濃史料　第一五巻』所収（信濃史料刊行会編・発行、一九六〇年）。「足田の城をせめられ候へは、無勢にてかなはしとおもひ、城を明、三沢の小屋へ引籠り申候」とある。
(45) 平山優『天正壬午の乱―本能寺の変と東国戦国史―』（学研パブリッシング、二〇一一年）
(46) 大場磐雄『まつり』（学生社、一九六七年）
(47) 前掲注（21）、前掲注（22）等。
(48)『新海三社神社誌』（井出行則監修、井出舜発行、二〇一八年）
(49) 一志茂樹・竹内文夫「信濃諏訪地方経由西上野にいたる古代重要通路考―叡山大師伝所見「信濃大山寺」を媒介として―」（『信濃』一七―九、信濃史学会、一九六五年）、『臼田町誌　第二巻　民俗編』第八章「交通・交易」（酒井玄・小林徳雄執筆、臼田町誌編纂委員会編、佐久市臼田町誌刊行会、二〇〇八年）等。

附論　維縵国の財――「大祝」の世界線へ――

甲賀三郎諏方が蓼科山の人穴に納めたとされる維縵国の財について若干の考察を述べておきたい。

一　「鹿ノ生肝ノ作リ餅」を一〇〇〇枚。一日に一枚を食す。
二　「菅ノ行縢」。契川を渡るときに毒蛇や蜈の難を防ぐ。
三　「三段《ツタ》ニ切タル中紙」（御玉井紙）を三帖。契原で糠虻を防ぐ。
四　「萩花」（初萩花）を三把。亡帰原で虻蚊を払う。
五　「投鎌」を三枚。契陽山で鬼王たちを退ける。
六　「梶葉ノ直垂」。荒原庭で美女たちの誘惑を退ける。
七　「三ツ葉柏カ幡」。真藤山で美貌の稚児たちの誘惑を退ける。

まず本書が注目したいのは第二の「菅ノ行縢」と第六の「梶葉ノ直垂」である。『諏訪大明神画詞』によれば、五月二日の御狩押立神事への出立のとき大祝は梶の葉紋の藍摺の直垂を着し、菅の行縢をまとったと書かれている。しかもそれは諏方大明神の垂迹の姿を模ったものだという。七月二六日の御射山神事への出立（上りまし）も同様の装いである。

五月二日、御狩押立進発、行列如レ常。（中略）次大祝縠葉藍摺、鷹羽・箙矢・菅笠・同行縢、垂迹ノ行粧ヲ表スルナリ（祭第三・夏上）

（七月）廿六日、小月、廿五日御射山登《ノボリ》マシ、（中略）神官行粧、騎馬ノ行列五月会ニ同シ。（祭第五・秋上）

また、延宝七年（一六七九）に諏訪上宮の大祝頼隆から幕府寺社奉行の松平重治へ進上された『諏訪上社社例記』(1)では、七月の御射山神事に向かう大祝の装束が同じように記されている。

（七月）廿六日神主・大祝小結八角級笠・縠葉藍摺直垂・菅之行縢著レ之粧二騎馬一。

第三の「三段《ツタ》ニ切タル中紙」は「御玉井紙」と言って、これも『神道集』によれば菅の行縢とともに実際の祭祀における大祝の装い（の由来）であるという。

今ノ代ニ祝リ殿御祭ノ時、菅ノ行縢ヲ帯給へ此謂レナリ、御玉井紙トテ三段《ツタ》ニ切ラレ省《ハフ》カレケル此謂レナリ

解釈が難しいのは第四の三把の「萩花」である。亡帰原を通過するときに虻蚊を払うというのだから払子《ほっす》か箒《ほうき》のような形状だろうか。『神道集』によれば、当時でも「初萩花」と言って巡礼の参詣者に分け与えられているという。

今ノ世ニ初萩花ト云テ道者ニ省ラル即是ナリ

諏訪信仰における萩ということならば、一二月に執り行われる御室の神事では大祝の籠る御室のなかに「萩組の座」が設けられていた。『年内神事次第旧記』(2)には「みむろ作可レ申郷々役之事」として、「はきくみの東の角」が上原郷（茅野市ちの上原）と上桑原郷（諏訪市四賀桑原）に割り当てられている。一二月二五日に催された二〇番の舞では「十九番　たか（鷹）」の狂言がその萩組の座の前で演じられた(3)。

鷹時むつのおく白尾鷹を手すへて、今まいり候とはきくみ、又下にて云。千さい丸ハなきかととふ。万さい丸ハ、てうふ

（『年内神事次第旧記』）

御室神事に引き続き、一月元日の夜に御室で執り行われる御占神事も萩組の座で執り行われる。神長が（もしくは神長と大祝の双方が、とも読める）萩組に座して対面し、神長は薄の穂を捧げて大祝に誦文を囁く。然る後にその年の神使六人を卜占によって差定するという。

今夜深更ニ及テ御室《ムロ》ニ帰ル。穴巣始冬ノ段ニアリ。先、萩組《ハキクミ》ノ座ニシテ、神ノ長御占ヲ行フ。薄《スヽキ》ノ穂一束 梵舜本では「堂」 掌 内ニ奉ル。大祝《ヲホトノニ》 対シテ誦文アリ。外人ニキカシメス。重半（丁）ノ占ニ付テ、当年ノ神使《カンツカイ》 六人ヲ差定ス。

（『諏訪大明神画詞』祭第一春上）

御正面にて、御手幣過て、御室へ参給へし。はきくみ（萩組）にて、神使殿後頭定有。祝殿と向申て、すゝき（薄）のみこ（稈心）にて、御占打申。

（『年内神事次第旧記』）

この萩組の座について、伊藤富雄は「萩をもって造られた座席と考えらるる[4]」と解釈していた。また、同じ時期に宮地直一は「萩の茎を組合はせて作った舗設の謂と思はる、[5]」と推察している。伊藤や宮地は萩組の座を敷物のように捉えたが、その後、島田潔は「萩を組んだ構造物」「御室内でも最も中心的な場[6]」と説明し、田中基も「御室内部にしつらえられた斎屋」「神事内容において最重要な役割を果たしている[7]」と想定する。つまり平面的な座ではなく、立体的な構造物のイメージである。

しかし、それにしても腑に落ちない。一二月の御室神事から一月の御占神事にかけては萩の花の咲く季節ではない。宮地直一は「何故に萩を以てしたかの事由は詳かではない[8]」と述べるが、そもそも花どころか葉もない冬枯れの萩の茎や枝に何の意味（神秘的あるいは呪的意義）を求め得るというのか[9]。むしろ、実際に萩の枝を用いて組んだ（編んだ）のではなく、永松敦の「薄を編んで作った敷物[10]」との説明がもっともしっくりくるように思われる。島田や田中の言うような構造物か、伊藤や宮地、永松の言うような敷物か、それはさておくとして、いずれにせよ薄を萩の花のような文様に編んだものだったのではないだろうか。七月の御射山神事でも薄の穂で仮の神殿を営み（穂屋祭）、薄の穂をもって幣《みてぐら》とし、また鹿を射止めた狩人には褒賞として尖り矢とともに尾花が与えられた[11]。実は、『神道集』でも東洋文庫本[12]によれば、同じ箇所の「初萩花」に「初萩花《おはな》」とふりがなが付いている。だとしたら維縵国の好美翁から贈られた「萩花」とは、萩ではなく尾花、つまりそもそも薄《すすき》のことだった可能性も考えられる。

第五の「投鎌」、つまり薙鎌は言うまでもなく諏訪明神の象徴的な祭具であり神宝でもある。

第七の「三ツ葉柏カ幡」は守矢信仰を象徴するものだろう。諏訪大社の背後の守屋山に祀られる守屋神社（伊那市）は三つ葉柏を神紋とする。岡谷市に祀られる洩矢神社の神紋は一つ葉の柏である[13]。

以上の検討をもう一度、整理してみる。

第二の「菅ノ行縢」と第六の「梶葉ノ直垂」は五月の押立御狩神事（五月会）や七月の御射山祭における大祝の行粧である。しかもそれは諏方大明神の垂迹を模した姿であるという。押立御狩神事と御射山祭だけでなく、六月の御作田御狩神事や九月の秋尾祭御狩神事でも、おそらく大祝は同じ装束をまとうのだろう。諏方大明神の現し身としての大祝にふさわしい装束である。「三段《ツタ》ニ切タル中紙」（御玉井紙）や「初萩花」、それに「投鎌」も実際の祭祀に用いられた特別なアイテムである。

本章の冒頭では「甲賀三郎の物語には、この「大祝」という肝心の思想が描かれていない」と述べた。しかし、現実の大祝らが主催する実際の祭祀を、まったく知らなかったのかというと、けっしてそうではない。少なくとも諏方系の「諏方縁起」は大祝とその祭祀を知ってはいるのである。大祝だけではない。「三ツ葉柏カ幡」に象徴される神長官の存在も知ってはいるのである。甲賀三郎諏方が維縵国の財を納めたという蓼科山の人穴が現実の雨境峠での祭祀を背景としていたように、そこに納められたとされる維縵国の財もまた、当時の大祝らによる祭祀に繋がっていた。ただし、それはまったく別の世界線《マルチバース》の上に、である。

注

（1）『神道大系　神社編三〇　諏訪』所収（竹内秀雄校注、神道大系編纂会、一九八二年）

（2）前掲注（1）に同じ。

（3）本書第七章「諏訪信仰とみちのくの鷹―真名本『曽我物語』における畠山重忠の「鷹語り」から―」

（4）伊藤冨雄「諏方上社『年内神事次第旧記』釈義」第四章「御占神事（正月一日）」（原論文は一九三三年から一九三五年にかけて執筆されたという。『伊藤冨雄著作集　第二巻　諏方上社『年内神事次第旧記』釈義』、永井出版企画、一九七九年）

（5）宮地直一『諏訪史　第二巻　後篇』第三章第二節「神原の由来」（信濃教育会諏訪部会、一九三七年）

（6）島田潔「御室祭祀と大祝―中世の諏訪祭祀―」（『國學院大学大学院紀要 文学研究科』二一、國學院大学大学院、一九九〇年）

（7）田中基「穴巣始と外来魂―古諏訪祭政体の冬季構成―」（『日本原初考 諏訪信仰の発生と展開』所収、古部族研究会編、永井出版企画、一九七八年）

（8）前掲注（5）に同じ。

（9）萩は、たとえば三月の巳の日に催される新申神事では萩で焼いた鹿のモモ肉を饗膳の酒肴とする例だった。『諏訪大明神画詞』祭二春下には「巳《ミ》ノ日、新申《シンマウ》シ、先、大宮ニ詣テ、饗膳アリ。神原ニ到テ又神事アリ。大祝以下神及〔官〕・神使・氏人少々、神殿ノ酒倉《スクラ》ニ入テ萩ヲモチテ鹿ノ折骨ヲ焼テ肴トス」と書かれている。

（10）永松敦「中世諏訪の狩猟神事―稲と鹿・葦と薄―」（福田晃・徳田和夫・二本松康宏編『諏訪信仰の中世―神話・伝承・歴史―』所収、三弥井書店、二〇一五年）

（11）諏訪信仰と「薄」の関係については、前掲注（10）永松論文と、同「諏訪信仰における野焼きと集団狩猟―」（二本松康宏編『諏訪信仰の歴史と伝承』所収、三弥井書店、二〇一九年）が詳しく考察している。

（12）『神道集 東洋文庫本』（近藤喜博編、角川書店、一九五九年）

（13）現在の神長官守矢家の家紋は丸に左十文字である。

第四章　諏方系「諏訪縁起」の風景（二）

——新海道《しんかいみち》から上州へ——

一　諏訪大明神と抜鉾大明神との神婚神話

「諏訪縁起」とも「諏訪の本地」とも称される甲賀三郎の物語は、信州・諏訪大明神の本縁譚である。同じ甲賀三郎の物語といっても、主人公の名を「甲賀三郎兼家」とする伝本と「甲賀三郎諏方」とする伝本の二つの系統がある。二つの系統は、主人公の諱だけでなく、設定や話の展開においてもかなりの違いが見られる。

そのうちの諏方系の伝本といえば、『神道集』に収められた「諏方縁起」が代表的と言えよう。『神道集』の成立を従来の説に従って南北朝時代とすれば、そこに収められた「諏方縁起」は系統を問わず甲賀三郎の物語としてもっとも早い時期のものということになる。

亡父・甲賀権守の跡を継いだ甲賀三郎諏方は美しい春日姫を妻とするが、春日姫は魔縁に拉致される。三郎は信州・蓼科山の人穴の底で春日姫を救い出すが、三郎の栄華を妬んだ次兄の姦計によって地底に置き去りにされてしまう。三郎は長い旅路の末、維縵国の王・好美翁に迎えられ、好美翁の愛娘である維摩姫の婿となって一三年と六ヶ月を過ごす。それでも三郎は日本国に残した春日姫のことが忘れられず、好美翁に暇を乞い維摩姫と別れて帰国の途につく。甲賀三郎諏方、なかなかの艶福家である。蛇身となって地上へ帰還した三郎は、兵主大明神たちの助けを受けて人の姿へ戻り、春日姫とともに震旦へ渡る。三郎夫妻は震旦・平城国の早那起梨天子のもとで神通力を授かり、ふたたび日本国へ帰還する。

かくして甲賀三郎は諏訪大明神として現れる。春日姫は諏訪の下宮の大明神になった。維縵国の妻・維摩姫も三郎を慕って地上へやって来たが、春日姫を憚って諏訪からは距離を置き、浅間山の大明神となる。もともと三郎に叛意のなかった長兄の太郎は宇都宮明神となり、懺悔した次兄も若狭国の田中明神となる。父・甲賀権守は赤山明神、母親は日光権現である。

さて、甲賀三郎こと諏訪大明神の由来はこれでじゅうぶんに完結するはずである。ところが、諏方の物語ではここからさらに諏訪大明神と抜鉾大明神との神婚を語る。

諏訪大明神の第三夫人ともいうべき抜鉾の女神の本縁は、『神道集』巻第七「上野国ノ一宮事」と巻第一〇「諏方縁起」とにほぼ同じ説話が載せられている。

南天竺の狗留吠国（「諏方縁起」では狗留吠国のなかの草皮国）に玉芳大臣という長者がいた。玉芳大臣の末の娘である好美女は国中に並ぶ者のないほどの美人で、大国である舎留吠国（「諏方縁起」では沙羅樹国）の大王の后になる予定だった。ところが狗留吠国（「諏方縁起」では草皮国）の王は好美女に横恋慕し、玉芳大臣を討伐する。親の敵に心を寄せるはずもない好美女は抜提河の流れの中に降魔鉾（「諏方縁起」では抜鉾）を立て、その上に好玩団という蒲団を敷いて住んだが、王は「その川も我が領土のうち」といって好美女を許さない。好美女は鉾を抜いて腋に抱え、二人の侍女（「諏方縁起」では三人）ともに早船に乗って空を駆け、日本国の信濃と上野の境にある笹岡山（「諏方縁起」では笹山）

に降り立った。鉾を抜いて本朝へ飛来したので、その神の名を抜鉾大明神といい、船をうつ伏せにして山の頂に置いたので、今の世に荒船山という。

いっぽう、諏訪大明神・甲賀三郎諏方は母御前である日光権現のもとへご機嫌伺いに通っていたが、その通い路の途中、荒船山の女神・抜鉾大明神と愛し合うようになってしまう。維縵国の妻・維摩姫だけならば仕方ないが、二人目ともなると下宮の大明神（春日姫）の嫉妬が恐ろしい。抜鉾大明神は荒船山を下って信濃とは山を隔て、上野国甘楽郡尾崎郷（群馬県富岡市）に住まうことになる。上野国一之宮貫前神社の由来である。

> 爰諏方ノ大明神ハ、母御前御在ス日光ノ嶽通ント程、互ニ道ナレハ御心ヲ移シテ階老トハ定。此ノ故ニ諏方ノ下ノ宮モ御妬有ケレハ、是クテ面現近クシテ有ハコソトテ、上野国十四郡ノ内、甘楽ノ郡尾崎ノ郷ニ御社ヲ立、山ヲ隔住セ御在、御座ノ鉾ヲ引抜御腋ニ挟、本朝へ飛超サセ給シ故ニ、鉾抜神書テ、抜鉾大明神トハ読ナリ
>
> （『神道集』巻第十「五十　諏訪縁起」）(1)

本章では諏訪大明神と抜鉾大明神との神婚神話をめぐって、両社を繋ぐ〝道〟について考察する。詳細は後述するが、それは信州の諏訪から蓼科山を越え、佐久郡春日郷（佐久市春日）、新海社（新海三社神社）を経て、田口峠から上州甘楽郡の尾崎へと至る古道をたどることになる。その〝道〟の中で、諏訪大明神と抜鉾大明神との神婚神話の生成を支持した情景を読み解いてみたい。

二　蓼科山から春日へ

諏訪の上社の前宮から八ヶ岳西麓の高原地帯を北へ登ってゆくと、やがて諏訪郡と小県郡の境となる大門峠に差しかかる。この往還は大門街道と呼ばれ、その先には甲賀三郎兼家の三人の王子の物語の背景と考えられる下之郷諏訪明神（生島足島神社）(2)や諏訪信仰の熱烈な信奉者であり大祝と親密な関係にあった塩田流北条氏(3)の治める塩田荘も近い。千曲川を渡れば海野郷、そして浅間山麓へと続いている。一方、大門峠を越えずに東へ岐れ、蓼科の高原をさらに登ってゆくと雨境峠である。この峠を越えると佐久郡に入る。

雨境峠に点在する鎌倉時代末期から南北朝時代の祭祀遺跡群については前章で詳しく論じた。中与惣塚と呼ばれる石塚からは一三種一八枚におよぶ北宋銭をはじめとして、明の洪武通宝、永楽通宝など計四五枚の古銭貨が、青銅板の御正体一三器や薙鎌九器とともに採集されている。薙鎌が諏訪信仰を象徴する神具であることは言うまでもない。雨境峠の祭祀遺跡群は、おそらく諏訪信仰の祭祀施設だったと考えられる(4)。

鎌倉時代末期から南北朝時代といえば、およそ『神道集』所収「諏方縁起」の成立期にあたる。「諏方縁起」によれば、甲賀三郎諏方は浅間嶽の山頂から地上に帰還した後、維縵国の好美翁から授かった財宝の数々を本鳥俵に詰めなおして蓼科山に収めたという。

維縵国ノ財共ヲハ、本鳥俵ニ取入テ、蓼科ノ嶽ニシテ収ラレケル。

「財」とはいうが、それらのほとんどは実際の諏訪の祭祀で用いられていた神具や呪具であり、その由来を説くものでもある。(5)

甲賀三郎諏方と蓼科山との深い縁《えにし》を説く物語は、雨境峠の祭祀遺跡から蓼科山を間近に仰ぎ、浅間山や岩船山を遠望する風景の中にこそリアリティがあった。諏訪と佐久郡を往来した諏訪の修験神人たちが旅の足をとめた祭祀遺跡は、おそらくは甲賀三郎が「維縵国の財を収めた」という「諏訪縁起」の逸話の背景に繋がるだろう。

さて、その雨境峠から佐久郡へ下る道筋については諸説がある。たとえば、一志茂樹は、雨境峠から先は北東に坂を下り、八丁地川を渡って、春日(佐久市春日)から望月(佐久市望月)へ至る道を想定していた。(6) また、雨境峠の先で道を真北に分岐し、芦田川に沿って芦田(北佐久郡立科町芦田)へと至る道も利用されたとも説く。一方、押野谷美智子は一志の説では沢の崩落の危険があるとして強く批判し、八丁地川の東の尾根道を主張した。(7) ただし、そうした論争はあくまでも「古東山道」の存在を想定したものである。一志の論証は縄文の遺跡から中世の祭祀遺跡までを一緒くたにして、それを「古東山道」にすり替えてしまっている。押野谷も実地調査と称して山道を歩くばかりで、歴史学的な論拠を示しきれてはいない。いずれにせよ両者とも考証の手法には問題があると言わざるを得ない。

それでも一志が傍証材料として中世や近世の記録・史料を多く援用したことは(それが「古東山道」の考証に適切かどうかはともかくとして)、中世の古道を復元するという意味であれば、注目すべき副産と言えよう。具体的に言えば、一志が「古東山道」の跡として考証した雨境峠から春日へ下る道こそ(くどいようだがそれが「古東山道」の跡であるかどうかはともかくとして)、中世には「役行者越え」といわれた古道である。

天正一〇年(一五八二)六月、織田信長が京都・本能寺に斃れると、織田氏の支配下にあった武田氏旧領をめぐって北条氏、徳川氏、上杉氏による三つ巴の抗争が勃発した(天正壬午の乱)。北条氏直は上州から碓氷峠を越えて東信濃へ進出。真田昌幸ら佐久・小県の国人衆の多くは北条氏に従ったが、春日城（佐久市春日）の依田信蕃は徳川方の支援を受けて芦田小屋（北佐久郡立科町）に籠城し、抗戦に及ぶ。徳川家康は芦田小屋への援軍として武田家遺臣の曽根昌世、岡部正綱らを派遣した。

蘆田小屋為二加勢一、発向輩曽根上野（ママ）百二十騎、岡部二郎右衛門家人三十騎《キ》、此将、植村弥蔵、剣持弥七郎、岡部竹生島（ママ）、共三十三騎《キ》也。今福求馬、三井十右衛門、川窪新十郎、此外ニ三十一人、従二甲州武川一通二台ヶ原一、到二信州梶ヶ原一、役行者経二峯通一、廿五日芦田小屋着陣。

（『治世元記』(8) 巻第五・家康公北條御対陣并御方於二所々一合戦得二勝利一事）

甲州からの援軍は武川（山梨県北杜市武川町）から台ヶ原（山梨県北杜市白州町）を経て、信州の梶ヶ原（＝柏原、茅野市北山柏原）に至り、「役行者」という尾根道を越えて蘆田小屋へ入城したという。

芦田小屋の徹底抗戦に攻めあぐねた北条氏直は宿老・大道寺政繁を芦田攻めに残し、本隊を川中島へ進め、上杉景勝と対峙した。しかし、甲斐へ進出した徳川方の動向も気になる。折しも諏訪頼忠が徳川方から離反して北条方に転じた。それを機に北条勢も川中島から転進し、北条氏直は本隊を率いて「役行者」を越え、「柏原《かちか》」に陣を構えたという。

氏直ハ此由聞召て、芦田小屋へあて、、其より役行者へ出て、柏原に陣取

（『三河物語』(9)）

常陸介（依田信蕃）ハ春日山ノ奥三沢小屋ト申処ニ籠リイラレ候。芦田小屋ト申此事ニテ御座候。氏政（ママ）ハ芦田小屋責候ハントテ。彼行者ト申山越ヲ諏訪郡へ打入カチカ原ト申処ヲ通（『芦田記』）(10)

柏《かちか》原は雨境峠や大門峠の南麓に位置する要衝である。『諏訪大明神画詞』(11)縁起中によれば、将軍田村丸を助けて奥州の高丸を討ち果たした穀の葉の武士は、その帰途、「佐久郡ト諏方郡トノ堺」の「ヲホトマリ（大泊）」に至って自らが諏訪大明神であることを明かし、狩猟による生類利生の誓願と神記一巻を託して姿を消したという。

安倍高丸カ賊首ヲ鋒ニツラヌキテ、神兵又田村将軍ノ先陣ヲウケテ帰洛ス。程ナク信濃国佐久郡ト諏方郡トノ堺ニ至ル。ヲホトマリ（大泊）ト号ス。彼所ニオイテ、神兵又神反ヲ施シ給。例ノ葦毛馬地ノ上一丈ハカリアカリ、装束冠帯ニ改リテ、我ハ是諏方明神也。王城ヲ守ランカ為ニ将軍ニ随逐ス。今既ニ賊首ヲ奉ル。今更ニ上洛ニ及ハス。此砌ニ留マルヘシ。

『神道集』巻第四「信濃国鎮守諏方大明神秋山祭事」では、同じエピソードが「伊那ノ郡リノ大宿リト云処」での出来事とされるが、奥州からの帰路、すでに諏訪郡を通り過ぎてから伊那郡に至って諏訪大明神が正体を現すというのは腑に落ちない。ここは『画詞』の「佐久郡ト諏方郡トノ堺」の「ヲホトマリ」に従うべきだろう。そして、「佐久郡ト諏方郡トノ堺」というならば、それは雨境峠であり、実際には麓の柏原か、その南隣の湯川宿（茅野市北山湯川）あたりが「ヲホトマリ」に比定されるべきだろう。(12)田村丸が率いる官軍は、どういうわけだか官道である東山道ではなく、諏訪から佐久への山道、つまり雨境峠を越えてゆく。

雨境峠から佐久郡へ下る古道の具体的な道筋を考証することは、実は本書にとってはあまり大きな関心事ではない。注目したいのは、その「役行者」と呼ばれたその古道が雨境峠を下って春日郷（佐久市春日）へ至るという点である。『神道集』や『画詞』において、田村丸が官道ではなくこの峠道を越えてゆくというのも、そこに諏訪大明神の示現や祭祀を説く強い動機付けがあったからに違いない。

三　春日郷の諏訪信仰

佐久郡春日郷は蓼科山の北麓、鹿曲川の上流の谷あいの集落である。俗伝によれば、『日本書紀』景行天皇五五年二月条で東山道都督に任じられた彦狭島王が赴任半ばにして薨じたという「春日穴咋邑」に比定し、彦狭島王の御陵（王塚古墳）を祀るともいうが[13]、そのあたりの話はさておく。

鎌倉幕府の御家人としては『吾妻鏡』に「春日小次郎貞親」や「春日刑部三郎貞幸」らの名前が見られる[14]。とくに春日貞幸は承久の変に際して武田信光と小笠原長清らが率いる東山道軍への参加を命じられたが、信濃から手越駅（静岡市駿河区手越）に着到し、東海道軍の北条泰時の麾下に推参している[15]。宇治川の合戦では北条泰時の命を受けて芝田兼義、佐々木信綱らとともに渡河を強行するが、乗馬に敵の矢があたり、馬から落ちた貞幸は宇治川の濁流に飲み込まれそうになった。

信綱・重継・貞幸・忠家同じく渡す。官軍これを見て同時に矢を発つ。兼義・貞幸が乗馬、河中においておのおの矢に中り水に漂ふ。貞幸水底に沈み、すでに命を終へんと欲す。心中諏方明神を祈念し、腰刀を取りて甲の上帯・小具足を切り、やや久しくしてわづかに浅瀬に浮び出で、水練の郎従等がために救はれをはんぬ。

（『吾妻鏡』[16] 建久三年六月一四日条）

溺れた春日貞幸は心中に諏訪明神を祈念し、危ういところで水練の達者な郎従に助けられた。この後、北条泰時はみずからの手で貞幸に灸を施し、貞幸は正気を取り戻したという。しかし子息と郎従ら一七人は濁流に飲まれて水死。それにしても佐久郡春日郷を本貫として春日氏を名乗っているのだから、大和の春日明神あたりとの縁を主張して氏神としていてもよさそうなものである。なぜ春日貞幸はこの期に及んで諏訪明神を念じたのか。

諏訪の大祝家が、いっぽうでは鎌倉に出仕して得宗家の御内人として政権の中枢に参仕していたことは知られている。諏訪氏の嫡流家は鎌倉幕府の最高位機関である寄合衆に列してきた[17]。諏訪明神は得宗家の庇護を受け、信濃に領地を持つ地頭たちの多くが諏訪明神を奉祀し、その祭祀の神役を担うことになる。そうして「神」を姓とする信仰的共同体、いわゆる諏訪神党が成立する。小林計一郎によれば、諏訪神党の信仰的同族意識は承久の変の頃に萌芽していたという[18]。春日貞幸が諏訪明神を祈念したのは、その萌芽期を示す一つの事例といえるだろう。

春日氏は、いわゆる滋野三家のうちの祢津氏の支族とされる。続群書類従所収『信州滋野氏三家系図』[19]によれば、祢津氏の二祖にあたる「祢津貞直」の第四子として「貞親 春日刑部少輔」の名前があり、その子に「貞俊 春日五郎」と「貞幸 刑部三郎 承久兵乱関東先陣。宇治川入水[20]」、貞幸の子に「某 同時入水[21]」らが記されている。

春日氏の祖にあたる祢津貞直は「神平」の字《あざな》で知られる。母の胎内にあったときに神の託宣があり、諏訪の大祝貞光の猶子となって、故に字《あざな》を「神平」と称したという。

祢津神平貞直、本姓ハ滋野ナリシヲ、母胎ヨリ神ノ告アリテ、神氏ニ約シテ大祝貞光カ猶子トシテ、字ヲ神平トソ云ケル

（『諏訪大明神画詞』縁起第五）

貞直
祢津神平
本姓者雖レ為二滋野一、自二母胎一有二神告一、約二神氏一、大祝貞光為二猶子一、号二神平一、為二諏訪郡一庄領主一。東国無双鷹匠、此道一流子孫相伝云々

（前田家本『神氏系図』）[22]

祢津氏は中先代の乱から観応の擾乱にかけてのすべての戦いで大祝諏訪氏と行動をともにした。「神」の姓を称した神党滋野氏系のなかでも祢津氏は別格である。中澤克昭は祢津氏を〈神党のなかの神党〉と位置付ける[23]。祢津氏の支族である春日氏が諏訪明神を奉祀していたのは当然の環境によるものだろう。

その春日氏の本貫である春日郷には、春日神社と合祀（合殿）されるかたちで諏訪神社が祀られている。『長野県町村誌　第二巻　東信篇』に収められた明治一一年一二月付の春日村から長野県令への上申[24]によれば、「春日諏訪神社」は天児屋根命と健御名方命を祭神として「創建年月不詳　祭日四月一五日」とある。合殿とはいえ春日社の色が濃いように見えるが、県令への上申という性質柄、明治政府の神道政策への忖度というか阿《おもね》りもあったのだろう。実際の祭祀では神宝として薙鎌を祀り、御射山の神事も執り行われていた。在地的にはむしろ諏訪色が濃かったようである。

宮後、又御射山あり、今三沢山と称す。神宝に薙鎌二品あり。旧物なり　（『長野県町村誌　第二巻　東信篇』「春日村」）

『望月町史　第二巻　民俗編』(25)によれば、春日諏訪神社の創建を室町時代の文安元年（一四四四）として、もともと春日氏が奉祀していた春日神社に諏訪神社を合祀したと説明しているが、その根拠は示されていない。そもそも春日氏

春日諏方神社

春日諏方神社の屋根
右は諏訪の梶の葉紋、左は春日のあがり藤紋

が春日明神を氏神として奉祀していたという前提はどこにも確認できない。くどいようだがもしも春日氏が春日明神を信奉していたとしたら、承久の乱で溺れ死にかけた春日貞幸が春日明神を祈念していてもよさそうなものであるが。

いっぽうで『望月町史　第四巻　近世編』(26)に載せられた「今井仁也氏文書」によれば、同地の小字・新小路に祀られていた春日大明神を元文四年（一七三九）に「鎮守之森」へ遷したと記されている。同文書によれば、諏訪神社は「往昔より当村鎮守ニ而」とあるから、春日明神を遷した「鎮守之森」にはもともと諏訪明神が祀られていたことがわかる。つまり『望月町史　第二巻　民俗編』の説明とは逆で、春日郷の鎮守として祀られていた諏訪神社に春日社を合祀したということになる。今井文書の信頼性にも疑問がないわけではないが、『望月町史　第二巻　民俗編』の根拠不明な憶測よりは現実味がありそうである。

中世に当地の領主であった春日氏が鎌倉時代の早い時期から諏訪明神を氏神として崇敬していた事例を踏まえると、春日郷の諏訪社の創始は、それに遡る由緒があったと考えられる。

四　新海社の諏訪信仰

佐久地域ではほぼ集落ごとに諏訪神社が産土神として祀られている。その中でも春日郷の諏訪神社は田口郷の新海三社神社との繋がりにおいて注目される。

新海明神（新海三社神社）は、中世には佐久地方の諏訪信仰のなかで特別な地位にあった。『諏訪大明神画詞』祭第七では、諏訪湖の奇瑞・御神渡りには上下社の明神の渡御とともに新開明神と小坂明神とのもう一つの参会が記されている。

又佐久ノ新開社ハ行程二日計リ也。彼明神ト郡内小坂ノ鎮守ノ明神ト、二神湖中ニ御参会アリ

上社大祝家で集成された『当社神幸記』[27]は嘉吉二年（一四四二）から天和元年（一六八一）までの約二四〇年におよぶ御神渡りの記録であり、上宮から下宮への御渡とともに新海明神の御渡を注進するのが常例とされた。

現在の新海三社神社は、東本社に建御名方の御子とされる興波岐命、中本社に建御名方命、西本社には事代主命と誉田別命を祭祀している。中本社と西本社は拝殿の奥に軒を連ねて接し、そこから少し離れたところに東本社がある。東本社はかつての大鳥居から登ってゆく参道の正面に位置し[28]、由緒書などによれば現在では興波岐命が三社の主祭神として認識されている。

しかし、三社と称しながら西本社が事代主命と誉田別命の相殿なのは違和感がある。それだと実質的には〝四社〟になってしまうのではないか。

ところが、寛政一〇年（一七九八）一一月に田野口領佐久郡三塚村（佐久市三塚）の瀬下良起が集写した「田野口御役所地方雑集」（『領内村々明細帳留書』[29]）には、本社に健御名方命、合殿の左社に事代主命、右社に八幡大神を祀ると書かれている。

田野口村
新海三社大明神
本社　健御名方命
合殿　左社　事代主命
　　　右社　八幡大神

本社は現在の東本社（現在の祭神は興波岐命）、合殿の左社は現在の中本社（建御名方命）、同じく合殿の右社は現在の西本社（事代主命と誉田別命）に相当する。つまり、寛政一〇年当時の新海社では興波岐命が祀られていないのである。

健御名方命、事代主命、八幡大神の三柱で〝三社〟とされていた。

それから約六〇年後の安政四年（一八五七）に飯塚久敏が編纂した『諏訪旧跡志』[30]には建御名方命の子の二二柱の

新海三社神社　東本社

新海三社神社　中本社（手前）と西本社

一人として「興波岐命」（同書所収の「神系略図」には「意岐萩命」）をあげ、「佐久郡田野口村新海社、諏方郡小萩宮[31]に坐す」と書かれている。つまり、安政四年の時点では新海社に興波岐命が祭神として祀られるようになっていたわけである。寛政一〇年の「田野口御役所地方雑集」から安政四年の『諏訪旧跡志』までの間（一九世紀前半）に新海社で興波岐命を主祭神とする何かの動きがあったのだろう。『長野県町村誌 第二巻 東信篇』に収められた明治一二年（一八七九）六月付の田口村から長野県令への上申[32]では、興波岐命、建御名方命、事代主命、誉田別命の〝四神〟があげられる。興波岐命を新たに本社へ入れたことによって、それまで本社に祀られていた建御名方命は合殿の左社へ、その合殿の左社に祀られていた事代主命は合殿の右社へと、玉突き的に席を移ったことになる。

寛政一〇年「田野口御役所地方雑集」		明治一二年 長野県令への上申	現在の祭神	
本社	健御名方命	興波岐命	東本社	興波岐命
合殿左社	事代主命	建御名方命	中本社	建御名方命
合殿右社	八幡大神	事代主命 誉田別命	西本社	事代主命 誉田別命

以来、幕末から近代にかけて佐久郡での地域ナショナリズムが殊更に隆興する[33]なかで興波岐命を佐久郡の開拓神とする思潮は高まる。新海の古名とされる新開（『諏訪大明神画詞』）を「新佐久《にいさく》」と訓むとか、『延喜式』巻第一〇の「神名帳」に記された佐久郡三座のうちの英多神社を新海神社に比定する説や、本社をその英多神社に擬し、合殿の左社と右社とを同じく佐久郡の式内社である大伴神社と長倉神社の勧請に見立てることで、佐久三庄（伴野荘、大井荘、平賀荘）の総社であるがゆえに「三社」と称するといった附会（もともと江戸時代の中頃から式内社の比定と社格をめぐって確執

が続いていた）も説かれるようになった[34]。

しかし、新海社のもともとの主祭神が興波岐命ではなかったからといって、それを前掲の「田野口御役所地方雑集」に記されたように建御名方自身とするのもどうだろうか。それならばわざわざ「新海明神」とは称さずに、たとえば「田ノ口諏訪明神」とかでもよかっただろう。『当社神幸記』では上宮から下宮への御渡とは別に新海明神の御渡が注進されてきた。諏訪明神と新海明神とは、あくまでも別の存在だったのではないだろうか。

ちなみに元禄四年（一六九一）の「新海大明神御祭礼賄次第[35]」には

七月廿三日　神沢山御祭礼
神沢山ノ神前御神酒そない奉る

とあり、あるいは翌元禄五年（一六九二）二月九日付の「新海大明神御祭礼一年ニ付而人数之覚[36]」にも

七月廿三日　御座山祭り　宮本郡中神主社人市共ニ拾壱人　下人拾三人

とある。「神沢山」はたぶん「みさやま」からの転訛、「御座山」も「みざやま（＝みさやま）」と読むのだろう。明治三五年（一九〇二）に上申された「郷社新海三社神社御由緒調査書[37]」（以下、「御由緒調査書」）によれば、祭礼の当日は本社から御霊代を奉じていったんは大家社へ遷御のうえ、さらに御休石に遷座する。そこから神長をはじめとして神職らは騎乗して御霊代を守護し、本社から寅の方角へ一〇丁（約一・一km）ほどの山中に祀られる石づくりの祠まで神幸。

その場で神酒を供えて参列者たちも酌み交わし、やがてもと来た道を戻って還御となる。

御射山祭　七月二十三日
当祭典ハ国幣社諏訪本宮ノ祭式ニ倣ヒ修行ス。本社ヨリ寅ノ方ヘ距離十丁ニ御射山アリ。当日御霊代ヲ本社ヨリ大家社ヘ奉遷ノ上又御休石ヘ遷座シ、是ヨリ神長始数名ノ神職守護シ、騎馬ニテ御射山ヘ神幸該山ノ石宮ヘ安置シ神酒ヲ開キ参詣ノ諸人ヘ為戴畢テ御帰座神楽殿ニ於テ隔年ニ太々神楽舞等数座修行終日ノ祭事ナリ

「御由緒調査書」には「諏訪本宮ノ祭礼ニ倣ヒ」というが、実際には諏訪の本社での御射山神事とはかなり趣きの違うものとして伝えられていたようである(38)。

本書第二章で詳しく述べた松原諏方神社の『伊那古大松原大明神縁起』では、大井八幡宮の神人たちが某女に「誠哉否ヤ、諏方大明神西山之松原ニ飛移給トヤ」と問う。ところが某女は「真実之大明神ニ御座トハ、新海之社壇ニ降臨アルベシ。是程深山之中ニ、何事依テ御影向アルベキカト」と諏訪大明神の降臨を否定してしまう。某女の身体はにわかに痙攣を起こし、やがて大明神の託宣を告げることになる。それでも某女の説くところは無理からぬことである。八幡宮の神人たちもそれで納得してしまっている。新海社の特別な地位を知っていれば、誰でもまずはそう考えるのだろう。それにしても、新海明神と諏訪明神とが同一体だったとすれば、すでに諏訪明神を祀る新海社にあらためて諏訪明神が降臨する（という発想が生まれる）はずはない。諏訪明神と新海明神とはきわめて近い関係にありながら、あくまでも別々の存在として認識されていたのである。大祝家文書「古記断簡三葉(39)」の第三葉には「新海大明神ハ諏方大明神ノ御メノト、申也」との伝えもある。こちらのほうが新海社の本来の姿に近いかもしれない。

新海三社神社の御射山神事（山中の石祠にて）

三枚の薙鎌を重袿で包み、人形に見立てられた御神体

五　新海明神の春日神幸と新海道

さて、本書が注目したいのは、そうした新海社で執り行われていた「御神幸《ごじんこう》」である。

新海社の神幸は三月の酉の日に催され、「中ノ日祭」とも称されていた。前掲の元禄四年「新海大明神御祭礼賄次第」には「三月酉之日中之祭御神事」とある。また、前掲の明治三五年「御由緒調査書」に載せられた「新海三社神社年内祭典旧式概略」によれば、「中ノ日」の祭礼では三社（英田、大伴、長倉）の神霊をそれぞれ西幸殿、東幸殿、岩村田の若宮八幡宮（佐久市岩村田）へ奉遷する。三社を「英田神社」「大伴神社」「長倉神社」と言い切ってしまっているのは、前述のように江戸時代後期から明治にかけての社格をめぐる附会を引き継いだものだろうからさておく。西幸殿と東幸殿は新海社から二〇〇ｍほどのごく近くであるが、岩村田の若宮八幡宮までは一〇㎞ほどある。各社へ遷された三社の神霊は六日後の寅の日の「大伴祭」をもって本社に還御する。

中ノ日　　三月酉ノ日

本社ヨリ巳ノ方ヘ距離二丁ニシテ、東幸殿アリ、未ノ方ヘ距離二丁ニシテ西幸殿アリ、又本社境内ニ御休石ト称スル大石アリ、当日三社ノ神霊ヲ大家社ヨリ御休石ヘ奉遷シ、暫時休座ノ後三社共各奉仕ノ神官守護シ騎馬ニテ大伴神社ハ東幸殿、英田神社ハ西幸殿ヘ大伴祭マデ御鎮座ナリ、右ハ式年ノ例ナレトモ年ニ依リ、志賀村・余地村・春日村・平尾村等ヘ神幸ノ旧例アリ、長倉神社ノミハ例年岩村田町郷社若宮八幡宮ヘ神幸、大伴祭マデ御鎮座ノ旧例ナリ

大伴祭　三月寅ノ日　但 当月寅日三日アルトキハ中ノ寅 二日アルトキハ末ノ寅ノ日ナリ
当日御殿入ト称シ中ノ祭ニ遷座アリシ、三柱ノ神霊代ヲ各本社ニ復座スルノ神事ニシテ、本社へ鎮座ノ上供饌奏楽等ノ式アリ（以下略）

新海社におけるこの神幸が、諏訪の本社における三月の神使巡行に倣うものであることは言うまでもないだろう。諏訪上社でも、三月の酉の日の御頭祭に際して「神使」と呼ばれる六人の少年たちが外県、内県、大県の三地域へ巡行する神事があったことはよく知られている。まずは初午の日に神使二人が外県への巡行に出立する。その三日後の酉の日の御頭祭では神使二人が内県へ、もう二人が大県への巡行に出立した。いずれも大祝の代理として「廻神」とも呼ばれ（『画詞』）、それぞれの湛《たたえ》をめぐり、行く先々で神事を執り行った。外県と内県の神使は丑の日に帰着、大県の神使はその翌日の寅の日に前宮へ帰着して、六人の神使が再び揃うことになる。新海社の神幸はそうした諏訪の神使巡行に倣うものだろう。

前掲の元禄五年「新海大明神御祭礼壱年ニ付而人数之覚」によれば、三月酉の日の「中之祭り」と寅の日の「大伴祭り」には佐久郡下の神職、社人らが六〇人、下人一〇〇人が従事したとある。七月二三日の「御座山祭り」（御射山祭）の供奉が神職、社人ら一一人、下人三〇人だから、それに比べても圧倒的に多い。年間に催される新海社の祭礼の中ではこれが最多であり、三月酉の日の中之祭（遷座巡行）と寅の日の大伴祭（還座巡行）が同社にとって最も重要かつ盛大な祭礼だったことがわかる。

ところが、新海社の神幸は西幸殿、東幸殿、岩村田の若宮八幡宮への三路だけではなかった。「御由緒調査書」によれば、旧例として志賀村（佐久市志賀）、余地村（南佐久郡佐久穂町余地）、春日村（佐久市春日）、平尾村（佐久市上平尾）

への神幸があったという。先述のように新海三社神社の「三社」を式内社の英田神社、大伴神社、長倉神社に擬すようになったのは江戸時代の後期頃からと推察される。なので、明治三五年の「御由緒調査書」では「旧例」とされた志賀村、余地村、春日村、平尾村への神幸のほうが、むしろ新海社の神幸の古態に近いものだったのではないだろうか。

「御由緒調査書」の「新海三社神社年内祭典旧式概略」によれば、「古式」ともされる神幸は春日村、志賀村、下平尾村、余地村の順にあげられる。なかでもその筆頭とされる春日村への神幸は片道およそ二三㎞にもおよび、途次の村ごとに諏訪社や名主宅での休憩も多く、他への巡行に比べることさらに盛大だったようである。

春日村御神幸　幸殿ヨリ御乗出シ太田部村御通行、夫ヨリ千曲川ヲ渡リ原村諏訪神社へ御小休、続テ野沢村並木七左衛門方御小休、三塚村名主箕輪仁左衛門方御小休、中桜井村諏訪神社へ御小休、竹田村名主工藤半三郎方御小休、当社御神幸ノ道筋ハ古来ノ通、時、畦等切崩シ、道ヲ開キ、御腰掛石ト称シ石所々ニ有レ之、其他百姓居屋敷ノ内ニテモ古来通行相成候場所ハ年老ノ村役人等御案内通行被レ遊候、右腰懸石有レ之場ハ下馬致シ、御腰ヲ懸候、此処ハ竹田糟尾両村入交リノ地ニテ、至テ混雑ノ道筋ニ候得共、古来ヨリ新海道ト申伝候処今歴然タリ、糟尾村ニハ四ケ所御小休、宮原具庵、名主重田七郎治、重田栄太郎、町田富右衛門、右銘々ノ庭へ御仮殿ヲ柴ニテ造リ御休有レ之、沓沢村ハ新海神社ノ宮殿アリ、是ニテ御小休、夫ヨリ長者原へ掛リ、春日村へ御着、同村春日神社ノ社内へ仮殿ヲ設ケ御鎮座ス、同夜庭燎ヲ焚キ神楽ヲ修行ス

翌日、同所御発馬、比田井村諏訪神社へ御小休、湯花行事舞等執行、然シテ入布施村諏訪神社へ御小休、夫ヨリ

新海三社神社御神幸絵図（新海三社神社所蔵）

八島村、五郎兵衛新田、相浜村、平井村ヲ御通行、馬上へ神酒ヲ献ス、下平村名主方御小休、小宮山村名主方御小休、前山村、本新町村御通行、臼田村上諏訪神社へ御小休、夫ヨリ下越村馬上へ神酒ヲ献ス、三分村諏訪神社へ御小休、村中御乗廻シ、是ヨリ上ノ幸殿へ御帰入被レ為在候、御通行村々名主役人等村境マデ御案内、御馳走ニ罷出候(40)

（読点と返り点は稿者が補った）

新海社の幸殿（①）を出発した神幸列は太田部村（②）を通過して千曲川を渡り、対岸の原村の諏訪神社（③）に入って小休憩をとる。その後、野沢村（④）の並木七左衛門宅、三塚村（⑤）の名主箕輪仁左衛門宅、中桜井村の諏訪神社（⑥）、竹田村（⑦）の名主工藤半三郎宅をめぐりながらそれぞれで小休憩。次の糟尾村（⑧）では宮原具庵宅、名主重田七郎治宅、重田栄太郎宅、町田富右衛門宅の四ヶ所にわかれて小休憩をとったらしい。続いての沓沢村には新海神社の分祠（⑨）が祀られていた。ここからは長者原（⑩）と呼ばれる高原地帯を抜けてゆく。そして春日村に到着し、神霊は春日の諏訪神社（⑪）に入る。神前では庭燎が焚かれ、神楽が催された。

翌朝は春日諏訪神社を出立すると、まずは比田井村の諏訪神社（⑫）へ向かい、そこで湯花行事が催され、舞が奉納される。次に入布施村の諏訪神社（⑬）で小休憩。その後は八島村（⑭）、五郎兵衛新田（⑮）、相浜村（⑯）、平井村（⑰）を経て、下平村（⑱）の名主方と小宮山村（⑲）の名主方とでそれぞれ小休憩。前山村（⑳）、本新町村（㉑）を通過して、臼田村の上諏訪神社（㉒）で小休憩。下越村（㉓）では馬上のまま神酒の献進を受け、三分村の諏訪神社（㉔）まで来て小休憩。そこから後は田口の村中を進み、上ノ幸殿（㉕）への還御となる。諏訪上社の御射山祭の巡行は片道約一三㎞だから、片道約二三㎞にもおよぶ春日神幸は一日の巡行としてはとんでもない距離である。

新海社の神幸の道は「新海道」と呼ばれ、新海明神が通う神聖な道として特別視されてきた。

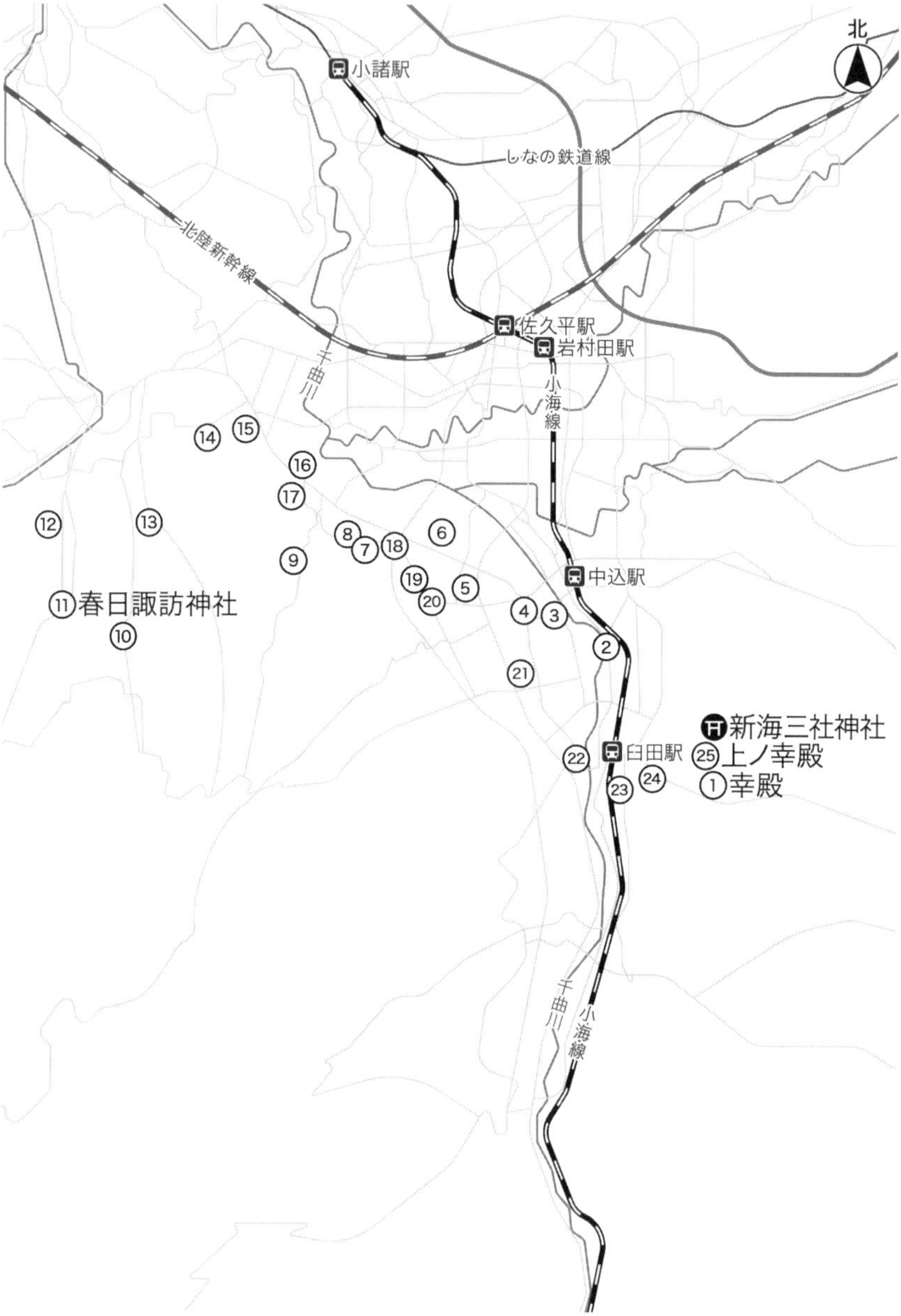
北
小諸駅
しなの鉄道線
北陸新幹線
佐久平駅
岩村田駅
小海線
千曲川
⑭
⑮
⑯
⑰
⑫
⑬
⑧
⑦
⑱
⑥
⑨
中込駅
⑲
⑤
⑪春日諏訪神社
⑳
④
③
⑩
②
㉑
新海三社神社
臼田駅
㉕上ノ幸殿
㉒
㉔
①幸殿
㉓
千曲川
小海線

前掲の「御由緒調査書」によれば、古来の道と信じられ、道筋に田の畦があれば畦さえ切り崩し、民家の屋敷地であろうと村役人等の先導によって構いなく通り抜けたという。道を変えると祟りがあるとか、人が渡ると瘧に取り憑かれるとか、その頑ななまでの神聖な道が春日の諏訪社と新海社とを繋いでいた。それはまさに忌み道である。かつて役行者と呼ばれた峠道を越えて諏訪の本社と佐久の新海社とを往来した神の古道の名残ではなかったか。[41][42]

諏訪の上社前宮から柏原を経て雨境峠（役行者）を越え、佐久郡春日郷の諏訪社へと至る。道程はおよそ五〇km、峠越えの道だから一日で歩き通すのは厳しいだろう。そのために峠の麓の柏原や湯川が宿駅となり、翌日の峠越えに備えたに違いない。反対側からの順路の場合でも、たとえば天文一九年（一五五〇）一〇月二日、砥石城（上田市上野）攻めを断念した武田勢は、望月から雨境峠を越えて諏訪郡へ退却し、日没の頃になって湯川へ到着。その夜はそこに陣を置いている。[43]望月と春日は至近の距離にある。春日や望月から雨境峠を越えてきても、やはり湯川や柏原が宿泊することになる。春日の諏訪社から新海社までは新海道をたどっておよそ二三km。『諏訪大明神画詞』祭第七には「佐久ノ新開社ハ行程二日計リ也」というが、諏訪から新海社までの行程は三日が現実的なところか。

六　新海社から抜鉾大明神へ

春日郷の諏訪社から新海社へと至った古道は、さらに新海社の神前から田口峠を越えて西上州へと至る。その道には抜鉾大明神（一之宮貫前神社）があり、遥か先は甲賀三郎諏方の母御前・日光権現が住まう日光山へと通じている。

この古道について一志茂樹らは「そのまま古代の交通路」と評した。[44]しかし前述のように一志の論考には縄文も中世も一緒くたにしてしまう傾向がある。この古道についても、弥生式土器の出土実績、古墳の点在、それに『神道集』の諏訪大明神と抜鉾大明神との神縁譚を等しく同列に置いて考証している。やはり無理があると言わざるを得ない。さらに一志は「佐久の新海神社の伝承に、上野の貫前神社との神縁関係をうたってゐるもののある」というが、それがどのような神縁なのかは説明していない。おそらく新海神社の主祭神とされる興波岐命を、建御名方命が抜鉾の女神のもとへ通って生まれた御子とするような話だろう。ただし、前述のように新海神社に興波岐命が祀られるのは江戸時代末期頃からのことらしいので、興波岐命が貫前の女神の所生という話もそれほど古くに遡れるものではない。むしろ「諏訪縁起」から取り込まれたと考えたほうがよいくらいである。

諏方系「諏訪縁起」と上州一宮・抜鉾大明神の縁起（「一宮縁起」）との関係について、松本隆信は「諏訪と一宮が何故に結びつけられたのか、それを説明する適切な理由は未だ考え得ない」としながらも、「この縁起の成立に諏訪系神人が関与していた」と推察していた[45]。大島由紀夫は「『神道集』成立時以前に、諏方系「諏訪縁起」に「一宮縁起」は挿入されていた」との考証を示し、中世よりも古くに諏訪信仰が西上州に浸透し、「諏訪との関係に触れずに（諏訪の影響を排してまで）抜鉾大明神の縁起を語ることが不可能な状況にあった」と説明する[46]。

本章が注目したいのは、室町時代中期の上社の神長官・守矢満実の自筆とされる『守矢満実書留』[47]の寛正五年（一四六四）条の不思議な記事である。

誠ニ当社御神之王子にて、外県両人ハ上野一宮御腹、内県・大県四人ハ下宮御腹ニやとらせ給、御誕生うたかひなし

遡ること応永二九年（一四二二）、この年は御柱祭が催されるはずだったが、例年ならば寅の日にあたる四月一四日

一之宮貫前神社

に曳くべき御柱を、この年は四月一六日に延期した。しかし神は非例を許さなかった。神罰によって前宮の一之御柱が倒れ、多くの人々がその下敷きとなり、死人も出たらしい。ところが同じく下敷きになった神使の少年たちには怪我一つなかった。これこそ神使たちが諏訪大明神の御子神であることの証として人々は拝み崇めた。外県の神使二人は諏訪大明神と上野一宮とのあいだに生まれた御子、内県と大県の神使四人は下宮とのあいだに生まれた御子であるという。

『画詞』祭二によれば、六人の神使のうち外県の二人は「下臈」、内県と大県の神使四人は「上臈」とされる。外県の神使たちの生母とされる上野一宮の抜鉾大明神は、諏訪大明神のいわば〝第三夫人〟にあたる。内県と大県の神使たちは〝正室〟である下宮を母とする。『画詞』のいう「下臈」と「上臈」の差がここにも垣間見られる。ちなみに『諏訪旧跡志』によれば、建御名方命の御子とされる二二神のうち「内県神」の生母は八坂入姫命、「外県神」の生母は上野一宮神、「大県神」の生母は前八坂刀売命とされている。

内県神　御母　八坂入姫命
外県神　御母　上野一宮神
大県神　御母　前八坂刀売命

内県神の生母「八坂入姫命」は本来、景行天皇の后の名であるが、たとえば『和漢三才図会』[48]巻第六八「信濃」でも諏訪の下社の祭神を「八坂入姫命」と記しているように、「八坂刀売命」との混同は珍しいことではない。大県神の生母とされる「前八坂刀売命」も「八坂刀売命」のよくある異名の一つである。『諏訪旧跡志』はことさらに博識ぶって内県神と大県神の生母の名をわざわざ別に表したのだろうか。

『守矢満実書留』に外県の神使が諏訪大明神と上野一宮とのあいだに生まれた御子だと書かれていることはこの際、とても重要である。諏訪大明神と上野一宮、つまり抜鉾大明神との神婚は、本社の祭祀から離れた存在である甲賀三郎諏方の「諏訪縁起」だけではなく、別のかたちとして（外県の神使をその御子に見立てて）本社の祭祀に近いところでも存在したのである。しかもほぼ同じ時期に。だとすれば、大島由紀夫が考えたような上州側の事情によって「一宮縁起」が「諏訪縁起」に取り込まれたというだけではなく、諏訪側にも上州・抜鉾大明神との神婚譚を認める背景があったことになる。大泊《ヲホトマリ》（柏原もしくは湯川）から雨境峠を越え、春日から新海道をたどってきた彼らは、新海社を拝しつつ田口峠を越え、西上州の抜鉾大明神を経て、やがて日光へ至る。その彼らとは、蓼科山を仰ぎ、「役行者」と呼ばれた雨境峠から春日、望月を拠点とした修験だったと考えられる。

注

(1)『神道大系 文学編一 神道集』所収(岡見正雄・高橋喜一校注、神道大系編纂会、一九八八年)

(2)本書第六章「兼家系「諏訪の本地」の風景(二)―甲賀三郎の子どもたち―」

(3)本書第七章「諏訪信仰とみちのくの鷹―真名本『曽我物語』における畠山重忠の「鷹語り」から―」

(4)本書第三章「諏方系「諏訪縁起」の風景(一)―蓼科山と雨境峠から―」

(5)本書第三章附論「維縵国の財―「大祝」の世界線へ―」

(6)一志茂樹「我が国中部山地上代交通路の一性格―雨境・大門両峠に見る―」(『信濃』五‐二、信濃郷土研究会、一九五三年)、同『古代東山道の研究』(信毎書籍出版センター、一九九三年)

(7)押野谷美智子『信濃国に於ける幻の古東山道と須芳山嶺道を求めて』(私家版、二〇〇〇年)

(8)『治世元記 五之九』(国立公文書館デジタルアーカイブにて閲覧)

(9)『三河物語・葉隠』所収(日本思想大系二六、齋木一馬・岡山泰四・相良亨校注、岩波書店、一九七四年)

(10)『続群書類従 第二一輯下』所収

(11)『神道大系 神社編三〇 諏訪』所収(竹内秀雄校注、神道大系編纂会、一九八二年)

(12)一志茂樹は前掲注(6)の論文のなかで「ヲホトマリ」を湯川のさらに南隣の茅野市北山芹ケ沢に比定した。

(13)『長野県町村誌 第二巻 東信篇』「協和村」(長野県編・栗岩英治校訂、長野県、一九三六年。後に郷土出版社から復刻、一九八五年)。なお協和村からは明治一一年(一八七八)一〇月四日付で長野県令宛に上申された。

(14)『吾妻鏡』文治五年七月一九日条、鎌倉から奥州へ出陣する一四四騎のうちの一騎。『吾妻鏡』建久四年一一月七日条、頼朝入洛の先陣六〇番(一八〇騎)のうちの一騎。

(15)『吾妻鏡』承久三年五月二六条

(16)『全訳吾妻鏡 第三巻』(貴志正造訳注、新人物往来社、一九七七年)

(17)細川重男『鎌倉幕府の滅亡』(吉川弘文館、二〇一一年)等。

(18)小林計一郎『信濃中世考』「諏訪氏と神党」(吉川弘文館、一九八二年)

(19)『続群書類従 第七輯上』所収

(20)『吾妻鏡』によれば春日貞幸はこの戦いに生き残っている。「宇治川入水」は誤伝だろう。

(21) 『吾妻鏡』建久三年六月一八日条の「六月十四日、宇治橋合戦に、河を越して懸かる時、御方の人々死する日記」に「春日刑部二郎太郎」と「同小三郎」の名がある。
(22) 諏訪市博物館所蔵大祝家文書（二本松康宏編『諏訪信仰の歴史と伝承』所収、三弥井書店、二〇一九年）。ただし、便宜上、返り点を施した。
(23) 中澤克昭「神を称する武士たち―諏訪「神氏系図」にみる家系意識―」（歴史学研究会編『系図が語る世界史』所収、青木書店、二〇〇二年）
(24) 前掲注（13）『長野県町村誌 第二巻 東信篇』「春日村」
(25) 『望月町史 第二巻 民俗編』（望月町誌編纂委員会編、望月町・望月町誌刊行会、一九九六年）第八章「民間信仰」第一節「ムラの神社と祭り」（小須田盛凰執筆）
(26) 『望月町史 第四巻 近世編』（望月町誌編纂委員会編、望月町・望月町誌刊行会、一九九七年）第一三章「信仰」第一節「神社」（川井正久執筆）
(27) 前掲注（11）に同じ。
(28) 『新海社古絵図面』（『新海三社神社誌』所収、井出行則監修・小諸新聞社編、井出舜（私家版）、二〇一八年）
(29) 『長野県史 近世史料編 第二巻（一）佐久地方』所収（長野県編、長野県史刊行会、一九七八年）
(30) 『諏訪旧跡志 写』（長野県立歴史館丸山文庫蔵。信州デジタルコモンズにて閲覧）
(31) 小萩宮は諏訪郡西山田村（岡谷市長地小萩）に祀られていたが、昭和三五年（一九六〇）に付近の出速雄神社に合祀され、現在は岡谷市長地出早に出速雄小萩神社として祭祀される。
(32) 前掲注（13）『長野県町村誌 第二巻 東信篇』「田口村」
(33) この頃の佐久郡では『千曲之真砂』を著した瀬下敬忠（一七〇九～一七八九）、『四鄰譚藪』を著した吉沢好謙（一七一〇～一七七七）、『信濃奇勝録』を著した井出道貞（一七五六～一八三九）ら優れた地方史家が活動している。
(34) 前掲注（32）に同じ。なお田口村からは明治一二年（一八七九）六月付で長野県令宛に上申された。明治三五年一一月「郷社新海三社神社御由緒調査書」にも同様の記載がある。
(35) 『臼田町誌 第六巻 文化財・史料・年表編』所収（臼田町誌編纂委員会編、佐久市臼田町誌刊行会、二〇一〇年）
(36) 前掲注（35）に同じ。

(37) 前掲注(35)に同じ。
(38) 現在の新海三社神社の御射山神事はそれ自体が独立した祭礼ではなく、一〇月の第一日曜日に催される秋祭(例祭)の一環として執り行われている。
(39) 『復刻諏訪史料叢書 第三巻』所収(諏訪教育会編、中央企画・ほたる書房、一九八三年)
(40) 『臼田町誌 第六巻 文化財・史料・年表編』に所収された「郷社新海三社神社御由緒調査書」は当該記事が省略されているため、前掲注(28)の『新海三社神社誌』に掲載された影印をもとに稿者が翻字した。
(41) 前掲注(28)『新海三社神社誌』
(42) 丸山正俊『新海三社神社と上宮寺』(私家版、二〇二一年)等。
(43) 『高白斎記』天文一九年一〇月条(『武田史料集』所収、清水茂夫・服部治則校注、新人物往来社、一九六七年)
(44) 前掲注(6)のほか、一志茂樹・竹内文夫「信濃諏訪地方経由西上野にいたる古代重要通路考―叡山大師伝所見「信濃大山寺」を媒介として―」(『信濃』一七‐九、一九六五年)にも。
(45) 松本隆信「中世における本地物の研究(二)」(『斯道文庫論集』一一、一九七四年。後に『中世における本地物の研究』所収、汲古書院、一九九六年)
(46) 大島由紀夫「神道集『上野国一宮縁起』考」(『説話文学研究』二三、一九八八年。後に「上野国一宮縁起の成立と展開」と改題して『中世衆庶の文芸文化―縁起・説話・物語の演変―』所収、三弥井書店、二〇一四年)
(47) 『新編信濃史料叢書 第七巻』所収(信濃史料刊行会、一九七二年)
(48) 『和漢三才図会 上之巻』(国立国会図書館蔵本、国立国会図書館デジタルコレクションにて閲覧)

第五章　兼家系「諏訪の本地」の風景（一）

——なぎの松原から——

一　兼家の物語

「諏訪縁起」とも「諏訪の本地」とも称される甲賀三郎の物語は、信州・諏訪大明神の本縁譚である。同じく甲賀三郎の物語といっても、主人公の諱《いみな》を「甲賀三郎諏方《よりかた》」とする伝本と、甲賀三郎の諱を「甲賀三郎兼家《かねいえ》」とする伝本との二つの系統がある。

そのうちの諏方系の伝本といえば『神道集』に収められた「諏方縁起」が代表的である。『神道集』が南北朝時代に成立したとすれば、すでにそこに収められた「諏方縁起」は諏方なり兼家なりの系統を問わず甲賀三郎の物語としてもっとも早い時期のものということになる。

ところが、研究史的には「諏方系の物語→兼家系の物語」のような図式ですんなりと説明されることがない。たとえば筑土鈴寛は「諏訪本地・甲賀三郎―安居院作神道集について―」[1]と題した論攷のなかで近江国甲賀郡水口（滋賀県甲賀市水口町）の大岡寺の縁起として伝わった甲賀三郎兼家の物語に注目し、それが熊野修験によって信州の諏訪へ運ばれ、甲賀三郎諏方の物語として再生されたと説明していた。

甲賀三郎の住所が近江甲賀郡であり又は信濃国望月の住人であることもこの伝説の出生地を混乱させる。あれが近江だけの話であつたら甲賀三郎が甲賀三郎兼家であつたかもしれない。やはり甲賀三郎諏方とあるところに近江と信濃とにまたがつた関係を正確に示すやうに思はれる。近江大岡寺の縁起が諏訪で完全な甲賀三郎伝説となつたものであると思ふのだ。

筑土が注目した大岡寺の本尊の十一面観音は、享保一九年（一七三四）に寒川辰清が著した『近江国輿地志略』によれば、甲賀三郎兼家の守り本尊と伝えられていた。

大岡寺
同岡山の麓に在。龍王山大岡寺観音院と号す、白鳳年中の草創。行基の開基也。本尊十一面観音。長三尺余。則行基の作也。相伝。甲賀三郎兼家守本尊なりと。（以下略）

（『近江国輿地志略』[2]巻五一「甲賀郡」の大岡寺の項）

これだけでは甲賀三郎兼家のどのような話だったかわからないが、同書は引き続いて「羅山文集」からの引用として甲賀三郎兼家の縁起を紹介する。

羅山文集曰、余一見縁起、甚卑俚不足云焉、曰昔甲賀三郎兼家与兄太郎次郎共遊衆山、兼家入高懸山窟射殺鬼輪王、時太郎次郎陥穴掩、兼家化為蛇、其窟通信州水葱《ミル》ノ松原焉、妻子大悲立此堂吊之、経三十年出自松原乃帰、不知已為蛇体而問故家、家人甚恐、不敢近也、見者皆驚走、兼家甚慚憂之、夜入寺蟠堂板之下、以観音力、故脱復本身、漸得帰家、妻子一恠一驚、終而甚悦且悲且泣握手共為夫婦、父子如故、於是太郎次郎聞之恠遂自殺、三郎果為甲賀郡之主、嗚呼観音何為者哉、彼徒之欺誑民俗者至于此耶、咄哉叱哉云々、

林羅山は大岡寺の〝縁起〟を閲覧したという。曰く、甲賀三郎兼家は高懸山で鬼輪王を斃すが、二人の兄の姦計によって穴の底に落とされる。兼家は蛇身となりながらもやがて信州水葱《ミル》ノ松原に帰還。装束を脱ぎ捨てて蛇身を脱し、妻子と再会。二人の兄は兼家の報復を恐れて自害し、兼家は甲賀郡の領主として返り咲いた。

この話が本当に林羅山の認《したた》めた文章ならば、その大岡寺の甲賀三郎兼家縁起は江戸時代初期にはすでに巻子か冊子かのかたちとなっていたことになる。が、管見のかぎりでは『羅山文集』にそうした記事は見当たらない。それでも大岡寺が甲賀三郎兼家の縁起を積極的に説いていた（宣伝していた）ことは、『大岡実録観世音利生記』[3]からみてもあきらかである。ただ、それも幕末ないし近代の書写であり（巻末によれば原本は文化一二年（一八一五）以前に存在したらしいが）、いずれにせよ中世にさかのぼってもそれが甲賀の地にあったかどうかというと、それには確かな証拠がない。

『大岡実録観世音利生記』は甲賀三郎の末裔を称する旧家・望月家に伝えられた「諏訪の本地」（いわゆる望月善吉本）[4]の本文ときわめて近い[5]、その望月家本「諏訪の本地」にしても近世末または明治初年の書写であり、原本は「元禄以前まで遡る」[6]ともいわれるが、それにしても中世までさかのぼって甲賀ないし望月家に伝来したものかといえば、どうにも確実なことは言えない。筑土鈴寛が考えたように大岡寺の甲賀三郎兼家の縁起が信州の諏訪へ運ばれ、甲賀三郎諏方の物語として再生されたとするならば、その運ばれた時期は『神道集』所載の「諏方縁起事」の成立以前とい

うことになる。しかし、『近江国輿地志略』や『大岡実録観世音利生記』を手掛かりとするだけでは、それを『神道集』以前にまでさかのぼらせるのはたぶん難しいのではないだろうか。(7)

筑土鈴寛が、甲賀に伝わった兼家の物語を原作《オリジナル》、信州の諏方の物語をそのリメイク版とみて、そうした伝播の構図を説いてからしばらく経った頃、柳田國男も「甲賀三郎の物語」(8)と題して諏方と兼家との二つの系統の成り立ちを論じた。柳田はそれを「伝承者の信仰系統の差」にあったと説く。

信州の御本社の周囲を占領したものが、主として素朴なる信者の支持を得て生命を保ち、他の一方の中央形勝の地に運び入れられたものは、繁栄したとは言ひながらも、早く其職場を芸術の徒に譲らなければならなかつた

柳田のいう「信州の御本社の周囲を占領したもの」は諏方系、「中央形勝の地に運び入れられたもの」が兼家系である。柳田は兼家系の物語も諏方の物語も「本来明らかに一つであった物語」ととらえ、二つの系統に先行する原作《オリジナル》の存在を想定した。その原作《オリジナル》をもとにして、甲賀の地に居住する「一種の語部」らが隣国・若狭の高懸山を舞台とする魔王退治譚を採り入れて改作したのが兼家の物語であると説く。また、そうした改作とは別に、東国で神道集の成立に関わった僧たちが東国と京都とを往来するなかで信州に運び込まれた(「逆輸入」(9))ものが諏方の物語になったとの見方を示した。

筑土鈴寛と柳田國男の見解を簡略な図にあらわすとおよそ次のようになるだろう。

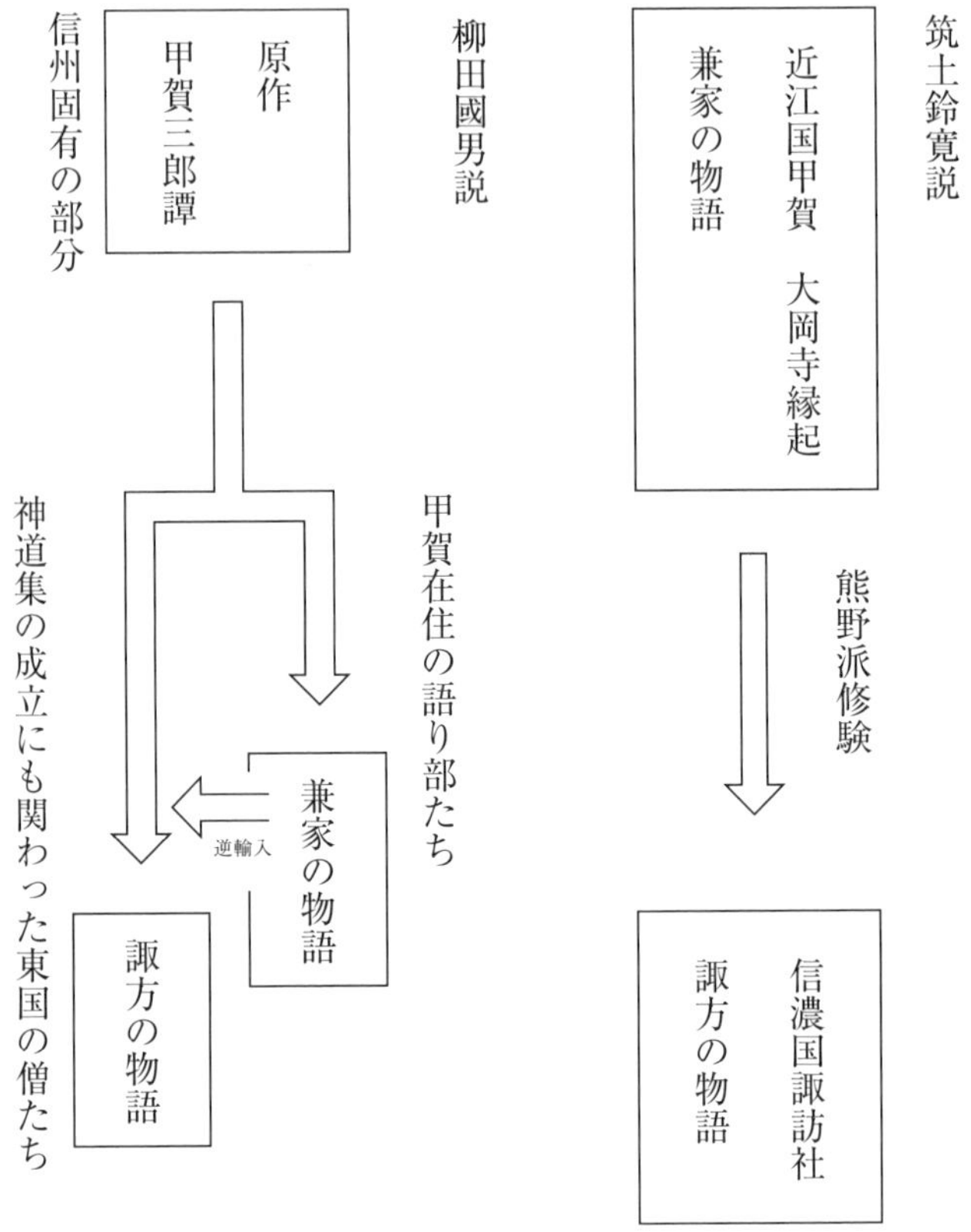

筑土鈴寛の説明にしても柳田國男の説明にしても、けっしてじゅうぶんな考証ではない。あえて批判的に言えばすべて憶測の話である。それは研究史的な限界と言わざるを得ない。

諏方と兼家との二つの系統の成り立ちについて、確たる学術的な考証の嚆矢といえるのは昭和三七年（一九六二）

頃から始まる福田晃による一連の論攷とその展開だろう(10)。福田は甲賀地方や信州に展開した望月氏による修験的な活動に注目し、結果としてそれは筑土説を発展的かつ実証的に継承したものとなった。考証の詳しい経緯はさておき、福田自身は最終的に次のような図解を示した。

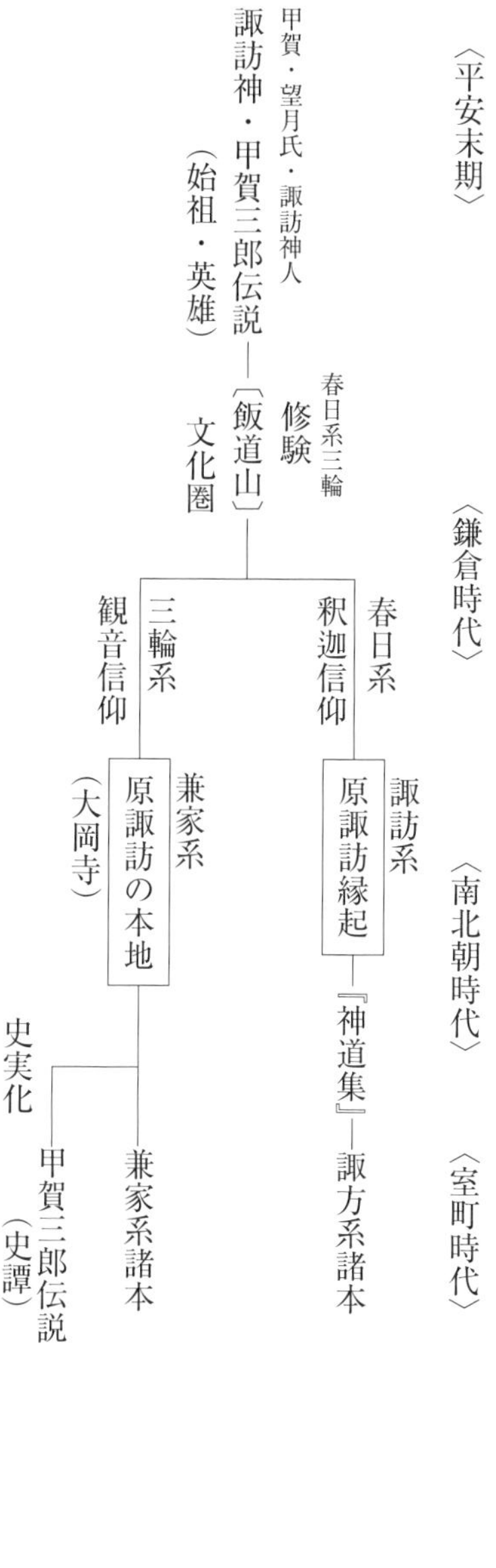

福田晃『甲賀忍者軍団と真田幸村の原像―甲賀三郎物語を歩く―』(11)より

その甲賀の望月氏と信州の望月氏との関係について、福田は次のような見解を説く。

私は、信州望月氏と甲賀のそれとを単に血縁による同族集団とは考えない。（中略）かくして、修験派諏訪神人なる信州滋野望月氏と甲賀の陰陽師系ヒジリの一なる甲賀三郎の後胤たちの邂逅は、諏訪信仰と甲賀三郎譚のそれともなった。すなわち、甲賀三郎譚の管理者なる甲賀ヒジリの一流は、やがて諏訪縁起の管理者に成長することとなったのである。

（福田晃『神道集説話の成立』第二篇第四章「甲賀三郎譚の管理者㈢」）

福田晃による一連の論攷が展開されてからしばらくして、松本隆信は御伽草子研究の見地から兼家系と諏方系の本文の比較を始めた。松本自身が「「神道集」の甲賀三郎物語が甲賀地方で行われていた伝承の移入、改作であるとする推定が正しければ」「甲賀の兼家系物語が信州の側で諏方系の形に改められたのだとすれば[12]」と前提するように、それも筑土説を継承したところにある。

諏方系の伝本は、最古の天正本が、古くから神楽をもって諏訪神社に仕えてきた茅野家に伝わっていたのをはじめ、江戸後期の多数の写本の大部分が、信州の諏訪信仰圏の中で成立している。そして、この系統の伝本には、絵巻や奈良絵本のような御伽草子風の本がなく、いずれもこの地方の人々の間に伝えられてきたものを筆録した、きわめて素朴な体裁の本なのである。

これに対して、兼家系の方は、天文本や横山本のような絵巻や絵入本（横山本も絵巻をもとに写したものらしい）が存し、正保三年の子浄瑠璃「すわの本地兼家」も兼家系の伝承によっているのを見ても、早くから中央にも知られていた如くである。（中略）　縁起の内容には地方色が全く無い。

（松本隆信「中世における本地物の研究㈢」）

さらに松本は「諏方系の整った形を、兼家系のように改作したとするのは妥当ではない[13]」と述べ、新潮日本古典集成『御伽草子集』に所収された「諏訪の本地　甲賀三郎物語」の解題にいたって「兼家系の方が原型で、『神道集』

系統のものは、その改作であろうと考えられる[14]」と、つまり筑土説を完全に踏襲した見解を示している。

こうした筑土説からの流れに一石を投じたのは金井典美である。金井はどちらかといえばやや在野的なスタンスから、筑土説とはまったく異なる考察を述べた。

先に諏訪神社下社との関係のもとに近江の甲賀において成立し、その後それに対抗するような形で、京都における上社系の諏訪神人が、意識的に主人公の名を諏方と改め、菩提寺を釈迦堂にかえたほか、全般に大きく手を入れたのが、諏方系の諏訪縁起、それも安居院『神道集』のそれではなかったろうか。

（金井典美『諏訪信仰史』[15]）

ちなみに金井の説を図にあらわすとおそらく次のようになるだろう。

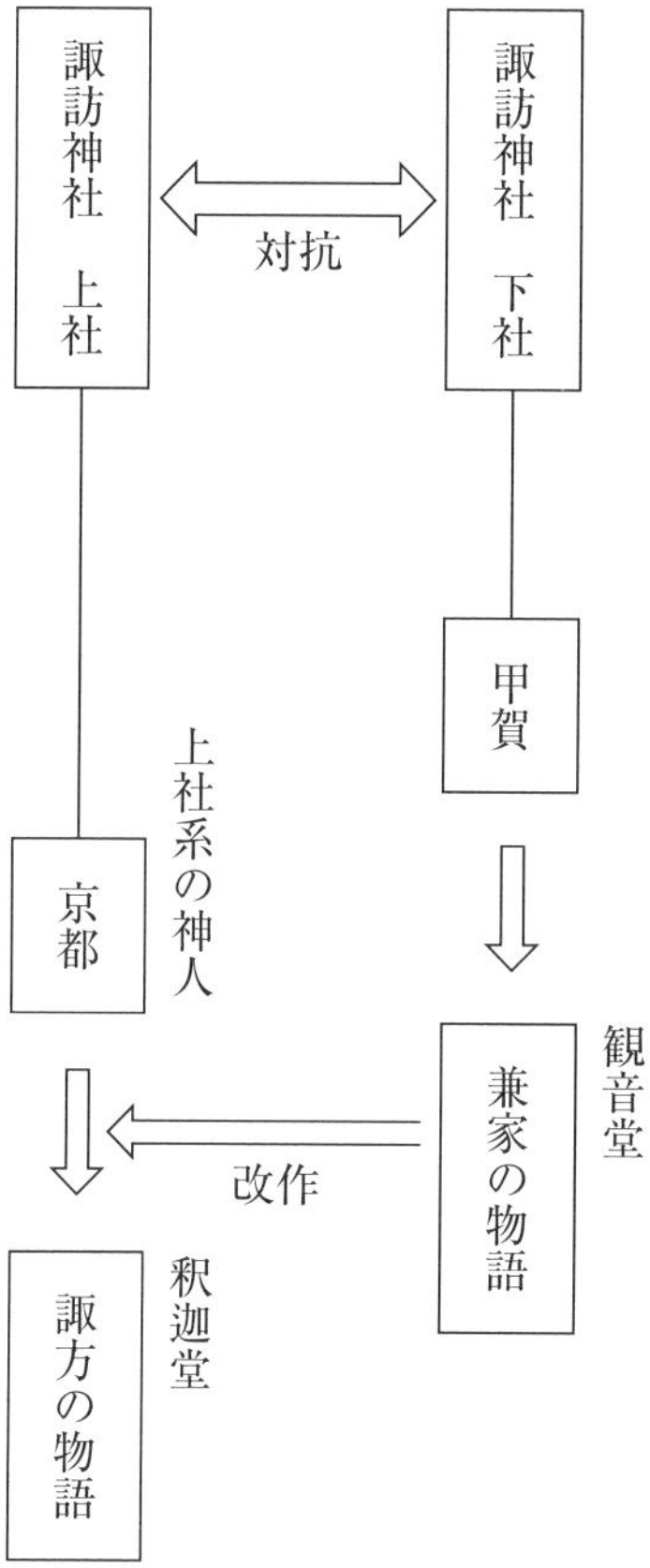

しかしながら、本書においてたびたび述べてきたように（それが本書のスタートラインでもある）、そもそも「大祝」という思想がまったく描かれない甲賀三郎の物語は、諏訪の本社、とくに上社にとってはとうてい容認できない、いわば異端の神話である。上社の大祝に連なる諏訪円忠は、諏訪のさまざまな神話を掻き集めた『諏訪大明神画詞』に甲賀三郎譚を採用しなかったのである。金井が説くような「京都における上社系の諏訪神人」が存在したとして、それが甲賀三郎諏方の物語を創り出すなどということが果たしてあり得るだろうか。

こうして研究史をたどると、おおむねのところでは「兼家系のほうが原型もしくは原型に近い」「兼家系は甲賀で創られた」という説明になるようである。ただし、その兼家系からさらにさかのぼる原型がどこで創られたかということ、それぞれの見解は異なる。筑土は原型そのものからして甲賀で成立したと考えたようである。福田も、完全にそうとは言い切らないが、おそらく筑土に近い考えだったのだろう。ところが、柳田は「信州固有の部分」があることを示唆し、「信州へは逆輸入であつたろう」とも述べていた。[16]また、松本は兼家系において甲賀三郎と姫宮が天竺から日本国へ帰還し、浅間嶽のなぎの松原に神として現れて、さらに三郎の次代の三人の王子たち葛藤の物語までを「信州を舞台とする一つの物語」と位置付け、「兼家系のここの部分は、信州側の伝承であったと思われる」との見方を示した。[17]

さて、本書では、第三章と第四章において、諏方系の「諏訪縁起」がなにかと蓼科山に縁《えにし》を求めることに注目してきた。蓼科山麓の雨境峠の祭祀遺跡、そこから春日郷を経て望月郷へと下る修験の古道（役行者越え）、さらに春日郷と新海三社神社を結ぶ神秘の往還路（新海道）、そして甲賀三郎こと諏方大明神の〝第三夫人〟となる西上州・貫前の抜鉾大明神との通い路（田口峠越え）を行き交うものたちの情景として、そこに諏方系「諏訪縁起」の生成を読み解いてみた。

諏方系が甲賀三郎諏方の地底入りと帰還の地として「蓼科山」にこだわりを見せたのに対して、兼家系はそうしたこだわりを浅間山麓の「なきの松原」に求める。さらに、やがて天竺から帰国した甲賀三郎兼家は、姫宮をともなってふたたび「なきの松原」へ。そして現人神となる。そこから甲賀三郎兼家の三人の王子たちの葛藤の物語が始まる。

三郎王子は兄である太郎王子と次郎王子を超えて惣領となる。かつての甲賀三兄弟のごとく、次世代においても三人の兄弟の確執が繰り返される。それは、松本隆信が言うように信州を舞台とする一つの物語であり、いわばもう一つの甲賀三郎の物語[18]。あるいは神話の欠片というべきか。

正統なる諏訪信仰にとっては容認されるはずのない縁起が、なぜこうも執拗に再生されるのか。「なぎの松原」から始まる〝もう一つの甲賀三郎物語〟を復元し、そこに兼家系の甲賀三郎神話の生成を促した「在地の風景」を読み解いてみたい[19]。

二　浅間の嶽、なぎの松原

兼家系の伝本によれば、三三年の歳月を経て地底の国から帰還した甲賀三郎は「日本の国、あさまのたけ、なきの松原」(大永本)[20]に姿を現したという。それはけっして偶然の地ではない。「我〱か狩してかへりたりし、なきの松原なりける」(大永本)、「我等狩して帰りたるなきの松原にこそ」(天文本)[21]、「さてもこの所は、われらか、かりしてあそひたる所なり」(赤木文庫本)[22]ともあるように、「なきの松原」は甲賀三郎にとってもともと所縁の深い狩庭だったらしい。故郷の甲賀に帰還した甲賀三郎は二人の兄たちを追討し、兄たちは自害。三郎は甲賀の妻子と別れ、三輪の姫宮とともにいったんは天竺へ渡るが、ふたたび日本国へ戻り信濃国浅間山の「なきの松原」で現人神となる。蓼科山にその縁《えにし》を求める諏方系に対して、兼家系はそのこだわりを「なきの松原」に求めようとする。その「なきの松原」とはどのようなところなのか。

まず、信州浅間山麓の「なきの松原」という地名は、永仁四年（一二九六）以前に明空が撰集したとされる『宴曲抄 上』(23)に見られる。このあたりがたぶん文献上の初出だろう。

未《まだ》染やらぬ紅葉ばの　薄紅の臼井山　思ふどちは道行ぶりもうれしくて　いかでわかれむ離山の　其名もつらし過なばや　雲間にしるき明方の　浅間の煙《けぶり》にまがふは　高根に残る横雲の　跡よりしらむしのの目　日影のどけく莫の松原はるばると　へだつる方や葛原の　里より遠《をち》の程ならん（『宴曲抄 上』所収「（善光寺修行）同次」）

鎌倉を出立し、上州板鼻、松井田までの途次を歌うのが「善光寺修行」。「同次」はその続きで、臼井山（碓氷峠）を越えてきて浅間山の麓から望月、海野、姨捨山、そして善光寺に至る参詣の道を歌いあげる。

あるいは、宴曲とほぼ同じ頃に、おそらくそれとも近い環境で成立した真名本『曽我物語』でも、源頼朝の浅間の狩庭めぐりで、その名所の一つとして「那城の松原」があげられる。

その後は、三原の狩倉どもを見むとて、三箇日は御逗留あり。浅間の麓離山、小松の手向、那城の松原、年は行けども三子沢、甲賀三郎諏方の維縵国より出されたりし神出山の奥、置部の松原、借屋戸、縵持坂、処々を見るこそ珍重《やさ》しけれ。（真名本『曽我物語』(24)巻第五「三原・長倉の狩」）

長野原町狩宿（南木原）の諏訪神社

小島瓔礼は『曽我物語』に関する論攷のなかで「ナギの松原」と「神出山」に注目し、甲賀三郎譚についても言及していた[25]。小島は兼家系伝本を「信濃の地理にずさん」としつつも、「ナギの松原」については「山《(浅間)》の東側にあった」「街道《(東山道)》から、かなり山中深くはいった場所」と推定し、そこが甲賀三郎譚の「重要な中心地」だったのではないかと考えた。

小島瓔礼は「なきの松原」の具体的な比定地を特定することができなかったが、それは浅間山の東麓から北麓にかけて広がる高原に実在した。安永三年（一七七四）に毛呂権蔵が著した『上野国志』[26]によれば吾妻郡の項に「南木原」がある。

南木原　六里の原と云、浅間の東麓なり、頼朝卿建久四年三月、信濃三原に狩し玉ふは此地なりと云

南木原は浅間山の東麓から北麓にかけて広がる高原の原野である。江戸時代には南木山とも六里ヶ原ともよばれ、

現在でも北軽井沢（群馬県吾妻郡長野原町）の高原に「南木山《なぎさん》」の古名が伝わる。

三　なぎの松原の諏訪信仰と海野修験

鎌倉時代のはじめ頃、この地域に並々ならぬ意欲を示したのは海野幸氏である。海野氏は信濃国小県郡海野郷（長野県東御市本海野）を本貫として、かつては木曽義仲軍の一翼を担っていた。幸氏は義仲の子・志水冠者義高に近侍し、義高の鎌倉逃亡の際にはその身代わりとなって鎌倉に留まり、後に頼朝の御家人となった。それ以降、『吾妻鏡』には弓箭の名手としてたびたび登場する。『吾妻鏡』(27)建保四年（一二一六）一〇月五日条によれば、その海野幸氏が上野国三原の境界の争議について将軍実朝に訴え出たという。

将軍家、諸人庭中に言上する事を聞かしめたまふ。海野左衛門尉幸氏、上野国三原堺以下の事を申すと云々。

おなじく『吾妻鏡』仁治二年（一二四一）三月二五日条によって、争議の相手が甲斐源氏の武田信光だったことがわかる。

海野左衛門尉幸氏と武田伊豆入道光蓮と相論する上野国三原庄と信濃国長倉保との境の事、幸氏が申すところその謂あるによつて、式目に任せて押領の分限を加へ、沙汰し付くべきの旨、伊豆前司頼定・布施左衛門尉康高等に仰せ含めらるること、先にをはんぬ。

建保四年の提訴から二五年。浅間山麓三原野の境界争議の判決は海野幸氏の主張を認めるものとなった。

海野氏は、祢津氏、望月氏と並んで、いわゆる滋野三家として知られる東信濃の名族である。『続群書類従』所収「信州滋野氏三家系図」(28)によれば、清和天皇の第四皇子・貞保親王の皇孫とされる善淵王が平将門討伐の功によって滋野の姓を賜ったという。その子孫が滋野三家であるとする。

善淵王　従三位

延喜五年始賜滋野朝臣姓。母大納言源昇卿女。滋野氏幡者月輪七九曜之紋也。此幡者。善淵王醍醐天皇御時賜之。(中略) 平真王《マヽ》将門退治中。楯籠宇治之時。善淵王為大将。賜御幡馳向。遂合戦得勝利。追下将門於関東。其時初賜滋野姓。被任従三位。其子孫海野。望月。祢津。是滋野三家号。望月紋日輪七九曜。海野六連銭。州浜也。

善淵王の子・滋氏王が信濃守に任じられ、その子が為広、その子が為通、その三子が則広、道直、広重と三家に分かれ滋野三家の祖とされる。

則広――重道――広道 海野小太郎
　├道直 祢津小二郎
　└広重 望月三郎

（『続群書類従』所収「信州滋野氏三家系図」より抄出）

もちろん善淵王が平将門を討伐したという逸話は歴史的な事実ではなく、系図自体が歴史学的には信憑性の低いものと言わざるを得ない。しかし、福田晃は、そうした滋野三家の系図にこそ「鎧の袖口から不思議な素性がのぞかれる[29]」と説く。福田は、海野氏に「盲人の系譜」、望月氏に「馬の家とお白神」、祢津氏には「鷹の家と信濃巫」という、滋野三家のそれぞれに連なる巫祝の系譜を解き明かし、そうした巫祝者たちのなかに甲賀三郎譚の管理者の姿を見出そうとした。

滋野三家は、たとえば海野氏が白鳥明神を氏神としたように、三家ごとにそれぞれの神を祀りつつ、その結束の象徴としては諏訪大明神を信奉し、〝神〟を姓とする諏訪神党の中核を担っていた。福田の論証の細部には研究史的な限界と言わざるを得ない部分も少なくはない。それにしても甲賀三郎伝承の管理者を諏訪の本社ではなく、その傍流もしくは周辺ともいえる滋野三家（に連なる祝巫集団）に求めようとしたことは、さすがに卓見と言えるだろう。

そうした滋野氏三家の太郎家にあたるのが海野氏である。海野氏は信濃国小県郡の海野郷を本貫地としつつ、前述の『吾妻鏡』に記されたように鎌倉時代にはすでに信濃から浅間山麓の国境を越え、上州の三原野へ進出しようとしていた。その進路は中世を通じて海野氏に受け継がれ、西上州・吾妻には海野氏の支流を称する小豪族たちが割拠するようになる。戦国時代には信州小県郡の真田氏も海野氏の一門を自称し、鳥居峠を越えて吾妻郡へ進出した。岩櫃城（群馬県吾妻郡東吾妻町）を攻略し、利根郡（沼田城、名胡桃城）へと勢力を進めてゆく。

江戸時代前期に上州沼田藩真田家の遺臣・加沢平次左衛門が著した『加沢記』[30]は、その冒頭に海野氏、真田氏、そして浅間・四阿に割拠する地侍たちの系譜を明かしている。

> 昔時海野氏と申は、人王五十六代清和天皇第五皇子貞元親王と申奉る、御母は二条の后贈太政大臣正一位長良公の御女也、正平年中貞元親王蒙レ勅関東御下向之時、始て滋野姓を賜り、位任二四品一号二治部卿一、信濃国司を賜り、彼国に御下向有て、小県郡海野庄に住給ふ、（中略）御子壱人御座候、始て海野小太郎滋野朝臣幸恒と号、幸恒に三子有、或時幸恒御父子打連給て武石の山中に遊猟の時千曲川辺にして御領の地を分譲給へしとて、長男幸明は御嫡成けれは海野小太郎と号、仲を祢津小次郎真宗と号、季を望月三郎重俊と名付給（中略）幸明の御孫幸盛舎弟を下屋将監幸房と号、上州吾妻郡三原と云所に住給ふ、鎌原氏・西窪氏・羽尾氏等の先祖是也
>
> （『加沢記』巻之一「滋野姓海野氏御系図附真田御家伝之事」）

この系譜では滋野氏の祖を『信州滋野氏三家系図』のような貞保親王ではなく、その兄宮にあたる貞元親王とする。[31]貞元親王が滋野の姓を賜って信濃へ下向。その子が海野幸恒。海野幸恒に三子があって海野幸明、祢津真宗、望月重俊。それぞれが滋野三家の祖となる。西上州の下屋氏、鎌原氏、西窪氏、羽尾氏らはいずれも海野氏の末裔であるという。あくまでも海野氏を主流とした系譜である。

注目したいのは海野幸恒の曾孫にあたる海野幸盛の弟とされる下屋幸房。この下屋幸房が吾妻郡の三原に住して、鎌原氏、西窪氏、羽尾氏らの祖になったとされる。下屋氏、鎌原氏、西窪氏、羽尾氏らはいずれも戦国時代から近世前期にかけて吾妻郡に割拠した豪族である。とくに下屋氏は南北朝時代頃から四阿山（群馬県吾妻郡嬬恋村）と浅間山北麓一帯の修験を支配した。いわゆる「下屋修験」の宗家として吾妻郡の各地に旦那職を広げ、江戸時代までこの地域における海野氏一門の本家としての権威を保っていた[32]。

吾妻に割拠した地侍たちが歴史的事実として海野氏の支流だったかどうかは、本書ではさておく。少なくとも、そう自称したほうが在地支配の正当性やら何やらで都合がよかったのだろう。彼らは海野氏の支流を称し、その氏神として諏訪大明神を祀った。三原野・吾妻では村郷ごとに諏訪神社が鎮守とも氏神とも祀られ、諏訪信仰が広く深く展開する。そうした諏訪神社の祭祀を管理したのも海野氏に連なる系譜を携えた修験者たちだった。

たとえば、林村（群馬県吾妻郡長野原町林）の王城山神社は、江戸時代までは諏訪神社として祀られていた。その別当・大乗院の浦野氏は本山派の修験を継承して三原野を含む西吾妻二八ヶ村の霞を治めてきた。明治の廃仏毀釈を受けて神職となり、諏訪神社は王城山神社と改称されたが、かつての霞二八ヶ村では引き続き諏訪神社の祭祀を管掌している[33]。浦野氏といえば信濃国小県郡浦野（長野県上田市浦野）を本貫地と伝え、滋野三家のうちでは祢津氏の支流を称するのが一般的である。ところが西吾妻の浦野氏は海野氏の支流であることを主張している。そうしたあたりにも、吾妻における〝海野氏系の諏訪信仰〟の展開が伺われるだろう。

甲賀三郎こと諏方大明神が地上への帰還を果たした聖地。天竺から帰国し現人神として垂迹した聖地。やがて三人の子をなしてから諏訪へ遷るまで宮処として暮らした聖地。それが「なきの松原」である。「なきの松原」こそ吾妻に浸透した〝海野氏系の諏訪信仰〟にとっての重要な中心地だったにちがいない。

長野原町林の王城山神社

　ところで、浅間山の麓に甲賀三郎の縁を伝えたのは兼家系の伝本だけではない。諏方系諸本でも甲賀三郎が地上に帰還した場所を「信濃国浅間　巓《ノイタヽキ》」（『神道集』）といい、あるいは「しなのゝくにゝさくのこをり、あさまよりにし、おゝぬまやまのふもと」（茅野本）[34]とも伝えている。「おおぬま」は浅間山の南西の麓にある真楽寺（長野県北佐久郡御代田町塩野）の境内の池がその故地とされる。浅間山の山頂と南西の麓とでは、浅間山という点だけが大雑把に共通しているに過ぎない。しかも地上に帰還した三郎諏方はそこからさっさと蓼科山へ向かってしまう。諏方系の物語はそれほど浅間山に関心を示さないのだろう。甲賀三郎諏方にとって重要なのはあくまでも蓼科山なのである。

　浅間大明神の本宮はかつて浅間山の山腹に祀られていたが、天明三年（一七八三）の大噴火によって消失し現存しない。浅間大明神では信州塩野の真楽寺と上州鎌原（群馬県吾妻郡嬬恋村鎌原）の延命寺とがそれぞれの国での別当を務めていた。鎌原忠司家に伝えられた享保八年（一七二三）の奥書を識す『上州浅間嶽虚空蔵菩薩略縁起』[35]によれば、浅間大明神はもともと諏訪の上社を勧請したものとも伝える。

人王五十六主、清和天皇第三の皇子に、貞元親王四代の後胤鎌原石見頭源幸重此所に居住す。強盛勇力の建士たり。然るに幸重日夜殺生を好み山野を狩暮し、猪、鹿、猛熊を屭割（中略）諷《サテ》又信濃国上諏訪を勧請したる旧地有り。諏訪の社を建浅間大明神と崇奉る。社頭尽頽被に逮べり。此の謂によつて氏子共、四足二足を食しても直ちに浅間に参詣す。

清和天皇の第三皇子・貞元親王の後胤に鎌原幸重。滋野氏に倣った系譜である。鎌原氏は前掲の『加沢記』でも吾妻に割拠した海野氏の支流としてあげられている。室町時代から本家筋にあたる下屋氏を凌いで西吾妻の実質的な領主となり、近世には沼田藩真田家の宿老として三原野を知行した(36)。三原海野氏の最右翼ともいうべき家である。鎌原氏の氏祖とされる鎌原幸重について、戦国時代に同名の武将は実在するが、おもな官途名は宮内少輔であって石見守を称したことはない。真田昌幸に与して上州攻略の先手を担っていた。鎌原石見守というのも存在したが諱は重宗である。沼田藩主真田信吉に仕えて大阪の陣に従軍している。ようするに鎌原石見守幸重というのは、そうした鎌原氏を代表するような人物からイメージされた伝承的な氏祖とみたほうがよいだろう。

鎌原幸重は「日夜殺生を好み山野を狩暮」す者だった。それで狩りを罪業としない信州上諏訪の諏訪大明神を勧請し、当地にては浅間大明神として祀った。浅間大明神の本地・虚空蔵菩薩は諏訪の御射山に祀られる本地と同体ということになる。この由緒によって氏子たちも浅間大明神への参詣には肉食を忌まないという。諏訪の鹿食の思想に倣う信仰である。

狩人による祭祀のはじまりは熊野権現の千代包や宇都宮明神の小野猿丸が著名である。甲賀三郎も何かと狩りを好む。彼らは神の狩庭の祭祀者であり、ときに神の子孫であり、ときに神の前世そのものである。鎌原幸重という人物も、そうした狩人による祭祀の始まりを説く伝承の一つとして位置づけられるべきだろう。

浅間大明神が甲賀三郎諏方の維縵国の妃であるにせよ諏訪の上社なる甲賀三郎本人であるにせよ、その根底には浅間・なぎの松原を諏訪大明神の聖地（聖なる狩庭）とした在地の信仰風景が透けて見えるのである。

そういえば、真名本『曽我物語』には浅間の狩庭の名所の一つとして「甲賀三郎諏方の維縵国より出されたりし神出山の奥」が挙げられていた。現存の諏方系伝本には「神出山の奥」のことは書かれていないが、未だ知られない伝本にあったか、あるいは諏方系の伝本にも載らなかった伝承の欠片かもしれない。

四　真名本『曽我物語』に描かれた海野氏の名誉――諏訪大明神の狩庭――

建久四年、その甲賀三郎のゆかりの狩庭で源頼朝が狩りを催した。真名本『曽我物語』によれば、そのとき浅間山の麓で狐が鳴いたという。梶原景時と海野幸氏がそれを連歌に詠んだ。

離山の腰を打通らせ給ふ折節、狐が鳴て走《は》せ通りけるを、梶原聞きも敢えず、「浅間に鳴ける昼狐かな」と口遊みしたりければ、信濃の国の住人海野小太郎行氏聞きも敢えず、「忍びて（も）夜こそ来うと云ふべきに」と付けたりける。手の人々これを感じて詠みけるとかや。

忍びても夜こそこうといふべきに

あさまに鳴けるひるぎつねかな

とありければ、鎌倉殿御感有て御秘蔵の御馬二疋を引かれ、名をば大黒・小鴾毛とぞ云ひける、連歌の引出物にせむとて、大黒をば海野に賜り、小鴾毛をば梶原に賜びにけり。時に取ては面目極りなくぞ見えける。

（真名本『曽我物語』巻第五）

梶原景時は「浅間に鳴ける昼狐かな」と口ずさむ。海野行氏《幸》が「忍びても夜こそ来うと云ふべきに」と付けた。頼朝は秘蔵の名馬二匹を引かせ、連歌の引出物として海野には「大黒」、梶原には「小鴾毛」を与えたという。同じく『曽我物語』でも仮名本系諸本では「あさまの昼狐」を詠んだのは愛甲三郎とされる。それも連歌ではなく和歌である。夏の野に狐が鳴く。仮名本はそれを不吉という。誰か不吉を祓う歌を詠め。頼朝の求めに応じて梶原景季は愛甲三郎を推挙する。頼朝は和歌の褒美として愛甲三郎に上野国松井田の三百余町を与える。

よく似た話は『沙石集』（米沢本）巻第五末ノ二にも「昼狐」と題して載せられている。ここでは頼朝と梶原による連歌である。「鎌倉右大将家、御狩の時」とあるから、建久四年の狩庭めぐりのときの逸話である。ただ『曽我物語』では「あさまに鳴ける昼狐かな」とあるところを、『沙石集』では「白けて見ゆる昼狐かな」と詠んでいるから、かならずしも浅間の狩りが舞台になっているかどうかは特定できない。那須野の狩りかもしれないし富士野の狩りかもしれない。

『菟玖波集』巻第一九にもよく似た連歌が載せられている。連歌の作者を頼朝と梶原として狩りの場を浅間山に特定しないことも『沙石集』と同様である。

梶原景時といえば鎌倉幕府草創期の重臣の一人である。そして讒言ばかりの佞臣といったイメージで知られている。しかし、真名本『曽我物語』は梶原をそれほど悪し様には描かない。どちらかといえば彼の機知を認め、あるいは猪口才ぶりによって狂言まわしのような役割を担わせている。たとえば、巻第五では頼朝の尋ねに応じて狩りの罪業ならざる由緒を披瀝しながら、鷹狩については畠山重忠に言い負かされる。畠山重忠による鷹語りを導き出すためのトリックスターである。また、巻第六では頼朝が宇都宮朝綱のもてなしを褒めると、これはすべて宇都宮の女房の賢きゆえと、梶原はとりあえず一言でも口を挟まずにはいられない。そうして頼朝による宇都宮の女房への絶賛を導き出すことになる。

浅間の狩庭においてもおなじことが言えよう。梶原の猪口才な歌ぶりが海野の名誉を導き出す。『吾妻鏡』では「文筆に携はらずといへども、言語を巧みにするの士なり」(治承五年正月一一日条)と評されように、梶原景時の才覚は和歌や連歌にも及んだらしく、頼朝の発句に梶原景時が次の句を付け合わせた逸話も多い。昼狐の連歌のほかにも、たとえば、文治五年の奥州討伐における「名取川」の連歌(『沙石集』巻第五末ノ二、『源平盛衰記』巻第三七)や、建久元年の頼朝上洛の際の橋本宿での連歌(『吾妻鏡』建久元年一〇月一八日条、『増鏡』第二「新島守」)などは著名である。そうした梶原のイメージからいえば、『沙石集』や『菟玖波集』において彼が頼朝の謎かけを解き、昼狐の連歌を詠んだ逸話もしっくりくる。

いっぽうの海野行氏《(幸)》は、かつて木曽義仲の嫡子である志水冠者義高に仕えていた。『吾妻鏡』元暦元年(一一八四)四月二一日条によれば、海野幸氏と義高は同年であったという。義高が頼朝の娘の大姫の婿となって鎌倉へ赴いてから海野は常に義高の傍らにあり、義高が鎌倉を出奔するときには主の身代わりとして鎌倉に残る。義高の逃亡が露見すると海野は捕らわれるが、後には頼朝に仕えるようになる。四年後の文治四年(一一八八)三月一八日には鶴丘八幡宮の臨時祭において諏訪盛澄とともに流鏑馬の射手を勤める。以後、『吾妻鏡』には弓の名手としてたびたび登場し、嘉禎三年(一二三七)七月一九日条では頼朝に仕えた「八人射手」の一として執権・北条泰時の求めに応じて弓箭の奥義を講じている。それでも三浦氏や千葉氏、和田、梶原、北条、畠山らといったような幕府草創期からの御家人たちとは違う。幕政に重きをなしたわけではなく、弓箭の故実に通じた一御家人芸に過ぎない。

機知才覚をもって知られる梶原景時が、真名本『曽我物語』にかぎって、海野行氏《幸》の引き立て役となる。梶原にはこの直後で赤城山の連歌によって武蔵国玉河七郷を賜るという単独の名誉譚があるから、常に引き立て役やトリックスターに甘んじているばかりではない。ただ、海野との対照においては、あきらかにそうした傾向が意図されているようである。浅間における昼狐の連歌や利根川の大渡での隅田川の和歌は、海野と梶原が立ち並ぶ名誉話ではない。あくまでも海野氏の名誉として構想されたものであることを、まずは押さえておきたい。

昼狐の連歌の作者の一人として海野行氏《幸》を配した真名本『曽我物語』のほうがむしろ変則的で、だからこそそこに真名本『曽我物語』の〝意図〟が感じられる。頼朝は二人を称賛して秘蔵の名馬を与える。海野に贈られた名馬の名は「大黒」、梶原には「小鴾毛」だった。大と小の名付けの違いに格付けの違いが見られる。微妙ではあるが見過ごすことはできない。

浅間山麓の狩りを終えた頼朝一行は上野国へ入る。利根川の大渡にさしかかり、この処をかつて在原業平が都鳥に言問うた角田河（隅田川）の名所とみて、梶原景時と海野行氏がその故事を踏まえた和歌を詠む。

大渡にも付かせ給へば、これやこの在中将業平の都鳥に言問ひし名河ぞかし。鎌倉殿は河原に振り仰きて御目を省らせ給ふ折節、梶原、

すみだ河渡る瀬ごとに事とはん昔の人もかくや有けん

海野小太郎行氏も、鎌倉殿の御後に引へたりけるが、

すみだ川瀬々の岩越す浪よりも久しかるべき君が御代哉

鎌倉殿は歌の引出物せんと仰せられて、梶原には駿河の国に久能拾弐郷を賜びにけり。海野には越中の国に宮崎十八郷を賜びにけり。

すでに浅間山を離れ、利根川の大渡（群馬県前橋市大渡町）まで来ているが、ここでの和歌と賜領の逸話によって浅間山麓三原野での狩庭めぐりの完遂と読むべきだろう。

頼朝は二人に褒賞として所領を与えた。海野に越中国宮崎一八郷、梶原には駿河国久能一二郷である。この際、国の遠近や土地柄は問題ではあるまい。海野への褒賞のほうが梶原への褒賞よりも数字の上では大きい。それで充分に意味がある。梶原の「小鴾毛」に対して海野への「大黒」、梶原の一二郷に対して海野への一八郷。海野への褒賞は常に梶原よりも一段優位に位置付けられるのである。

浅間の狩りをめぐる梶原と海野の歌の名誉は、梶原をトリックスターもしくは引き立て役とした海野氏の名誉譚だった[37]。浅間の狩りの終始、海野幸氏は頼朝の傍に控えていた。浅間の狩りのホスト役である。浅間の狩りは頼朝による諏訪大明神の祭祀（狩祭）であり、海野に与えられた名馬や所領は、在地の祭祀者である海野を通じての浅間に祀られる諏訪大明神への奉幣の意味を持つことになる。そのあとに続く那須野の狩りにおける宇都宮朝綱とその妻女への褒賞にも同じ仕組みが指摘できる。宇都宮氏は宇都宮明神を祀る家であり、那須野は宇都宮明神と小野猿丸にゆかりの狩庭だった。

「なきの松原」から地上に現れた甲賀三郎は、天竺より帰国すると、ふたたび「なきの松原」へと戻ってくる。「なきの松原」にて彼は「あら人神」となる。神が諏訪へお遷りになる前、神はこの地に鎮まっていた。それは在地における（海野氏と関わる）諏訪信仰の矜持だったに違いない。「なきの松原」を舞台とする甲賀三郎の物語は、そうした在地の風景の中に説き起こされたのだろう。

注

（1）筑土鈴寛「諏訪本地・甲賀三郎―安居院作神道集について―」（『国語と国文学』六―一、一九二九年。『筑土鈴寛著作集 第三巻 中世・宗教芸文の研究一』所収、せりか書房、一九七六年）

（2）『近江国輿地志略 第二巻』（大日本地誌大系三〇、蘆田伊人編集校訂、雄山閣、一九七一年再版）

（3）成城大学民俗学研究所所蔵（柳田国男旧蔵）。中野真麻理の解題によれば幕末ないし近代の書写と推測される。中野真麻理「成城大学民俗学研究所所蔵『大岡実録観世音利生記』について」（『調査研究報告』二〇、国文学研究資料館文献資料部、一九九九年）

（4）福田晃「望月善吉氏所蔵「諏訪の本地」」（『伝承文学研究』二、むつひ会、一九六二年）

（5）前掲注（3）中野真麻理論文

（6）前掲注（4）福田晃解題

（7）そもそも筑土の説明は「修験派である諏訪氏が（中略）もともとの諏訪神家にとつて代つたのである」とか「後の諏訪神家ももと〳〵は熊野出でなかつたのかと思ふ」といった思い込みを前提とするものであり、研究史的な限界は否めない。

（8）柳田國男「甲賀三郎の物語」（『文学』八―一〇、一九四〇年。後に『物語と語り物』所収、角川書店、一九四六年。『定本柳田國男集 第七巻』所収、筑摩書房、一九六八年）

（9）前掲注（8）に同じ。

（10）福田晃「甲賀三郎の後胤―甲賀三郎譚採集ノート―(上)(下)」（『国学院雑誌』六三―六、六三―七・八、いずれも一九六二年）、同「甲賀の唱門師―「神道集巻八釜神事の背景」補説―」（『伝承文学研究』三、一九六二年）、同「信州滋野氏と巫祝唱導―甲賀三郎譚の管理者をめぐって―(上)(下)」（『日本民俗学会報』三〇、三一、いずれも一九六三年）、同「諏訪縁起の成立と展開―甲賀三郎譚の成長―(上)(下)」（『立命館文学』四六〇―四六二、一九八三年、四六三―四六五、一九八四年）。これらはすべて『神道集説話の成立』（三弥井書店、一九八四年）に第二編第二章「甲賀三郎譚の管理者(一)―甲賀三郎の後胤―」、第三章「甲賀三郎譚の管理者(二)―甲賀の唱門師―」、第四章「甲賀三郎譚の管理者(二)―信州滋野氏と巫祝唱導―」、第七章「諏訪縁起の成立と展開―甲賀三郎譚の成長―」と題して所収。

(11) 福田晃編著『甲賀忍者軍団と真田幸村の原像—甲賀三郎物語を歩く—』(三弥井書店、二〇一六年)
(12) 松本隆信「中世における本地物の研究㈢」(『斯道文庫論集』一三、一九七六年。後に『中世における本地物の研究』所収、汲古書院、一九九六年)
(13) 前掲注(12)に同じ。
(14) 松本隆信「諏訪の本地　甲賀三郎物語　解題」(『御伽草子集』(新潮日本古典集成三四、松本隆信校注、新潮社、一九八〇年)
(15) 金井典美『諏訪信仰史』「諏訪御本地縁起の写本と系統」(名著出版、一九八二年)
(16) 前掲注(8)に同じ。
(17) 前掲注(12)に同じ。
(18) 白石一美は「ミニ諏訪本地」と捉える。白石一美「諏訪本地の諸問題」(『宮崎大学教育学部紀要 人文科学』七〇、一九九一年)
(19) 甲賀三郎兼家の物語は甲賀の隣国・伊賀にも伝わる。伊賀国一之宮敢国神社に伝来したと推定される横山重氏所蔵「すはの本地」(横山重編『室町時代物語集 第二』所収、井上書房、一九六二年)、甲賀三郎の本貫を甲賀ではなく「伊賀の国けてうのこほり《(郡)》」とする臼田甚五郎氏所蔵「しなの、諏訪の神伝」(古典資料研究会編『しなの、諏訪の神伝』所収、藝林社、一九七二年)などの伝本が知られている。ちなみに横山本は横山自身の解題によると「江戸時代初期に属するものか」と推定される。また、臼田本は臼田自身の解題によると「慶長元和期の写」「室町末期と見てもよいのではあるまいか」と推定された。
(20) 宮崎県えびの市大明司の大戸諏訪神社・黒木家に所蔵された「諏訪大明神御本地」(絵巻二巻、大永五年(一五二五)旧奥書、明暦四年(一六五八)再書写)。『神道大系 文学編二 中世神道物語』所収、村上学校注、神道大系編纂会、一九八九年)
(21) 鹿児島県姶良郡湧水町(大隅国)の南方神社旧神職の石川家に伝えられた「諏訪御由来之絵縁起」(絵巻二巻、天文一二年(一五四三)書写)。伝承文学研究会編『神道物語集㈠』(伝承文学資料集第一輯、寺師三千夫・福田晃解題・解説、三弥井書店、一九六七年)に解題と翻刻。林ミチ『諏訪御由来之絵縁起』(綜文館、一九九八年)。には影印と翻刻・読み下しを収載。なお、本書では鹿児島県歴史・美術センター黎明館に寄託されている原本にもとづき独自に読み下している。
(22) 赤木文庫旧蔵の江戸初期絵入写本「すはの本地」。(『室町時代物語大成 八』所収、横山重・松本隆信編、角川書店、一九八〇年)
(23) 『早歌全詞集』所収(外村久江・外村南都子校注、三弥井書店、一九九三年)
(24) 『真名本曾我物語 一』(東洋文庫四六八、青木晃・池田敬子・北川忠彦ほか編、平凡社、一九八七年)
(25) 小島瓔礼「神道集と曾我物語の関係」(『国文学ペン』一－一、一九六四年。後に村上学編『日本文学研究大成　義経記・曾我物語』

所収、国書刊行会、一九九三年）

(26)『上野国志　全』（環水堂、一九一〇年）

(27)『全訳吾妻鏡　第二巻』（永原慶二監修・貴志正造訳注、新人物往来社、一九七六年）

(28)『続群書類従　第七輯上』所収

(29)前掲注(10)のうち福田晃「信州滋野氏と巫祝唱導―甲賀三郎譚の管理者をめぐって―(上)(下)」

(30)『沼田市史　資料編一　別冊　加沢記・沼田根元記』所収（沼田市、一九九五年）。『加沢記』は萩原進が校注し、『群馬県史料集　第三巻　戦記篇一』（群馬県文化事業振興会、一九六六年）に掲載されたものを転載している。

(31)『続群書類従』所収「小笠原系図」でも貞元親王に「号桂親王。滋野氏従是始。琵琶之上手也」と註している。

(32)『長野原町誌　上巻』（長野原町誌編纂委員会編、長野原町、一九七六年）、『嬬恋村誌　上巻』（嬬恋村誌編集委員会編、嬬恋村、一九七七年）、萩原進「浅間山系三山の信仰と修験道―浅間山・四阿山・白根山について―」（鈴木昭英編『富士・御嶽と中部霊山』（山岳宗教史研究叢書九、名誉出版、一九七八年）所収）など。

(33)『長野原町の民俗』（八ッ場ダム水没地域民俗文化財調査報告書、上毛民俗学会編、長野原町、一九八八年）、浦野和美『浦野文書と一族の系譜』（朝日印刷工業、二〇〇〇年）

(34)長野県茅野市の茅野光英氏蔵「諏訪縁起」（写本一冊、天正一三年（一五八五）書写。『室町時代物語集　二』所収、横山重・太田武夫校訂、井上書房、一九六二年）。『室町時代物語集　二』の解題によれば茅野家は「神楽をもつて、古くから明神に仕へた家である」という。

(35)『群馬県史料集　第八巻　縁起篇二』所収（山田武麿・萩原進他編、群馬県文化事業振興会、一九七三年）

(36)前掲注(32)『長野原町誌　上巻』、『嬬恋村誌　上巻』など。

(37)拙著『曽我物語の基層と風土』（三弥井書店、二〇〇九年）第一編第二章「三原野と那須野をめぐる狩庭の祭祀者たちの名誉」。

第六章　兼家系「諏訪の本地」の風景（二）

――甲賀三郎の子どもたち――

一　三人の王子たち

甲賀三郎兼家は三輪の姫宮とともに天竺から日本へ帰ってきた。そして、かつて兼家が祢の国から地上への帰還を果たした「信濃国浅間のたけなきの松原」（天文本）[1]に落ち着き、その地の衆生を守る神となる。

甲賀三郎兼家は「なきの松原」を宮処として三人の王子を生んだ。しかし、そこは水に恵まれてはいたものの、街道に近く馬のひづめの音が煩かったという。浅間山南麓を行き交う東山道の賑わいをいうのだろう。甲賀三郎は、まずは太郎王子と次郎王子に新しい宮処の探索を命じた。二人の王子たちは信濃の国をめぐり「さくの郡しもの郷たかのむら」（天文本）に佳き地を見つける。しかし、二人の王子はこともあろうにその地を父には知らせず、自分たちの住居としてしまう。父のように偉大な神はどこにいても衆生から崇敬を受ける。我らのような小身の神は、せめてこうした佳き地に住みたい、と。

太郎王子と次郎王子が帰ってこないことを不審に思った甲賀三郎は、三郎王子に探索を命じた。三郎王子も信濃をめぐり「さくの郡しものかう田中のむら」（天文本）で兄たちと邂逅する。兄たちは三郎王子にもこの地に留まるように誘うが、三郎王子は父の不興を蒙ることを怖れて、まずは父の宮処を探したうえで、あらためて父の許しを得て彼の地に落ち着きたいという。三郎王子は諏訪の上の御射山と下の御射山を父母神に献上し、これによって甲賀三郎は上の御射山の諏訪大明神として現れ、三輪の姫宮は下の御射山として祀られるに至る。かくして三郎王子は父の許しを得て「さくのたなかのむら」に落ち着く。父の許しを得て鎮座した三郎王子の祭りは荘厳に執り行われ、兄たちの祭りは夜中に声も立てず秘かに執り行われるようになったという。

甲賀三郎の三人の王子たちの物語は、父の意向に従った三郎王子が、父の意に背いた兄たちを超えて次代の惣領となる、いわば次世代の、もう一つの諏訪縁起でもある。松本隆信は「信州を舞台とする一つの物語」「兼家系のここの部分は、信州側の伝承であったと思われる」との見方を示し(2)、白石一美は「ミニ諏訪本地」と位置付けた(3)。

三人の王子たちが鎮まったとされる「佐久郡」「下ノ郷」「田中村」を解いてみたい。

「佐久郡」は浅間山から蓼科山、荒船山に囲まれた地域である。前章までに述べてきたように諏方系の「諏訪縁起」にとっては物語の〝舞台〟である。

ところが、「下ノ郷」は佐久郡ではなく、西隣の小県郡にある。現在は上田市下之郷となっている。中世には塩田荘一二郷の一つに数えられた。塩田荘といえば北条氏の支流・塩田氏の本貫として知られるが、鎌倉時代の初めには島津忠久が当荘の地頭職を賜っている（文治二年正月八日付「源頼朝下文」(4)）。建仁三年（一二〇三）九月の比企能員の変で島津忠久も縁座によって大隅・薩摩・日向三ヶ国の守護職を没収された（『吾妻鏡』建仁三年九月四日条(5)）際に、塩田荘の地頭職も北条氏に没収されたらしい。その後、下之郷を含む塩田庄一二郷を治めたのが塩田流北条氏である。塩田流北条氏は極楽寺重時の庶子・義政を祖として、義政、国時、俊時と鎌倉幕府の滅亡まで三代にわたって塩田庄を治めた。そのあたりのことについては後で少し詳しく述べる。

「田中村」については、松本隆信が『神道集』「諏訪縁起」で次兄の甲賀次郎が若狭国の田中明神として顕れたこととの関連性を示唆していた。

（次兄・甲賀次郎の示現として）若狭国田中明神に充てたのは、どのような理由があったのかわからない。兼家系で、若狭国高懸山が出てくるのと、荒人神となった甲賀三郎が信濃国で儲けた三人の王子の鎮った所を佐久郡田中村とするのとを、あわせた形のようにも見える。
（松本隆信「中世における本地物の研究（三）」）(6)

松本は兼家系のほうが諏方系に先行して成立したとする見方から、兼家系伝本において魔王（麒麟王）を討ち滅ぼした若狭国高懸山と甲賀三郎の三子が祀られる「さくの郡しものかう田中のむら」を繋ぎ合わせて、諏方系での若狭国の田中明神が構想されたのではないかと考えたようである。

いっぽう、白石一美は、松本の示唆とは逆に、兼家系が諏方系から田中の地名を「流用」したと考えたようである。

神道集の末尾に二郎は三郎に和を乞い、若狭国田中明神として垂跡の由記す。兼家系編者は、この仇地を若狭国と田中とに分断し、前者を黒姫山の翁の言葉として場所移動に利用し、残る「田中」を、神道集末尾同様、物語末尾に残存して兼家の子息三人に関わる地に流用したものと考えられる。
（白石一美「諏訪本地の諸問題」）(7)

白石は、諏方系伝本では次兄・甲賀次郎が示現したとされる若狭国の田中明神を、兼家系では二つに分割して若狭国高懸山と「さくの郡しものかう田中のむら」とが創作されたと解釈したらしい。

繋ぎ合わせたか二つに分けたかの違いは大きいが、松本の説明にしても白石の説明にしても、いま一つ歯切れが悪くしっくりこない。とくに白石は、諏方系の「諏訪縁起」で次兄・甲賀次郎が示現した若狭国田中明神の名を兼家系に流用したというが、そうだとしたら兼家系伝本における「田中村」は机上の創作ということになってしまう。

しかし、おそらくそうではない。「田中村」は実在する。正確には実在性が高いというべきか。ただし佐久郡ではなく、小県郡である。

中世における「田中郷」は小県郡海野荘の一部（東御市田中）である。寛元元年（一二四三）一〇月六日付「滋野光氏譲状案」（臼田文書）[8]によれば、田中郷は滋野氏の代々に受け継がれた所領で、滋野光直からその子息・光氏へ、光氏からその子息・経氏へと相続されてきた。

譲渡　信濃国海野庄加納田中郷事
副　代々御下文弐通、親父光直譲壱通、祖母西妙譲状壱通、并手継譲状壱通
滋野経氏所
右件田中郷并代々御下文・親父光直譲状者、所譲与滋野経氏実也。（以下略）

経氏へ下された建長六年（一二五四）一一月五日付「将軍家（六代・宗尊親王）政所下文案」（臼田文書）[9]には「任二親父田中四郎光氏去寛元々年十月六日譲状一」とあり、滋野光氏は田中を苗字としていたことがわかる。その後、田中氏は伴野荘臼田郷（佐久市臼田町）に本貫地を移し、臼田氏を名乗るようになるが、本貫地とした臼田郷は臼田氏が霜月騒動（一二八五）

に連座した際に没収されたらしい[10]。それでも田中郷は南北朝の争乱や観応の擾乱を経ても臼田氏に相伝された。室町時代になると臼田氏は関東管領・上杉氏に従属し、常陸へ進出するが、応永三二年（一四二五）二月九日付「臼田勝定譲状」（臼田文書）[11]によれば、このとき臼田勝定から孫の臼田貞氏に田中郷の惣領職が譲られている。

譲与所領等事
臼田小四郎滋野貞氏仁
一　信濃国小県郡海野庄内田中郷□惣領職・定勝知行分田畠在家等者。有坪付
一　武蔵国師岡保小帷郷内岸弥三郎入道作本町田六段・在家一宇等。
右之所領者、定勝重代相伝□（之カ）本領、孫小四郎滋野貞氏仁、代々安堵御下文・手継証文等お相添譲与所実也
（以下略）

田中郷は一五世紀前半までは臼田氏の「重代相伝□（之カ）本領」として相続されてきたことがわかる。
ところが、前述のように、すでに常陸へ進出していた臼田氏は、まもなくその重代相伝の地を離れることになったらしい。文安三年（一四四六）から延徳二年（一四九〇）までの諏訪の上社における三度の祭礼（花会、五月会、御射山）の頭役を記録した『諏訪御符礼之古書』[12]によると、田中郷は祢津郷とあわせて祢津氏の所領になっている。

寛正五年甲申御射山
（中略）

一、下増、祢津田中、代官浦（野脱）駿河守直貞、御符之礼二貫三百文、使二郎太郎。頭役拾貫。

文明二年庚寅五月会

一、宮頭、田中、祢津知行、代官浦野駿河守直貞、御符礼一貫八百文、小田中ヨリ三百文出候。使孫六。頭役二拾貫。

（中略）

文明八年丙申明年五月会御頭足

一、右頭、祢津・田中、代官浦野駿河守神直貞、御符礼二貫八（三）百、使三良。又小田中殿より三百出候。副状付候。頭役二拾貫。

祢津郷と田中郷とは南北に隣接している。祢津郷はいわゆる滋野三家の一つに数えられた祢津氏の本貫地で、臼田氏が田中郷からいなくなった後は祢津氏が二郷を治めていたようである。代官を務めた浦野氏も祢津氏の一族とされる。

鎌倉時代から室町時代前期にかけての田中氏（臼田氏）。臼田氏がいなくなった後で進出してきた祢津氏。その代官である浦野氏。そして田中郷を含む海野荘一帯を治める海野氏。田中郷を取り巻く領主たちがいずれも滋野氏の一族であることはやはり気にしておきたい。

二　下之郷の生島足島神社

そこで本書は、佐久郡でもなく、田中村でもなく、まずは「下ノ郷」に注目してみる。手がかりとなるのは下之郷に祀られる生島足島神社である。

生島足島神社は、『延喜式』[13]巻第一〇の「神名帳」で信濃国四八座のうち小県郡五座の第一にあげられた「生嶋足嶋神社　二座名神大」として由緒を伝える。[14]現在の本殿は境内の池の中島（神島）に北向きで鎮座し、その本殿と向き合って摂社の諏訪神社が祀られている。社伝によれば、建御名方富命が出雲から諏訪へ向かう途中、当地にて生島大神と足島大神に奉仕し、その後、諏訪へ入ったとされる。

　本社の縁起として、口碑の伝ふる所によれば、神代の昔、建御名方命、軍敗れて東に奔り、越の国より科野に入るに当り、暫く居を此の地に営む。二神は即ち命が当時奉祀せる者なりと。

（福山寿久『信濃史蹟　下』[15]）

生島足島神社本殿（旧諏訪上社・旧生島社）

生島足島神社摂社諏訪神社（旧諏訪下社・旧足島社）

その故事にもとづき、現在では、一一月三日に摂社の諏訪神社から諏訪の神が本殿に遷り、翌年四月十八日まで七日ごとに生島・足島の神へ米粥を献じて仕えるという御籠祭が執り行われている。

しかしそれにしても、外から訪れた新しい神（建御名方富命）が旧来の土着の神（生島大神と足島大神）に奉仕するという構図にはどうしても違和感がある。高天原から葦原中国に降り立った天つ神たちは、国つ神の上に坐した。守屋山に降臨した諏訪大明神は土着の守矢を討ち負かして諏訪の地を治める。外から訪れた諏訪の神を土地の神がその座を明け渡して仕えるという構図のほうが自然である。生島足島神社が伝える御籠祭の由来譚は、そうした土着と外来の構図になじむものではない。だとしたら、そこには生島・足島の神を諏訪の建御名方富命よりも優位に位置付けようとした何かしらの意志があるにちがいない。

そもそも、建御名方富命による生島・足島の神への神饌奉仕は、それほど古くからの伝承ではないのかもしれない。同社に伝わる天文二二年（一五五三）八月一四日付で当社の「供僧」「大祝」「其外社人衆」に宛てられた「武田信玄判物」（安堵状）[16]では当社を「下之郷上下宮」と呼んでいる。また、永禄一〇年（一五六七）八月七日付で小泉氏の被官衆から武田家の奉行人・浅利信種に宛てられた「半右衛門尉等連著起請文」[17]にも神仏の締めとして「下郷上下大明神」が挙げられる。永禄二年（一五五九）九月一日付の「武田信玄願文」[18]では当社を「下郷諏方法性大明神」と呼び、天正一九年（一五九一）一二月付の「小幡信繁願文」[19]でも「下之郷諏訪大明神」とある。生島足島神社に納められた武田家の家臣団らによる起請文は八三通。その中に「生島足島」の神名はない。あくまでも「下郷上下大明神」であり「下之郷諏訪大明神」なのである。現在の本殿がかつて諏訪大明神の上宮、現在では摂社とされている諏訪神社がもともと諏訪大明神の下宮だったと考えられる。

明治に至るまで同社には「大祝」と「大神主」との二職が工藤氏によって世襲され、その下に「五祝官」[20]らが位置していた。その構図も諏訪大社の大祝と神長官、五官の祝に倣うものだろう。その他に真言宗の神宮寺以下、二寺六坊、天台修験の龍泉寺に社僧たちも勤めている。

享保一一年（一七二六）一月に大祝の工藤作之進が記した「当社年中行事外ニ覚書」（「生島足島神社年中行事」[21]）は、その表紙に「生島足島」と書き添えているが、その部分はおそらく後に書き足されたものではないだろうか。二八箇条にわたる本文はあくまでも「上下ノ宮」「両社」「下ノ宮より上ノ宮へ」等とあり、当時にも生島足島ではなく、諏訪大明神として祭祀されていたことがわかる。

●山宮祭と御射山神事

「当社年中行事外ニ覚書」によれば、その五月五日の祭で大祝は神を奉じて山宮へ参るという。

一、五月五日　御供ハ粽弐かけ・御酒、願主作之進、山宮へ御渡り社人馬ニ乗り、御供モ祝・寺方ハ御旅所迄御

見送ニ罷出、御酒被下罷帰候　（第一五条）

大祝は神を奉じて山宮へ参り、その他の神職・社僧らは旅所まで付き従い見送る。元文五年（一七四〇）に記された「工藤薩摩守書面由緒」[22]では、山宮のことを「野宮」とも書いている。

五月五日　東松山ニ野宮ト申処へ御渡、社人不残騎馬御供、北社ノ神へ御酒等ヲ上ケ申候

山宮においてどのような祭儀が営まれたかはわからないが、それは諏訪大社の五月会に準じ、ふるくには諏訪大明神の神野に見立てられた山宮において夏野の御狩り（押立御狩）の神事が営まれた、その名残だったのではないか。

山宮へ遷御した神霊は夏を越して七月二六日まで彼の地に留まった。「当社年中行事外ニ覚書」によれば、七月二六日に山宮から「上ノ御かり宮」へ遷り、翌二七日の夕刻にはいったん「下ノ宮」へと迎え入れられるという。

一、七月廿六日　山宮より御帰り、上ノ御かり宮御座候、廿七日晩方下ノ宮へ御入、昨日社人馬ニのり御迎ニ参り、祝・寺方ハおたひ迄近御迎ニ出ル、神酒山宮へ馬ニ付ケ参ル、願主作之進出ス、小屋場定法酒見セ百文、平見セ拾六文つゝ、上下宮参銭・花米祝不残取納メ之事、祭り仕廻御手抜と申、四ッ足へ上り手ヲ打、それより上ノ御かり宮へ参候、明廿八日御当代ニハ、神宮寺祝・神主上田在役人へ札持参、昨日無滞相済候口上、組頭同道ニ而相勤　（第一八条）

七月二六日、神職らは騎乗して山宮へ神霊を迎えにゆく。一行を率いたのはたぶん大神主だろう。大祝と社僧たちは山宮から御旅所まで下りて来て神職らの一行を出迎える。やがて山宮では賑やかな祭宴が催された。酒販の屋台からは一〇〇文、それ以外の店（餅や団子、菓子、玩具、みやげの類だろう）からは一六文の出店料を納めさせていたらしい。神職や社僧たちだけでなく、多くの参詣者で賑わったのだろう。

「工藤薩摩守書面由緒」では、野宮から遷した神霊を「上ノ宮」の傍らの「御對山ト申ス小宮」に入れて神事を執り行うと記される。

七月廿六日　彼野宮ヨリ上ノ宮傍御對山ト申ス小宮ニ終日御渡リ　神事相済夕方下之宮へ御渡御座候

「御對山」は「御射山」の誤記か誤翻刻だろう。狩りの神事はすでに忘れられていたが、七月二六日から二七日にかけて営まれたこの祭礼は、諏訪の御射山の神事を倣った、その遺習に違いない。かつて諏訪の神野を模して山宮に催された御射山の狩祭の記憶、とでも言うべきか[23]。

●蛙狩神事

生島足島神社には諏訪の本宮と同じく蛙狩神事も伝わる。蛙狩神事は中世以来、諏訪の七不思議[24]の一つに数えられた諏訪を代表する神事である[25]。

正月一日、（中略）サテ御手洗河《タラシカハ》ニカヘリテ漁猟ノ儀ヲ表ス。七尺ノ清滝氷閇テ一機ノ白布地ニシケリ。雅楽《ウタ》数輩、斧鉞ヲ以テ是ヲ切クタケハ、蝦蟇五ツ六ツ出現ス。毎年不闕ノ奇特ナリ。檀上ノカヘル石ト申事モユエアルコトニヤ。神使小弓・小矢ヲモテ是ヲ射取テ、各串ニサシテ捧モチテ、生贄《ニエ》ノ初トス。

（『諏訪大明神画詞』(26)祭巻第一・春上）


正月一日、（中略）蝦蟆有て、六人神使殿一つ、射させ申。是ハ蝦神之例なり。取たる時ハ、御さき《（先）》あける《（開）》。

（『年内神事次第旧記』(27)）


諏訪の蛙狩神事は年頭の贄祭というだけでない。本書第一章で述べたように、『陬波私注』や『諏方上社物忌令』によれば、大明神が蝦蟆の荒神を退治したことで四海は静謐となり、ゆえに「陬波《ナミシツカ》《スハ》」すなわち「諏方」の神名の由来とされる。

一、（第三条）陬波ト申事ナミシツカナリトヨメリ
蝦蟆《カニタ》《カエルノ事ナリ》神成二荒神一悩ト二天下一時、大明神退二治之一御坐時四海静謐之間陬波ト云々口伝在レ之
（『陬波私注』(28)）

一　正月一日之蝦蟆狩之事。蝦蟆神成大荒神、悩乱天下時大明神彼ヲ退治御座し時。四海静謐之間、陬波ト云字ヲ波陬なりと讀り、口伝多し。
望人ハ尋へし、于今年々災を除玉ふ、謂ニ蟇狩是ナリ。

（『諏方上社物忌令』（神長本）(29)）

その蝦蟆退治を模したのが蛙狩神事である。『諏訪大明神画詞』は蛙狩神事をもって「業深有情、難レ放不レ生、故宿二人身一、同證二仏果一」の神勅と諏方大明神の本誓を説く。かくして蛙狩神事は御射山を諏訪大明神の垂迹の聖地とする「陬波大王垂迹縁起」の世界線へとつながってゆく。

　現在の生島足島神社では、一月一四日の御筒粥卜神事（これも諏訪大明神の七不思議に数えられた筒粥神事に倣うものである）[30]に続いて、翌一五日にはその奉告祭があり、その後、蛙狩神事が執り行われている。「蛙狩」といっても諏訪大社上社のように実際にカエルを射ることはない。まずは神職らが蟇目鳴弦によって神域の邪気を払い、神橋から神池に向かって矢を放ち、カエルを射止める体裁とする。

　しかし、「当社年中行事外ニ覚書」によれば、蛙狩神事も往時には一月三日に執り行われていたようである。

一　同三日（中略）祝神主うつきの弓ニ而かいる（蛙）居候処ヲ射イ、十三社わきノ木ニくゝり付置申候　（第九条）

大祝と大神主はウツギの弓でカエルを射止め、カエルは本殿の東に祀られる十三社の祠の脇の木に括り付けられた。それも諏訪本宮の「贄掛の欅」に倣うところか。

　贄といえば、諏訪の前宮では三月の酉の日に催される御頭祭（酉の祭）で鹿の頭や雉などの特殊神饌が供えられたことはよく知られている。神前に掛けられた七五頭の鹿の頭のなかに、かならず耳の裂けた鹿がいたとも伝えられる（七不思議の一つ「高野の鹿の耳」）[31]。酉日の祭はもともと三月の初午の日から一三日間におよぶ神事の一つだったが、一三ヶ日の神事の中心だった神使の出御が廃絶した後、酉の日の大御立座神事だけが伝えられたという。その饗膳には「禽獣ノ高モリ」や「魚類ノ調」（『諏訪大明神画詞』祭二・春下）が並んだ。

「当社年中行事外ニ覚書」には御頭祭も酉日の祭も記録されていないが、明治初年頃の上申と考えられる「当社品々書上帳」（「生島足島神社由緒書上帳」）[32]によれば、年中行事の項に「三月二日　同三日　同酉日」とだけ記されていて、その祭祀の記憶の断片を知ることができる。

● 御田植神事

生島足島神社には諏訪の藤島社に倣う御田植神事も伝えられる。藤島社の御田植神事は、かつては六月晦日に催されていた。六月晦日の田植とは、いくらなんでも遅すぎるはずだが、その稲はわずか三〇日で熟し、八月一日の神膳に供えられたという[33]。

卅日ヲヘテ熟稲ト成テ、八月一日神供ニ備。当社奇特ノ其一也。

（『諏訪大明神画詞』祭第四・夏下）

その奇瑞も「御作田」あるいは「御作久田」として七不思議の一つに数えられてきた[34]。それもただの奇瑞ではない。『諏訪大明神画詞』によれば、藤島社の明神は往古に悪賊洩矢と対決し、洩矢の武器である鉄輪に対して藤の枝で降伏させたという諏方大明神自身である。本書第一章で述べたように、それは守屋山を諏訪大明神の垂迹の聖地とした「諏訪大明神守屋山垂迹縁起」の世界線につながっている。

現在の生島足島神社では、七月の最終日曜日に催される祇園祭と下之郷三頭獅子舞奉納に続いて、翌八月一日に神職や氏子総代らによる御田植神事が執り行われる。それも、「当社年中行事外ニ覚書」によれば、当時は諏訪の藤島社と同じように六月晦日に営まれたようである。

一　六月晦日御供ニ小麦弐升斗焼《ヤキ》、願主作之進、神酒ハ村方より出ル、御田植と申躍《ヲドリ》有之、

ただし、さすがに旧暦で数えて六月晦日の田植というのは現実的ではなかったのだろう。田植そのものは行われず、「御田植と申躍《ヲドリ》」が奉納されていたらしい。たぶん田楽踊のようなものだろう。

●下之郷諏訪大明神から生島足島神社へ

一月三日の蛙狩神事、五月五日の山宮祭、六月晦日の御田植神事、七月二七日から二九日にかけての御射山祭と下之郷の諏訪大明神には諏訪の本社に準じた神事が伝えられていた。とくに蛙狩神事は信州各地の諏訪系の社祠ではほとんど見られず、そういう意味では諏訪大明神の分霊・分祠のなかで下之郷の諏訪大明神は本社に近い意識下にあったことが考えられる。本書第四章で述べたように新海社（新海三社神社）が佐久郡における諏訪信仰の中心的な存在《ハブステーション》だったとしたら、小県郡における諏訪信仰の中心的な地位にあったのが下之郷の諏訪大明神だったと考えられるのである。

享保一一年の「当社年中行事外ニ覚書」から七三年後、元文五年の「工藤薩摩守書面由緒」からは五九年後となる寛政一一年（一七九九）一月一九日、下之郷の諏訪大明神は京都の吉田家を通して宣旨を受け、生島足島神社と改称する。江戸時代後期以降に全国で見られた「神名帳」への〝復古〟がここでも見られる。ただし、そうした〝復古〟

をめぐって各地の諸社で争論が起きたように、下之郷諏訪大明神から生島足島神社への〝復古〟もすんなりと通った話ではなかったようである。安政五年（一八五八）五月の表書きを標す「御宮一条抜書」（「生島足島神社神職出入一条抜書」）(35)によれば、上田城下の大宮神社（科野大宮社）との間に社号の〝復古〟をめぐって激しい争論があったらしい。

生島足島神社号之儀、上田大宮神主川上対馬守故障申候所漸得心仕、寛政十一年正月十九日　宣旨頂戴仕候処、文化六年大論ニ及　二代メ川上対馬・工藤近江上京之上、訳社号ニ可仕書付取遣帰村致候ニ付大騒ニ相成

寛政一一年には大宮の神職・川上対馬も下之郷側の主張に納得し、復古の認可は通った。しかし、一〇年後の文化六年（一八〇九）に再燃。大宮の神職・川上対馬（二代目）と下之郷の工藤近江は上京し、いったんは裁可を受けて帰郷したもののそれでも騒動は収まらなかった。その後、工藤近江は居づらくなって出奔。川上対馬も別件の不祥事があってその地位を追われる。天保四年（一八三三）に大宮が下之郷の主張を受け入れ、争論はようやく終結した。

上田城下の原町の問屋・滝沢家で寛文三年（一六六三）から明治二年（一八六九）まで書き継がれてきた「原町滝沢家日記（原町問屋日記）(36)」の寛政一一年冊には、そのことが簡潔に記されている。

一、下之郷明神生島足島之神社に相成り、信州二ノ宮小県惣社と唱、三月十五日初神事有之由

「神名帳」には「生島足島神社　二座　名神大」と記されているのだから、まずは生島と足島の二座を〝復古〟しなければならない。生島足島神社への改称によって、それまでの下之郷諏訪大明神は、上宮を生島社、下宮を足島社とし

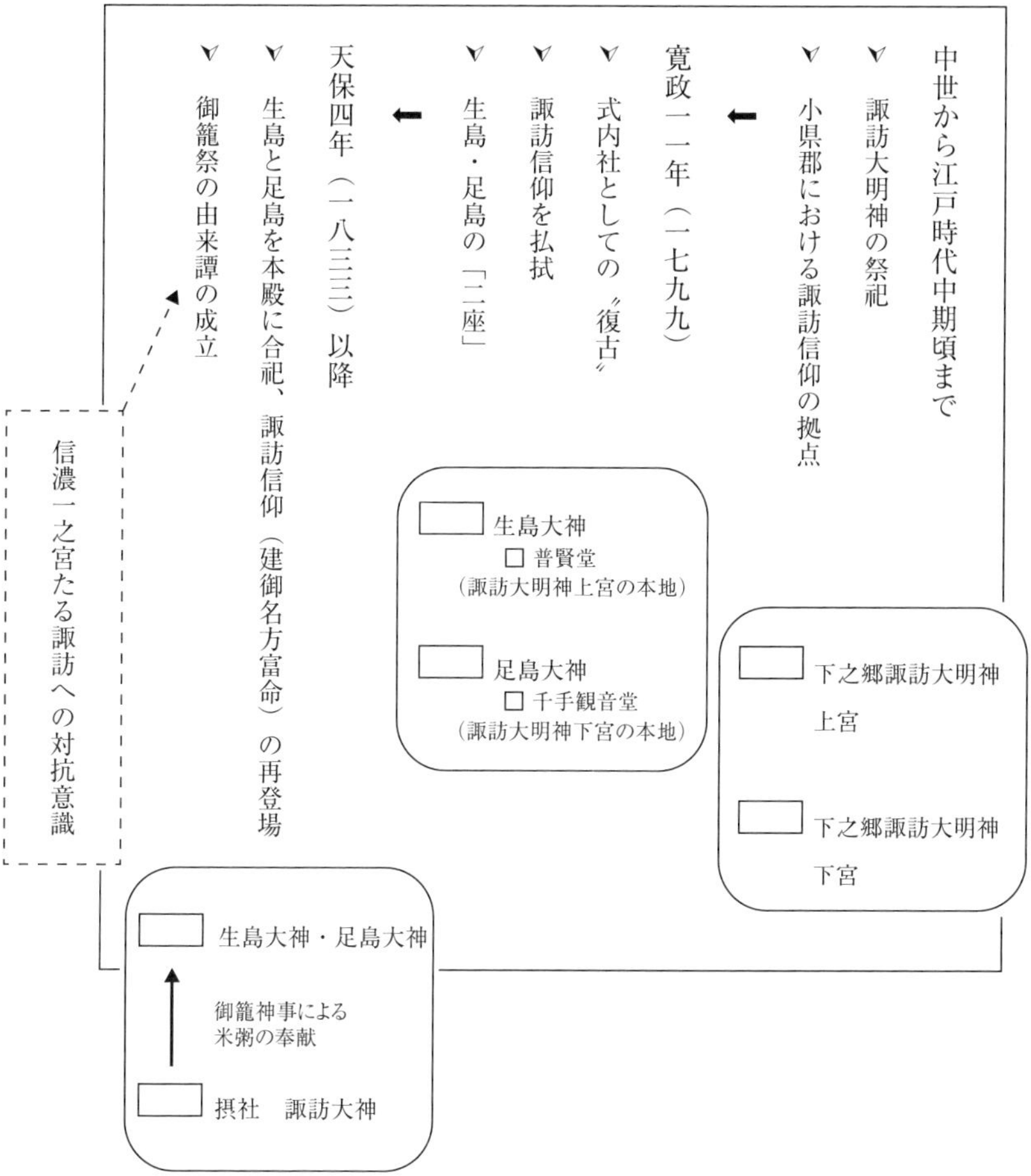
中世から江戸時代中期頃まで
▼諏訪大明神の祭祀
▼小県郡における諏訪信仰の拠点
下之郷諏訪大明神 上宮
下之郷諏訪大明神 下宮
寛政一一年（一七九九）
▼式内社としての〝復古〟
▼諏訪信仰を払拭
▼生島・足島の「二座」
生島大神
□普賢堂
（諏訪大明神上宮の本地）
足島大神
□千手観音堂
（諏訪大明神下宮の本地）
天保四年（一八三三）以降
▼生島と足島を本殿に合祀、諏訪信仰（建御名方富命）の再登場
▼御籠祭の由来譚の成立
生島大神・足島大神
御籠神事による
米粥の奉献
摂社　諏訪大神
信濃一之宮たる諏訪への対抗意識

て祀るようになった。このとき以降に描かれたであろう江戸時代後期の古図[37]によれば、社域に諏訪大明神を祀る社祠は見られない。諏訪大明神こと建御名方富命は、一時的にではあるが、姿を消していたのである。同古図によれば生島社の傍らに上宮の本地である普賢菩薩、足島社の脇には下宮の本地である千手観音が、それぞれの本地堂として描かれている。そこが諏訪信仰の避難先または保存先だろう。諏訪大明神こと建御名方富命が不在だとすれば、建御名方富命が生島・足島の神に奉仕し、米粥を奉ったという御籠祭の由緒譚は、この時代には成立しない。かつて宮地直一は『諏訪史 第二巻 前編』[38]において、諏訪神から生島・足島の神への奉仕に違和感を覚えながらも、それを「諏訪の神威が此（小県郡）の方面に及んだ時代」「大化改新以前」に遡らせて説いた。

神親ら神に物を献り、饗薦の意を表せらるゝは、必ずしも珍奇の例とするに足りないが、此では祭神の性質からしても、諏訪神が客位にあって、本来の土地神に奉事せらるゝ意味の行事とは思はるゝので、恐らくは諏訪の神威が此の方面に及んだ時代に源流を発し、後之を具体化するとゝもに、諏訪信仰の風とも結んで、遂に今日の形式を産むに到ったのではあるまいか。（宮地直一『諏訪史 第二巻 前編』第四章第一節「大化の改新以前の状勢」）

しかし、宮地の説明に従うことはできない。生島社に足島の神を合祀して本殿とし、足島社を諏訪神社に復して摂社としたのは、寛政一一年の生島・足島二座〝復古〟の、いわば次の局面《フェーズ》である。生島足島神社への改称に大宮側がようやく折れて、争論が終結したのが前述のように天保四年。それまでの微妙というか不安定な時期に、わざわざ足島社を諏訪神社に復すような再転換をしたとは考えづらい。とすれば、生島と足島を合祀して本殿とし、足島社を諏訪に復して摂社としたのは、天保四年よりも後、たぶん江戸時代も終わりに近い時期と考えるのが妥当だろう[39]。建御名方富命が生島・足島の神に仕えて米粥を奉ったという御籠祭の由来譚もこの頃から説かれ始めたと考えられる。信濃一之宮たる諏訪への対抗意識が芽生えたのだろう。(40)

三　下之郷諏訪大明神の御籠神事

本書が注目したいのは、生島足島神社に伝わる御籠神事である。御籠神事は下之郷諏訪大明神として祭祀されていた頃から、七月の御射山祭と並ぶ年中の最重要祭儀とされていた。「当社年中行事外ニ覚書」によれば御籠神事は一〇月三日から翌年の三月三日まで七夜ごとに神職が上ノ宮に籠り、米粥を奉献する。御籠は都合二一回に及んだという。(41)

一　（一〇月）同三日御神事御供御釜・神酒正月朔日之通作之進出ス、お宮へ御渡り時節ノ物故か正月之外かきヲ上ル、今晩より下ノ宮より上ノ宮へ御渡り来ル、三月三日迄ニ七ヶ日ニ一夜ツ、社人籠り御供上ル、（第二二条）

一　三月三日御供草もち一重・神酒、願主作之進、上ノ本社より下ノ宮江御身渡り、神楽殿会合済、（第一四条）

生島足島神社の御籠神事については中世の諏訪の前宮に営まれた御室神事との相似性がしばしば指摘されてきた。(42)諏訪大社上社前宮の御室神事は一二月二二日の「御室入」から始まる神秘の祭儀である。

同日（一二月二二日）御室入、大穴ヲ掘テ、其内ニ柱ヲ立テ、棟ヲ高シテ萱《カヤ》ヲ葺テ、軒ノタル木土ヲサ、ヘタリ。今日第一ノ御体ヲ入奉ル。大祝以下神官参籠ス。

（『諏訪大明神画詞』祭第七・冬）

「御室」は前宮に仮設された半地下竪穴式の萱葺きの斎殿である。御室のなかにはさらなる聖域の結界として「萩組の座」が設けられる(43)。まずは一二月二二日に「御室入」として第一の神霊を御室の、おそらくは萩組の座に納め、大祝以下の神官たちも参籠する。『画詞』によれば、以後、二四日の「シンフクラ祭」、二九日の「大巳祭」、元日深夜の御占神事といった神秘の祭儀が御室の萩組の座において営まれる(44)。

同廿九日（一二月）、大夜明大巳祭、又御体三所ヲ入奉ル。其儀式ヲソレアルニヨリテ是委クセス。冬ハ穴ニスミケル神代ノ昔ハ、誠カクコソアリケメ。

（『諏訪大明神画詞』祭第七・冬）

一二月二二日の「御室入」では一体の神霊を御室に納め入れたが、二九日の「大巳祭」ではさらに三体の神霊を御室に入れる。神霊は蛇身を模ったものだろう。半地下の竪穴は「冬ハ穴ニスミケル神代ノ昔」の倣いといい、「御室入」は「巣穴始」（『諏訪大明神画詞』祭第一）ともいう。巣穴に擬えられた竪穴の斎室のなかで、神霊は冬眠のように仮死とそこからの再生を果たすのか。「其儀式ヲソレアルニヨリテ是委クセス」というから、それは秘儀中の秘儀である。そうした御室の神秘については「ミシャグチ」や「ソソウ神」などへの関心ともに、これまで諸説・諸論が繰り広げられてきた。御室の神秘も「ミシャグチ」も「ソソウ神」も確かに魅力的なのだが、本書ではそこのところの詳述はひとまずおく。

（一月一日）今夜深更ニ及テ御室《ムロ》ニ帰ル。穴巣始冬ノ段ニアリ。先、萩組《ハキクミ》ノ座ニシテ、神ノ長御占ヲ行フ。薄《スヽキ》ノ穂一束掌内（梵舜本では「堂」）ニ奉ル。大祝《ヲホトノニ》対シテ誦文アリ。外人ニキカシメス。（丁）重半ノ占ニ付テ、当年ノ神使《カンツカイ》六人ヲ差定ス。

（『諏訪大明神画詞』祭第一・春上）

元日の深夜、大祝と神長官は御室に戻ってくる。二職は萩組の座にて対面し、その年の六人の神使を占定するべく御占神事が執り行われる。神長官から大祝に奉る誦文は「外人ニキカシメス」というくらいだから、これも非常に神秘的な祭儀だったようである。

『画詞』によれば、一二月二二日の「御室入」（「巣穴始」）の後、一二四日の「シンフクラ祭」では神職たちによる狂言が演じられた。

同廿四日、シンフクラヲ祭ル礼アリ。先神長立テ、陸奥国セン〳〵ツカフシノヒトリ姫《ヒメ》御前腹《ハラ》ヲヤマセ給ニ、セイモン博士ニトワセ給ヘハ、東山信州諏方郡タケ井ノ御里ニイコモラセヲワシマス大明神ノ御室ノ中ニアル、シンフクラト云鳥ヲ御薬ニツカワセ給ハヽ、御腹ナヲラセ給フヘシト申候間、御使ニマイリテ候トイフ。権祝《コンノハフリ》出テ合《アヒテ》、御文ハ候カ、御鷹ハ候カト問フ。共ニアリト答フ。ツカワセ給ヘト云。

神長官が奥州からの使者を演じる。陸奥国の姫君が腹を病んでいる。声聞博士の占いによれば、諏訪大明神の御室の中にいる「シンフクラ」という鳥がその薬になるというのでいただきに参上した、と。すると五官の祝の一人である権祝が「文は持ってきたのか。鷹は持ってきたのか」と対応する。神長官は「持ってきた」と答える。

時ニ神長、福太郎トヨヘハ、雅楽犬ニナリテ鈴《スヽ》ヲナラシテハシリ出ツ。此時ニツカレヲヤレハ、犬カキマワリテ鳥ヲミ付ル勢《イキヲヒ》アリ。

権祝の許しを得ると、神長官は福太郎という名の犬を呼び寄せる。楽師が福太郎という名の犬を演じて駆け出し、地面を嗅ぎまわりながら「シンフクラ」を探す真似をする。「ツカレヲヤレバ」とは、いわゆる鷹詞で、鷹に追われ疲れて地面に落ちた鳥のことを「ツカレドリ（疲れ鳥）」という。鷹に追われて地面に伏したその「ツカレドリ」を犬に扮した楽士が探して捉えるのである。

一二月二四日の「シンフクラ祭」に続き、二八日には賑やかな宴が催された。

同廿八日、瓶子調へ、神官・氏人乱舞興宴アリ。

さらに『旧記』によれば、御室の神事は実に酒宴続きである。二二日の「御室入」の後に酒宴。その後もほぼ毎日のように神事が執り行われ、そのたびに酒宴がある。肴としてはかならず汁鳥が供される。とくに一二月二五日には「御身体入」の後、一〇番におよぶ舞楽が催された。それもこれもまさしく神への饗宴である。諏訪の御室神事は、蛇身に見立てられた神霊（はたしてそれは諏方大明神なのだろうか?）の巣穴における冬眠（仮死）と春陽の目覚めを象ることはおそらく論じるまでもない。臘月の神事は神霊の健やかなる眠りを祈り鎮めるのである。

かくして御室に納められた神霊は三月の初午の日から一三ヶ日におよぶ一連の神事をもって前宮へ帰還する。(45)

いっぽう、下之郷の諏訪大明神こと生島足島神社における御籠神事には、〝復古〟以前の祭礼の様子を書き伝えた

「当社年中行事外ニ覚書」を見ても、神の仮死や再生といった要素が見当たらない。神楽も舞もない。厳冬の中、七日の夜ごとにただただ厳粛に執り行われるようである。諏訪の御室神事とはだいぶ趣きが異なる。

ここでようやく甲賀三郎の三人の王子たちの物語に戻ってみる。

三郎王子は父である現人神・甲賀三郎の命令に背くことなく、諏訪の御射山を父母に献上する。甲賀三郎は上の御射山の諏訪大明神として現れ、三輪の姫宮は下の御射山に祀られる。三郎王子は兄たちが横領した「さくのたなかのむら」に落ち着く。父の許しを得て鎮座した三郎王子の祭礼は荘厳に催される。父神の命に背いた二人の兄たちも同じところに神として鎮まるが、その祭礼は夜中に声も立てずひっそりと執り行われるという。

三郎の王子は父にいとま申給ひて、さくのたなかのむらにおちつかせ給ふ。七日御まつりに、三郎の王子の御まつりはち丶にゆるされありけれは、ゆ丶しくまつらせ給ふ。太郎の王子次郎の王子の御まつりは、ち丶のゆるされなかりけれは、夜にひそかにこゑもたてすまつらせ給ふなり

（「諏訪御由来之絵縁起」（天文本））

注目したいのは、三人の王子たちの祭礼が「七日御まつり」と呼ばれている点である。三郎王子の祭が荘厳に催されるのはそれでよしとして、問題は父神に勘当された二人の兄王子たちの祭が「夜にひそかにこゑもたてす」に執り行われるという話である。夜半に物音を禁じ完全な静謐の中で執り行われる神事は、たとえば奈良の春日大社の若宮の「おん祭」をはじめとして、とくに珍しいことではない。神霊が誕生もしくは再生する聖なる静謐の瞬間である。

ところが、下之郷に伝えられた御籠神事では一〇月三日から三月三日まで七日ごとに神饌が奉献される。実際に神職として この神事に関わったという甲田圭吾の報告によると、まずは本殿につながる御籠殿の竈で神職が一升の米を炊

き上げる。しかしその神職も本殿に立ち入ることは許されない。ただ宮司一人が本殿の内に待機し、扉を隔てて神職から一升の米を受け取り、生島足島の神の神膳に捧げるという。(46)まさに「夜にひそかにこゑもたてす」に執り行われるのだろう。それは神霊の再生儀礼だとか、そのための聖なる静謐ではない。むしろ慎みや憚りではないか。二人の兄王子たちの「七日御まつり」とは、下之郷の諏訪大明神に伝えられた御籠神事を示すものだったのではないか。

四　兼家の道

甲賀三郎の三人の王子たちによる葛藤とその結末は、三郎王子こそが〝もう一人の〟甲賀三郎であり、〝もう一人の〟諏訪大明神となったことを匂わせている。

そこで参考にしたいのは、本書第四章で論じた佐久郡の新海三社神社の事例である。

前述のように、現在の新海三社神社は、東本社として建御名方の御子とされる興波岐命を祀り、中本社に建御名方命、西本社には事代主命と誉田別命を祀る。現在の認識では興波岐命が三社の主祭神である。しかし、江戸時代後期までは建御名方命、事代主命、八幡大神の三柱をもって〝三社〟としていた。(47)さらに遡れば、年次不詳ではあるが大祝家文書「古記断簡三葉」(48)の第三葉には「新海大明神ハ諏方大明神ノ御メノト、申也」との伝えもある。こちらのほうが新海社の本来の姿に近いかもしれない。

もともと新海明神は諏方大明神の眷属とか御子神といった位置にあり、それがいつの頃からか諏方大明神こと建御名方命に〝格上げ〟したのだろう。やがて江戸時代後期の地域ナショナリズムが隆興するなかで、あえて建御名方命の御子とされる興波岐命を主祭神としたのも、ひょっとしたらもともと新海明神が諏方大明神の眷属なり御子神といった位置にあったことの記憶が底にあったのではないだろうか。

中世のある時期において、諏訪を離れた諏訪大明神の信仰が、建御名方命なり諏方大明神なりの分霊の勧請というかたちではなく、その眷属や御子神を奉じて展開したケースである。その〝中世のある時期〟とは、もちろんこれまでに本書が繰り返し論じてきたように、中先代の乱を契機として大祝の聖なる権威が失墜した時代である。大祝を離れた諏訪信仰は、あるいは大祝の権威を否定し（『伊那古大松原大明神縁起』）、あるいは異伝を奉じ（『神道集』巻第一〇「諏訪縁起事」）、信州の各地に広まった。

小県郡下之郷にも、おそらく鎌倉時代以前から諏訪大明神が祀られていたのだろう。前述のように、鎌倉時代に下之郷を含む塩田庄一二郷を治めたのは塩田流北条氏（塩田氏）であり、鎌倉時代末期の当主・塩田国時は諏訪大明神の熱烈な信奉者だったらしい。守矢家文書の嘉暦四年（一三二九）三月付「鎌倉幕府下知状案」（「諏方上宮五月会付流鏑馬之頭・花会頭与可為同前御射山頭役結番之事」）[49]は、信濃国内の御家人たちを一三組にわけて上社の祭礼を賄う頭役の結番を命じたものとされる。塩田国時は二番組で御射山の左頭役を担うことになっていた。

二番
　五月会分
　　左頭　棒庄半分　陸奥左近太夫将監
　　右頭　狩田郷内東条　和田隠岐入道
　　流鏑馬頭　赤須・遠山・甲斐治（沼）・大河原・鹿塩地頭等
　御射山

左頭　塩田庄半分　陸奥入道
右頭　海野庄内岩下郷　海野次郎左衛門入道知行分、付国分寺・南條並善哉・塩野両郡地頭等

ただし、諏訪大明神の祭礼の一三組の結番は信濃に領地を持つ多くの地頭たちに割り当てられているから、結番に名がみえるからと言って特別に熱心な信奉者とはかぎらない。塩田国時が諏訪大明神の熱心な信奉者だったことは元徳二年（一三三〇）二月一九日付と推定される「金沢貞顕書状[50]」に窺い知ることができる。

塩田陸奥入道、明年諏方七月頭役之間暇申て、奥州所領へ下向候とて、去十三日来臨候き、□年に一度の役之由承及候しに、当世には数ヶ度勤仕候、深言之故候歟

塩田国時は翌元徳三年（一三三一）の「諏方七月頭役」、つまり御射山の頭役にあたるため所領へ下向する旨、金沢貞顕のもとへ挨拶に来た。前述のように諏訪大明神の結番は一三組だから「□年に一度の役」は、正しくは「一三年に一度の役」だろう。嘉暦四年（一三二九）三月付の下知で翌年からの結番一三組が定められていたから、二番組の塩田国時はちょうど元徳三年の担当にあたることになる。それにしても塩田国時はこれまでに「数ヶ度」も頭役を勤めてきたらしい。金沢貞顕は「深言之故候歟」とその篤志に感嘆している。

鎌倉幕府の滅亡とともに塩田国時が亡くなった後、国時の遺児と思われる「塩田陸奥八郎」が北条時行の挙兵に呼応し、大祝の一族と思われる「諏訪次郎[51]」を侍大将に従えて、駿河国府で足利方と戦っている。

十四日《八月》、駿河国府合戦、
　分取高名人数
上杉蔵人修理亮　　細河阿波守
高尾張権守　　　　大高伊予権守
高豊前権守　此外数輩在之
　高橋、清美関合戦同前、其夜興津宿逗留、凶徒大将尾張次郎自害、塩田陸奥八郎并侍大将諏方次郎等生捕了[52]
（康永四年山門申状裏書「足利尊氏関東下向合戦次第」）

次の第七章で詳しく述べるが、元弘の乱では塩田国時の子息の「陸奥六郎」と「渋川七郎」が陸奥国安積郡の佐々河城（福島県郡山市）に楯籠り、倒幕勢力に攻められた[53]。生死は記録されていない（状況からすれば死亡か）。「塩田陸奥八郎」はその弟にあたる。諏方大明神の熱心な信奉者だった塩田国時の遺児が、諏訪の大祝の一族である「諏訪次郎」を従えて一軍を率いたのは、北条時行の挙兵とよく似た構図である。塩田氏と諏訪の大祝との緊密な関係が見えてくる。

　こうした様相を踏まえると、塩田氏が諏訪の本社だけでなく、自らの所領である下之郷においても諏訪大明神への崇敬に積極的だったことは想像に難くない。むしろそうでないと考えるほうが無理である。さすがに下之郷に諏訪大明神を勧請したのが塩田氏だったとまでは言わないが、それに近いくらいの奉祀があったのではないだろうか[54]。

　しかし、塩田国時は鎌倉で自刃し、子息たちも戦乱の中に消えた。諏訪の大祝と繋がりが深かった塩田氏がいなくなると、下之郷の諏訪大明神もまた大祝のイデオロギーを離れ、独自の信仰を歩み始めた。大祝を大明神の現し身と

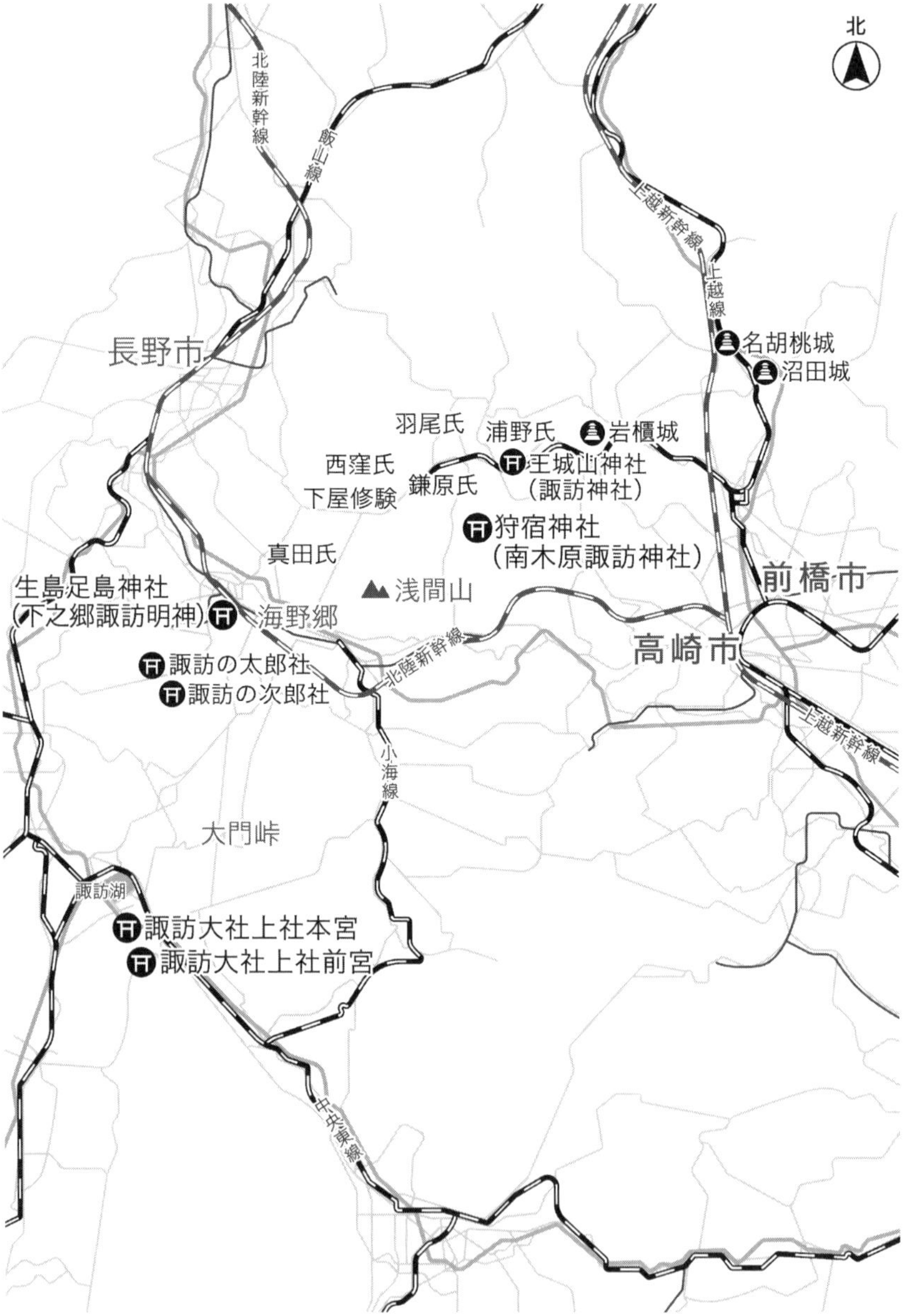
北
北陸新幹線
飯山線
上越新幹線
上越線
名胡桃城
沼田城
長野市
羽尾氏
浦野氏
岩櫃城
西窪氏
王城山神社
（諏訪神社）
鎌原氏
下屋修験
狩宿神社
（南木原諏訪神社）
真田氏
前橋市
生島足島神社
（下之郷諏訪明神）
浅間山
海野郷
北陸新幹線
高崎市
諏訪の太郎社
諏訪の次郎社
上越新幹線
小海線
大門峠
諏訪湖
諏訪大社上社本宮
諏訪大社上社前宮
中央東線

して仰いだこれまでの神話ではなく、大祝の聖性を必要としない新たな神話が求められる。しかもそれは本書第二章で考察した伴野荘の『伊那古大松原大明神縁起』（松原縁起）のように大祝を強硬に否定するものではなく、むしろ「異伝」としての立ち位置をわきまえた、それ故に物語性《ファンタジー色》の強いものとなった。それが甲賀三郎の神話である。本書第三章および第四章で考察してきたように、諏訪から蓼科山を仰ぎつつ雨境峠を越え、佐久郡の望月、春日を経て新海社から西上州・貫前へと続く道に甲賀三郎諏方の物語が生まれた。

一方、諏訪から、しかし雨境峠には向かわず、大門峠を越えて小県郡に至る道（大門街道）がある。この道は大門峠を北へくだり、小県郡を縦貫するようにして浅間山麓へと続いている。本書第五章で考証したように、浅間山麓には「なぎの松原」を垂迹の聖地とした甲賀三郎兼家の世界があった。そして「下之郷」も「田中村」も、いわば その道筋にある。甲賀三郎の諱を兼家とするもう一つの神話が生成した道である。

西内高梨の諏訪神社上社（諏訪の太郎社）

西内平井の諏訪神社下社（諏訪の次郎社）

それは、「なぎの松原」から旅立ち、やがて御射山の聖地を見出した三郎王子がたどった道でもある。三郎王子こと〝もう一人の〟諏訪大明神を主祭神として、二人の兄たちを相殿に祀る。在地の風景の中に描かれた〝もう一つの〟諏訪縁起、あるいは未生の諏訪縁起の記憶の欠片を、そこに垣間見る。

下之郷から南の平井寺峠を越える（現在は平井寺トンネルを通過）と内村街道（国道二五四号線）に出る。その街道沿いに二座の諏訪神社が祀られている。高梨（上田市西内高梨）の社殿を「上社」として、平井（上田市西内平井）の社殿を「下社」とする。高梨の諏訪神社は、かつて大塩（上田市西内大塩）に祀られていた諏訪神社を明治四一年（一九〇八）に高梨へ遷し、合祀したという。高梨へ遷される前の大塩の諏訪神社は「諏訪の太郎社」、平井の諏訪神社は「諏訪の次郎社」と呼ばれていた(55)。高梨の諏訪神社では七月二七日を祇園祭と称して（現在は七月の第四日曜日）三頭獅子舞が奉納される。生島足島神社でも祇園祭と称して三頭獅子舞が奉納されるのと同じように、高梨諏訪神社の三頭獅子舞も、かつて七月二七日に営まれた御射山祭の記憶をとどめたものだろう。

兼家系の物語において甲賀三郎は「上のみさやま」（天文本）、姫宮は「下のみさやま」に祀られたと説く。兼家系が明かした諏訪大明神の本性は御射山に祀られる神であり、それは御射山祭の縁起という性格を帯びる。それならば、その御射山の神たる甲賀三郎の三人の王子たちの物語は、在地における御射山の祭の中に生まれたのではないだろうか。西内において、諏訪の太郎の神と次郎の神の由来などはすでに失われてしまったが、当地区の西にそびえる三才山に御射山の縁起と三人の王子たちの物語の面影を想像できるかもしれない。

注

（1）　鹿児島県姶良郡湧水町（大隅国）の南方神社旧神職の石川家に伝えられた「諏訪御由来之絵縁起」（絵巻二巻、天文一二年（一五四三）書写）。伝承文学研究会編『神道物語集㈠』（伝承文学資料集第一輯、寺師三千夫・福田晃解題・解説、三弥井書店、一九六七年）に解題と翻刻。林ミチ『諏訪御由来之絵縁起』（綜文館、一九九八年）には影印と翻刻・読み下しを収載。なお、本書では鹿児島県歴史・美術センター黎明館に寄託されている原本にもとづき独自に読み下している。

（2）松本隆信「中世における本地物の研究㈢」（『斯道文庫論集』一三、一九七六年。後に『中世における本地物の研究』所収、汲古書院、一九九六年）

（3）白石一美「諏訪本地の諸問題」（『宮崎大学教育学部紀要　人文科学』七〇、一九九一年）

（4）『大日本古文書　家わけ第十六　島津家文書之二』所収（東京大学史料編纂所編、東京大学出版会、一九七一年復刻版）

（5）『全訳吾妻鏡　第三巻』（永原慶二監修・貴志正造訳注、新人物往来社、一九七七年）

（6）前掲注（2）松本隆信論文

（7）前掲注（3）白石一美論文

（8）『信濃史料　第四巻』所収（信濃史料刊行会、一九五四年）

（9）前掲注（8）に同じ。

（10）『東部町誌　歴史編上』（東部町誌編纂委員会編、東部町誌刊行会、一九九〇年）第三章第一節「三　臼田氏の所領と氏称」（桜井松夫・竜野敬一郎・川上元執筆）。

（11）『信濃史料　第七巻』所収（信濃史料刊行会、一九五六年）

（12）『神道大系　神社編三〇　諏訪』所収（竹内秀雄校注、神道大系編纂会、一九八三年）

（13）『神道大系　古典編一一　延喜式（上）』所収（虎尾俊哉校注、神道大系編纂会、一九九一年）

（14）森田晃一は「生島足島神社の御柱祭に関する歴史的考察」（松崎憲三編『諏訪系神社の御柱祭―式年祭の歴史民俗学的研究―』所収、岩田書院、二〇〇七年）において、「神名帳」に見える「生島足島神社」が現在の生島足島神社と繋がるか再検討の必要を示唆している。本稿の趣旨からしても同意である。

（15）福山寿久『信濃史蹟　下』（信濃新聞社、一九一二年）

（16）『国重要文化財生島足島神社文書　起請文にみる信玄武将』所収（生島足島神社・塩田文化財研究所・塩田平文化財保護協会編、生島足島神社、二〇〇六年）

（17）前掲注（16）に同じ。

(18) 前掲注（16）に同じ。
(19) 前掲注（16）に同じ。
(20) 諏訪の上宮では神長官を含んで五官（神長官・禰宜太夫・権祝・擬祝・副祝）とするが、下之郷諏訪大明神では大神主と大祝を含めずに五祝官がいる。
(21) 『長野県史 近世資料編 第一巻（二）東信地方』所収（長野県編、長野県史刊行会、一九七二年）
(22) 『生島足島神社概要』（国幣中社生島足島神社編・発行、一九三九年）
(23) 現在では七月の第四日曜日（近年は七月の最終日曜日）に「祇園祭」として三頭獅子の舞が奉納される。
(24) 鎌倉時代後期の成立と考えられる『陬波私注』には以下のように記されている。

一、七不思議事
正月一日　蝦蟆
寒気　御渡
正月十五日筒粥
葛井池　御幣
高野《カノ》　鹿耳之事
御作田
狩野麻生事

また、嘉禎四年（一二三八）の奥書を記す『諏方上社物忌令』にも以下のように記されている。

七不思議之事
一、御渡　　一、カヘルカリ（蛙狩）
一、高野ノ鹿ノミ（耳）、　　一、葛井池ノ木葉
一、御アマヲチ（雨落）　　一、ツ、カイ（筒粥）　狩野ノ鹿生スル事
一、御作久田　作久モヲエックユ〔コト〕

(25) 『実隆公記』明応四年（一四九五）三月一五日条によれば、三条西実隆も醍醐寺理性院の僧・宗詢（信州伊那郡の知久氏）から諏訪社の「蛙狩」の話を聞いて「諏方社蛙狩事、奇異之趣談之、難尽筆端、尤有興事也」と強い関心を抱いた。

（26）前掲注（12）に同じ。

（27）前掲注（12）に同じ。

（28）金井典美「金沢文庫の古書「陬波私注」について―中世における諏訪信仰の新資料―」（『金沢文庫研究』一五―九、一九六九年。後に金井典美『諏訪信仰史』所収、名著出版、一九八二年）

（29）『復刻諏訪史料叢書　第一巻』所収（諏訪教育会編所収、中央企画、一九八五年）

（30）前掲注（24）参照。

（31）前掲注（24）参照。

（32）前掲注（21）に同じ。

（33）『諏方上社物忌令』（神長本）には「六月晦日ニ苗をうゆれは一夜ニ熟味と成」とあるが、さすがに話を盛り過ぎだろう。

（34）前掲注（24）参照。

（35）前掲注（21）に同じ。

（36）上田市立博物館寄託。

（37）『信玄武将の起請文―重要文化財・生島足島神社文書―』（生島足島神社蔵。生島足島神社・東信史学会・塩田文化財研究所編、信毎書籍出版センター、一九八八年）所収

（38）宮地直一『諏訪史　第二巻　前編』（信濃教育会諏訪部会、一九三一年）

（39）明治初年頃に作成されたと考えられる「当社品々書上帳」（「生島足島神社由緒書上帳」）では生島足島神社に「生魂尊」と「足魂尊」を合祀し、諏方大明神の社殿に「健南方命」と「事代主命」を配している。

生島足島神社　　尊号　生魂尊 足魂尊

諏方大明神　　命号　健南方命 事代主命

右四神両本殿ニ祭有之候

（40）たとえば生島足島神社でも寅と申の年に御柱祭が営まれるが、諏訪大社の御柱に立てられる一の柱が五丈五尺とされるのに対して、当社の一の柱は五丈五尺五寸であるとして、その五寸の長さが強く主張されている。甲田圭吾「生島足島神社の御柱大祭関係」（『千曲』一〇四、東信史学会、二〇〇〇年）

（41）「当社品々書上帳」（「生島足島神社由緒書上帳」）に「十月三日より来ル三月三日迄、廿一籠り祭仕候」とある。

（42）北村皆雄「古諏訪信仰と生島足島神社」（古部族研究会編『日本原初考 古諏訪の祭祀と氏族』所収（永井出版企画、一九七七年）、村上和夫「生島足島神社の一研究—お籠り神事を追って—」（『上田盆地』二一、上田民俗研究会、一九八二年）、前掲注（14）森田晃一論文など。

（43）萩組の座については本書第三章・附論「維縵国の財—「大祝」の世界線—」も参照していただきたい。

（44）『年内神事次第旧記』では、翌一二月二三日以降の神事と日付が『画詞』とは異なる。『旧記』では、翌二三日は五官の祝の一人である擬祝が執り行う「小へび《蛇》入」、二四日は（『画詞』では二九日の神事とする）「おゝみ《大巳》祭」、二五日に「御身体入」と二〇番の舞、二六日は五官の祝のうち祢宜太夫が執り行う神事、二七日は同じく五官の祝のうち副祝が執り行う神事が続く。

（45）御室の神霊が一三ヶ日の神事のあいだの何日に前宮へ還御するか、実は『画詞』や『旧記』ではよくわからない。寅の日とする説（前掲注（42）北村皆雄論文等）、御左口神は丑日に還御、ソソウ神は卯日に還御とする説（田中基「穴巣始と外来魂—古諏訪祭政体の冬季構成—」（古部族研究会編『日本原初考 諏訪信仰の発生と展開』所収、永井出版企画、一九七八年）などがある。

（46）甲田圭吾「生島足島神社の特殊神事と諏訪大社との関係（その二）」（『上田・小県』一〇二、小県上田教育会、一九九五年）

（47）寛政一〇年（一七九八）一一月に田野口領佐久郡三塚村（佐久市三塚）の瀬下良起が集写した「田野口御役所地方雑集（『領内村々明細帳留書』）」（『長野県史 近世史料編 第二巻（一）佐久地方』所収、長野県編、長野県史刊行会、一九七八年）

（48）『復刻諏訪史料叢書 第三巻』所収（諏訪教育会編、中央企画、一九八三年）

（49）『信濃史料 第五巻』所収（信濃史料刊行会、一九七四年訂正重刊）

（50）神奈川県立金沢文庫の「金沢文庫データベース」にて画像と翻刻を閲覧。

（51）『諏訪氏古系図（神氏系図）』によれば、中先代の乱の首謀者である諏訪頼重の甥に「時重次郎」がいる。家系的にも年齢的にも、この人物に比定するのが妥当だろう。

（52）前掲注（49）に同じ。

（53）秋田藩家蔵赤坂文書・元弘三年七月日付「石川光隆着到状」。『郡山市史 第八巻 資料編（上）』所収（郡山市編・発行、一九七三年）。同書では「文和三年七月」として掲載したが、豊田武・遠藤巌・入間田宣夫「東北地方における北条氏の所領」（『日本文化研究所研究報告別巻 第七集』所収（東北大学日本文化研究所、一九七〇年）や『郡山市史 第一巻 原始・古代・中世』（郡山市編・発行、一九七五年）第四編第二章第一節「動乱と安積地方」（小林清治執筆）では「文和」を「元弘」の誤写としている。本書もその見解に従う。

(54)「当社品々書上帳」（「生島足島神社由緒書上帳」）には「建治二巳年、北条陸奥守塩田入道此地在居之時、大鐘一口御寄進被下置候、但、今般御一新ニ付取外シ申候」とあり、塩田義政の寄進と伝えられる梵鐘が存在したようである。

(55) 現在は高梨諏訪神社の境内社として「太郎社」が祀られている。伊澤和馬編『上田・小県文化大事典』（信濃路出版、一九八六年）。池内宣訓氏（西内の歴史を学び伝える会）の教示にもよる。

第七章　諏訪信仰とみちのくの鷹
――真名本『曽我物語』における畠山重忠の「鷹語り」から――

一　畠山重忠、鷹狩りを語る

鎌倉時代末期から南北朝時代にかけて成立したとされる真名本『曽我物語』の中に興味深いエピソードがある。しばらくのあいだ「諏訪」を離れてお付き合いいただきたい。

建久四年（一一九三）春、天下を手中にした源頼朝は御前に伺候していた諸国の御家人たちに狩庭めぐりの意向を告げた。

さる程に、鎌倉殿の御侍には、日本国の侍共、大名も小名も参り集まりて御物沙汰のありける次に、鎌倉殿諸国の侍共に向はせ給ひて仰せ出されけるは、「頼朝、この程徒然《つれづれ》にて候ふ間、狩庭の遊びをせばやと思し食すは、いかがあるべき。狩庭廻りは罪業とは聞けども、男の一の栄花は狩庭には過ぎじと覚えたり。いかがあるべき」と打咲ひ給ひければ、

（真名本『曽我物語』(1) 巻第五）

狩庭めぐりは罪業と聞くが、男にとっては第一の晴れ舞台でもある。いかがあるべきか、と。梶原景時はすかさず「狩庭は罪業とは覚え候はず」と頼朝に賛同し、天竺、震旦、本朝における狩庭の故事を披露する。ただし「鷹狩こそ罪業」であるという。御前に控えていた畠山重忠がそれを嘲り笑った。

いかに梶原殿、かやうの事をば申されけるぞ。鷹も由緒の候ふものを、いかなれば罪業とはなり候ふべき。

鷹狩りにも由緒故実がある。それをどうして罪業と言えようか。そして鷹狩りの由緒を滔々と披露する。天竺には波羅奈国の勝渡良王のもとで弥勒菩薩は鷹に化して世の無常を説き、斯婆国の尸毘大王には帝釈天が鷹に変じて王の菩提心を試した。震旦には周の文王、夏の禹王、秦の始皇帝らが鷹狩りを愛好した。いずれも王朝を創始した聖王たちである。鎌倉に武家の府を開いた頼朝こそ、そうした聖王たちの如く鷹狩りにはふさわしい。本朝においては源氏の氏神である八幡大菩薩の前世こそ鷹神（応神）天王であると説き明かされる。

我朝にも鷹を興じ、これを愛し給ひし事は、八幡大菩薩は我朝の帝にて御在せし古は鷹神天王と申す。

鷹神（応神）天王の御子である仁徳天王は賢王の誉れ高く、国は繁栄した。わが国における鷹狩りは、その仁徳天皇の治世に始まった。以来、王公貴紳に鷹を好むものは続き、神に通じた名鷹の例も多い。「しかれば、ただ鷹狩をも御好みあるべく候」と。頼朝をはじめとして諸国の御家人たちは畠山重忠が語る鷹狩りの由緒に聞き入った。頼朝は畠山の鷹の才覚を賞して奥州笹河に領地を与え、そのうえ武蔵・上野二ヶ国の惣追補使に任じた。

真名本『曽我物語』におけるこの逸話を、竹林俊伸は「鷹狩是非論」と捉えた[2]。竹林は梶原景時と畠山重忠との見解の相違を、梶原による「鎌倉幕府の体制イデオロギー」と畠山の「在地側のイデオロギー」との対抗として読み解こうとする。そして在地側に立つ読者層からの支持を得るために、彼らの在地的イデオロギーを宗教的イデオロギーによって正当化しようとしたものと解釈した。竹林の「宗教的イデオロギー」とは、畠山が語る天竺の波羅奈国と斯婆国での話、また本朝においては啄木鳥に化して堂塔を破損しようとした物部守屋に対して、聖徳太子が鷹に変じてそれを降伏させた話などのことをいうのだろう。たしかにその部分は仏教的ではある。しかし、震旦の聖王たちの例は仏教的な話ではない。本朝の鷹狩りのはじまりとする仁徳天皇の御世にしても、その後に続く天智天皇や惟喬親王の例にしても、内容はあくまでも鷹の徳である。仏教的なイデオロギーとまでは言えない。

あるいは、會田実は「東西の殺生に関するこうした思想の相違」と考えた[3]。「畠山が東国寄りの、梶原が西国寄りのイデオロギーを代表する」存在であるとしたうえで、東西のイデオロギーに跨りつつも、どちらかといえば東国の武士たちに神経を遣っていた頼朝の実像を読み解こうとする。しかし、會田の説明にも決定的な誤認があった。鷹狩りは東国武士たちに根生いの文化ではない。後に詳しく述べるが、鷹狩りはもともと天皇のもとに管理された公家の文化である。畠山重忠が本朝の鷹の由緒として語ったのも「仁徳天皇」「天智天皇」「嵯峨野に狩せし少将」「惟喬親王」ら王侯貴族である。「嵯峨野に狩せし少将」というのが誰かはわからないが、王朝物語の雰囲気は伝わってくる。會田が説くように畠山の鷹語りが東国の在地思想だとしたら、東国において鷹狩りの神とされた諏訪大明神とか、伝説的な鷹飼として知られる祢津神平とかに触れないのもおかしい。

竹林や會田が試みた構造主義の応用（対比構造の抽出）では、畠山重忠による「鷹語り」の本質を読み解くことができなかった。

頼朝の狩庭めぐりの意向に、真っ先に賛同したのは梶原景時。いかにも猪口才なイメージの梶原らしく巻狩りの由緒を得意げに披露した。しかし、梶原が鷹狩りを罪業と判じたことで、畠山重忠の才覚が導き出される。頼朝と御家人たちが称賛したのは、梶原ではなく、あくまでも畠山である。それはイデオロギーの対立ではない。梶原の口上は、畠山の「鷹語り」の、いわば布石であり、引き立て役である。「『曽我物語』が成立した一三世紀末から一四世紀初め、武家においても巻狩より鷹狩に関する知識が高く評価されるようになっていた」[4]とする中澤克昭の見解がもっともだと思われる。

畠山重忠のプロフィールはいまさら詳しく述べるまでもないだろう。文治五年（一一八九）の奥州攻めでは頼朝直属の大手軍において先陣を賜り、建久元年（一一九〇）と建久六年（一一九五）の頼朝の二度の上洛にも栄えある先陣を勤めたことで知られる。

奥州に御下向あるべき事、終日沙汰を経らる。（中略）二品は大手として、中路より御下向あるべし。先陣は畠山次郎重忠たるべきの由、これを召し仰す。

（『吾妻鏡』[5]文治五年七月一七日条）

御上洛の間先陣の事、御家人等、あるいは内々所望を企て、あるいは定めて仰せ付けられんかの由、思い儲くるの輩これ多し。しかるに日来全くその沙汰なし。今日畠山次郎重忠を召し仰す。これ御存念あるの間、仰せ付けられんと欲するところに、御夢想あるによつて、いよいよもつて思しめし定めらると云々。

（建久元年一〇月二日条）

御上洛の路次の供奉人の事、畠山次郎重忠先陣たるべし。

（建久六年二月一〇日条）

源頼朝の上洛を題材とした幸若舞曲（舞の本）「都入り」[6]では、その畠山の先陣を「嘉例」と讃える。『源平盛衰記』によれば、畠山重忠は先祖にあたる秩父武綱が八幡太朗義家から賜ったという白旗を奉じて頼朝に帰参したという。頼朝は秩父党の帰服を認め、先祖の故事に倣って畠山重忠に以後、すべての合戦における先陣を命じた。

頼朝日本国ヲ鎮ムホドハ汝先陣ヲ勤ベシ

（『源平盛衰記』[7]巻第二三「畠山推参」）

頼朝の狩庭めぐりの始まりに畠山重忠による口上が置かれたのも、そうした吉例としての先陣のイメージと無関係ではないだろう。畠山重忠は鷹狩りの由緒を語ることによって狩庭めぐりの先陣を果たすのである。ところが、不思議なことに真名本『曽我物語』は、このあとから始まる三原野、那須野、そして富士野の狩庭めぐりにおいて鷹狩りの様子をまったく描いていない。

富士野の狩庭に鷹を描いたのは、むしろ仮名本系統のほうである。

御陣の左右には、和田・畠山、いずれも鷹を据へ、輿成し、馬打ち静かに歩ませ給ふ。

（太山寺本『曽我物語』[8]巻第八「富士野の狩りの事」）

頼朝の本陣の左右には和田義盛と畠山重忠が鷹を据え、馬上に控えていたとされる。さらに仮名本系の影響を受けた幸若舞曲「夜討曽我」になると、その冒頭で説かれたのは巻狩りの陣立てではなく、まるで富士野の狩りの中心が鷹狩りだったと言わんばかりの有様である。

秩父殿射装束、鷹据ゑて御供なり。和田の義盛、狩装束、鷹据ゑて御供なり。千葉、小山、宇都宮、いづれも狩場の出で立ちにて、鷹据ゑて御供なり。惣じて、鷹は五十もと、犬は八十四疋、犬の鈴、鷹の鈴、轡の音がざゝめひて、上下六万六千余騎、さしもに広き富士の裾野に駒の立処はなし。

（幸若舞曲「夜討曽我」）(9)

仮名本系統では鷹を据えていたのは和田義盛と畠山重忠の二人だったが、幸若舞曲「夜討曽我」では千葉氏、小山氏、宇都宮氏らも鷹を据えて従ったという。鷹の数は五〇羽にも及ぶ。

いわゆる「曽我物語図屏風」は、右隻に富士野の巻狩りを描き、左隻に仇討当夜の逸話（夜討曽我、十番斬り）をちりばめる。その右隻の富士野の巻狩り図にも何かしらの図案によって鷹狩りが描かれる。たとえば土佐光吉の筆と推定され、安土桃山時代もしくは江戸時代初期の作とされる渡辺美術館蔵本(10)では、小高い丘の上から巻狩りの様子を眺める頼朝とその一行のなかで、頼朝に従う八騎のうち四騎が腕に鷹を据えている。いずれも綾藺笠をかぶった身分の高い武士たちである。画面の右上側では実際に騎馬の武士から放たれたオオタカが雉を追って飛び、鷹飼と犬飼らがさらにそれを追って走る。あるいは渡辺美術館蔵本よりも少し制作時期が下がるという山梨県立博物館蔵本(11)では、和田義盛と畠山重忠を筆頭として頼朝に従う綾藺笠の一二騎のすべてがそれぞれに鷹を据えている。

幾人もの武士たちが馬上で鷹を据えている描写は、仮名本系統というよりも幸若舞曲「夜討曽我」の影響とみるべ

（上、中は渡辺美術館蔵本、下は山梨県立博物館蔵本）

きだろう。仮名本『曽我物語』や幸若舞曲「夜討曽我」、そしてそれらをモチーフとした「曽我物語図屏風」などは、富士の巻狩りにおいて鷹狩りが催されたことをまるで当然のこととして描く。

しかし、実際には五月下旬の巻狩りにおいて、その一環として鷹狩りが催されることはない。オオタカは春の終わりから鳥屋《とや》に籠めて休ませ（鳥屋入り）、晩秋に鳥屋から出して（鳥屋出し）狩りのシーズンを迎える。「鷹狩り」は連歌・俳諧において冬の季語とされる。小鷹《こたか》と呼ばれたハイタカ（鷂）の場合、鳥屋入りはもう少し遅く、鳥屋出しはもう少し早いようである。春や秋にも使うことができるので、中世の公家たちはオオタカよりもハイタカ（小鷹）のほう好まれたらしい。それにしても夏はありえない。旧暦五月下旬といえば真夏である。真夏に鷹狩りなどできるはずがないのである。

もちろん仮名本『曽我物語』が五月下旬には鷹狩りができないことを知らないはずはないだろう。それでも富士野の巻狩りの一場面として鷹を描いた。幸若舞曲も曽我物語図屏風も、その〝虚構〟を受け入れた。

真名本『曽我物語』は五月下旬の巻狩りでは鷹を使えないことを知っているはずである。だからそうした場面を描かなかった。仮名本よりも現実味がある。しかし、鷹狩りを描く代わりに狩場めぐりの先陣として畠山重忠に鷹狩りの由緒を語らせた。真名本にしても仮名本にしても、『曽我物語』がそこまでして「鷹狩り」にこだわったのはなぜか。

二 「鷹語り」の系譜

平安時代前期、鷹狩りは天皇の専権行為とされていた。[12] 王権の象徴だったといってもよい。私的に鷹を飼うこと、まして鷹狩りを催すことは厳しく禁じられていた。代々の帝たちは自ら鷹狩りの行幸を催し、あるいは勅を以て功臣たちに鷹狩りを許してきた(13)。

村上朝の頃に成立したとされる公事の儀礼『新儀式』(14)第四「野行幸事」によれば、「野行幸」には鷹の技に巧みな親王公卿ならびに非参議の四位五位たちまで鷹・鷂を携えて供奉するという。鷹飼・鷂飼らも摺衣の着用を許されて近衛の陣前あるいは御輿の前に控える。鷹飼・鷂飼らは親王公卿と同じく騎乗を許され、宴の席では公卿の座の後ろで杯酌を賜ったという。その晴れがましい様子は『源氏物語』にも大原野の行幸として描かれている。

　親王たち、上達部なども、鷹にかかづらひたまへるは、めずらしき狩の御装ひどもをまうけ給。近衛の鷹飼い《ひ》どもは、まして世に目馴れぬ摺衣を乱れ着つゝ、けしきことなり。

（『源氏物語』(15)「行幸」）

榎村寛之によれば、野行幸は光孝・宇多・醍醐の治世に特徴的な儀礼であるという(16)。三代の帝はいずれも鷹を好んだ帝として伝えられている(17)。聖帝には鷹狩りがふさわしい。野行幸とは狩猟の中でもとりわけて鷹狩りの行幸であり、鷹狩りこそ王権による狩猟の象徴となっていた。

王権の象徴とされた鷹狩りは、摂関政治下において高度に儀礼化した。摂関や大臣が私邸に親王公卿、官人らを招いて催す「大臣大饗」では「鷹飼渡」の儀が執り行われる。たとえば平安時代中期の貴族である左大弁・源経頼の日記『左経記』には、万寿二年（一〇二五）正月二〇日に催された関白左大臣・藤原頼通による大臣大饗とそこでの鷹飼渡の様子が記録されている。

鷹飼率犬飼雉一枝令取犬飼、出御既経南山路、列西中門、渡南庭、鷹飼取雉到立作所付雉、賜杯禄如常、了経東池上階去了

（『左経記』[18] 万寿二年正月二〇日条）

宴席の最中、鷹飼はいかにも鷹が捕らえた獲物のような体裁で雉を結わえた枝（鳥柴《としば》）を下部の犬飼に持たせ、寝殿の南庭に入ってくる。鷹飼は犬飼から雉を受け取り、その雉を庭上に設えられた立作所（仮設の調理台）に置く。そして酒杯と禄を賜り、退出するという。

前関白・藤原忠実の談話を大外記・中原師元が筆録したとされる『中外抄』にも、大臣大饗における鷹飼渡の次第が記されている。

母屋の大饗には、鷹飼をもつて見物となすなり。鷹を飛ばしむる事は二度なり。一度は殿の幔門を出づる時飛ばしめて、鈴の声を聞かしむるなり。その後、南庭を渡りて床子に居て、酒飲みて後、立ちて歩まむとする時、また飛ばしむるなり。

（『中外抄』[19] 下巻四七条）

鷹飼は、まず南庭に入ってくるときに幔門から鷹を放つ。鷹の尾に付けられた「鈴の声を聞かしむる」のが目的らしい。その後、寝殿の簀子で酒杯を賜り、もう一度鷹を放ってみせてから退出する。鳥柴に結わえられた雉も、鷹を放ってみせるのも、鷹狩りを模した演出であり、いわば鷹飼による芸《パフォーマンス》の披露である。

鎌倉時代後期に著された『基成朝臣鷹狩記』[20]によれば、大臣大饗における鷹飼渡は「そのすがた野の行幸のごとし」という。

又大臣の大饗に母屋とひさしの両儀あり。母屋の大饗は大儀なるによりて。今の世にはたえたり。嘉応の比まではありし哉らん。其年の限只今たしかに覚へず。いまはひさしの儀ばかりなり。母屋の大饗には鷹かひわたる事あり。犬飼同じく相ぐしたり。そのすがた野の行幸のごとし。

大臣大饗は鷹飼渡のパフォーマンスによって擬似的な野行幸となる。摂関や大臣たちは帝の権威の代行者としてそこに野行幸を演出する。高度に儀礼化し、実際の鷹狩りは不要にさえなる。殺生禁断の思想に則れば、むしろそのほうが歓迎もされるだろう。折口信夫は、鷹を「たましひの鳥」の一つととらえ、その鈴の音を「咒術とうらなひ」に関わると説いた[21]。鷹は飛び去ろうとする霊魂を掴みとり、鈴の清《さや》かな音色は荒ぶる魂を鎮めるという。それは野行幸とそれに擬した大臣大饗の本質と言ってよいだろう。鷹と鷹飼たちは鎮魂と祝福の芸によって、帝の生命を守り、その帝にかわる摂関たちの治世を寿ぐのか。

しかも、鷹飼の〝芸〟は鷹を放つことにとどまらない。

鷹飼の〝芸〟を考えるうえで興味深いのは『吾妻鏡』元久三年（一二〇六）三月一二日条と一三日条である。将軍・源実朝の御前に信濃国の住人・桜井五郎が伺候した。

十二日　癸巳　桜井五郎信濃国の住人。は殊なる鷹飼なり。しかるに今日将軍家の御前において、鷹を飼う口伝故実等これを申し、すこぶる自讃に及ぶ。しかのみならず鴟をもつて鷹のごとくにして鳥を取らしむべしと云々。その證を覧るべきの由直に仰せらるといへども、当座においては難治、後日たるべきの由、これを辞し申す。

（『吾妻鏡』元久三年三月一二日条）

信濃国の住人・桜井五郎は秀でた鷹飼でもあった(22)。彼は実朝の御前において鷹の「口伝故実」を語った。さらに鵙《もず》さえ鷹のごとくに操ることができると豪語する。

十三日　甲午　相州召によつて御前に参りたまひ、数刻御雑談に及ぶ。将軍家仰せて云はく、桜井五郎といふ者あり。鵙をもつて鳥を取らしむべきの由、これを申す。たしかにその実を見んと欲す。これ嬰児の戯に似て詮なき事かと云々。相州申されて云はく、斉頼この術を専らにすと云々。末代においては希有の事なり。縡もし虚誕となさば、彼がため不便。なほもつて内々尋ね仰せらるべしてへれば、この御詞いまだ訖らざるに、桜井五郎参上す。紺の直垂を著し、餌袋を右の腰に付け、鵙一羽を左手に居う。相州簾中よりこれを見て、すこぶる興に入る。この上は早く御覧あるべしと云々。よつて御簾を上げらる。この時に及びて大官令・問注所入道、已上群参す。桜井庭上に候ず。黄雀草中にあり。鵙を合はせ三寄。三翼を取る。上下感嘆すること甚し。桜井申して云はく、小鳥は尋常の事なり。雉といへども、さらに相違あるべからずと云々。すなはち御前の簀子に召され、御剣を賜ふ。相州これを伝へたまふと云々。

（『吾妻鏡』元久二年三月一三日条）

翌日、将軍の御前には北条義時が伺候していた。数刻後、桜井五郎が参上する。左手には鷹ならぬ鵙を据えている。そして義時に促されて前日の言葉どおり鵙を放って黄雀（アオジ／スズメ）を捕らえてみせた。さらに、黄雀のような小鳥は容易きこと。その気になれば鵙で雉さえも捕らえさせることができる、とふたたび豪語に及んだ。実朝は褒美として剣を与え、義時がそれを取り次いだ。

この一連の記事には注意するべき点が二つある。

第一には桜井五郎が鷹（鵰）の術を上覧するというので、大江広元（大官令）と三善康信（問注所入道）の二人が同席したという点である。生粋の関東武士ではなく、京都の公家社会出身の二人が鷹の技の観覧に陪席したのは、鷹の技が公家の文化と認識されていたためであろう。鷹狩りといえば武士の遊戯であるかのようなイメージは、むしろ中世以降の武士たちが鷹狩りに興じるようになってからのことである。同年の暮れ、『吾妻鏡』建永元年（一二〇六）一二月二三日条には実朝の勘気を蒙っていた東重胤が北条義時の斡旋によって和歌を献じて許された逸話が記されている。

相州かの歌を御前に披き置かれ、重胤愁緒の余りに述懐に及ぶ。事の体不便の由これを申さる。将軍家御詠吟両三反に及び、すなはち御前に召して片土冬気、枯野の眺望、鷹狩。雪の後朝等の事を尋ね仰せらる。

（『吾妻鏡』建永元年一二月二三日条）

実朝が重胤を御前に召して語らった歌の題は「片土の冬気」「枯野の眺望」「鷹狩」「雪の後朝」。いずれも冬の雅である。つまり鷹狩りは王朝の雅に通じた和歌のなかにイメージされる。

二つ目に注目したいのは（こちらのほうが重大である）、桜井五郎が将軍の御前において「鷹を飼う口伝故実」を語ってみせたという点である。将軍の御前において鷹の故実を披露する。それはまさしく真名本『曽我物語』における畠山重忠の語りを彷彿させる。

よく似た話が狂言「政頼《せいらい》」である。殺生の罪によって地獄に堕ちた鷹飼の「せいらい」(23)は閻魔の御前において鷹の謂れ、名所《などころ》を語る。それに納得した閻魔は殺生の罪を不問として、自らのための鷹狩りを所望する。

閻魔「左あらバさて鷹の子細を委敷語り候え
シテ「心得て候
〈シテ〉「抑鷹の吉左右〈相〉と申ハ、眼が裏ニ庇をさせバ、眼は明星の如く、觜爪は三日月のことく、前ニは山を抱き、後ロに山河を流す。呉服鳥の毛綾を帖〈たたみ〉、うばらげ波を寄、愁の毛泪を止む。ひうちば風サ切架羽《ホロ》ニ至ル迄、何も鷹の吉左右〈相〉也。尾は七尾ならしバ、大石打に小石うち、うわを鈴付柴曳ニ至ル迄、何も鷹の名所也。取てハけなしもげ上り、打爪蛙子掛の爪、鳥搦に至迄、何も鷹の取手也。其上鷹ハ異国ニてハ（鷹ハ国〳〵に依て）、名も替るよし承り候が（名も替れり。大唐にてハしゆ鳥といゝ、百済国にてくり鳥、ケイタン国にてかんせん、天竺にてしゆわう）日本ニ而鷹と申。此鷹を持〈以〉て諸鳥をとらせ、貴人高人の御慰ニ致舛ル。先鷹の子細如此ニ而候。

（大蔵虎光本狂言集「政頼」(24)）

シテである政頼が閻魔の御前で語る鷹の吉相は狂言が独自に考え出した趣向ではない。「眼は明星の如く、觜爪は三日月のことく」は、真名本『曽我物語』において畠山が語った「眼は明星を論じ、青觜は三日月の如し」に酷似している。眼の吉相を明星に喩えるのは、嵯峨天皇の撰に仮託される『新修鷹経』(25)に「眼光清利如明星」とあり、室町時代後期に持明院基春が著したとされている『鷹経弁疑論』(26)にも「眼は明星の如く」と記されてはいる。しかし、両書とも嘴の吉相に三日月の喩えは用いてはいないから、「政頼」の雄弁も畠山の蘊蓄も、似ているとはいえ『新修鷹経』や『鷹経弁疑論』のようによく知られた（誰もが知っているような）鷹書が典拠ということではなさそうである。畠山重忠が唱えた鷹の由緒は、おおまかには鷹の伝来説話や由緒を踏襲しつつ、しかし、かならずしも鷹の専門的な知識に依拠するものでない。おそらく『曽我物語』は中世の正統な鷹書の世界に通じた知識を持ち合わせてはいなかったの

ではないか。(27)

それにしても、『吾妻鏡』の桜井五郎といい狂言の「政頼」といい、優れた鷹飼たちは、なぜ貴人の御前において鷹の由緒を語るのか。先に述べたように、大臣大饗における「鷹飼渡」は王権による鷹狩りである野行幸を模したパフォーマンスだった。鷹が捕らえた体裁で雉を結わえた枝を犬飼に持たせ、庭先で鷹を放ってみせ、鷹の鈴の音を響かせる。現実の狩猟から離れたパフォーマンスは、やがて鷹を放つことからさえも遠退く。鷹飼の技とは、実際に鷹を放って獲物を捕らえさせるのではなく、貴人の御前においては鷹の「口伝故実」を披露することが重要となった。桜井五郎による「口伝故実」の披露や「政頼」における鷹の由緒の語りを例とすれば、真名本『曽我物語』における畠山重忠の鷹の由緒の語りがそれらと同質であることは疑う余地もないだろう。「鷹語り」というべき鷹飼たちの〝芸〟がそこにある。

中世の鷹書の多くは、その冒頭において、まず鷹狩りの由来・由緒を述べ、鷹の相（名所）を賞賛し、然る後に飼育の実技の解説に入る。鷹書の真髄はその冒頭の由緒書にあるといってもよい。鷹書の冒頭に見られる鷹狩りの由来や由緒を説く説話などは、そうした貴人の前で披露する口上のためのテキストだったのではないか。

畠山重忠が頼朝の御前において鷹の故実を語る。それは大臣大饗における「鷹飼渡」と同じ意味を持つ。鷹を語ることで王朝の野行幸に準じ、天下を治める者としての資格が確認される。畠山の語る鷹の由緒は、ときに頼朝を王朝の創始者たる聖王たちの系譜に擬え、ときに源氏の氏神たる八幡大菩薩の垂迹を鷹にちなむ鷹神天王と解く。それは「鷹語り」による祝言にほかならない。

三　奥州笹川

さて、真名本『曽我物語』によれば、源頼朝は畠山重忠の鷹の才覚を激賞し、奥州笹川に領地を与え、武蔵・上野二ヶ国の惣追補使に任じたとされる。

歴史的事実から言えば、武蔵国は鎌倉時代を通して惣追捕使（守護）は置かれず、国司である武蔵守が守護の権限を兼ねてきた。武蔵守は鎌倉幕府の草創期には平賀氏や足利氏ら源氏の一門が任じられたが、北条時房から後は北条氏の、多くは連著や執権によって占有されてきた。また、上野国の守護は霜月騒動（一二八五）によって安達泰盛が誅殺されるまで安達氏に継承され、その後はやはり得宗家が就任している。したがって畠山重忠が武蔵・上野二ヶ国の惣追補使に任じられたというのは『曽我物語』の虚構（というか演出）と言わざるを得ない。

しかし、武蔵国はもともと畠山氏の本貫（武蔵国男衾郡畠山郷）であり、畠山重忠は「武蔵国留守所惣検校職」に任じられて武蔵国の御家人たちを統率する立場にあった。惣追捕使（守護）に似た地位である。また、上野国は畠山重忠の滅亡後にその名跡を継承した足利系畠山氏の畠山泰国が上野介に任じられていたから、掠る程度の繋がりはある。真名本『曽我物語』が用いるのは、歴史的な事実ではなく、「なんとなくそれっぽいイメージ」である。しかもその「なんとなくそれっぽいイメージ」はけっして無縁の虚構ではない。とくに「地名」や「地理観」については、どこかに何かしらの繋がりを持つ。

それは狩庭めぐりにおいて特に顕著である。たとえば浅間の狩庭で所領を賜った海野幸氏は浅間山麓に展開した諏訪明神の祭祀者であった（本書第五章「兼家系「諏訪の本地」の風景（一）—なぎの松原から—」）。また、那須野の狩庭へ向かう頼朝一行をもてなした宇都宮朝綱の妻女の名誉は那須野を聖なる狩庭とした宇都宮明神の信仰と繋がっていた。(28)宇都宮の妻女に与えられた伊沢郡や宇都宮朝綱に与えられたとされる信夫庄は奥州における宇都宮明神の信仰の拠点ともいうべき土地だった。(29)「狩庭」の在地にこだわる真名本『曽我物語』は故なき名誉を語りはしない。

畠山重忠が「鷹語り」の名誉として賜ったという奥州笹川は現在の福島県郡山市安積町笹川にあたる。当地が畠山重忠もしくは畠山氏の所領であったという歴史的事実はない。しかし、そうした歴史的事実以上に重いのは、笹川を「鷹の才覚の引出物」とした真名本『曽我物語』の意思である。

奥州笹川の地名がはじめて史料上に確認されるのは、秋田藩家蔵赤坂文書・元弘三年七月日付「石川光隆着到状(30)」である。

着到

陸奥国石河大炊余四郎光隆、去五月廿三日於二奥州安積郡佐々河城一、到二塩田陸奥禅門子息陸奥六郎、同渋河七郎以下、家人土持二郎入道、同六郎左衛門入道合戦一之間、光隆依レ抽二軍忠一仕二手負一、分取之上、光隆□□左□□同方小□及深手半死半生、若党以下手負疵之間、于レ命令二延引一也、七月十五日企二参上一、所レ勤、仕二階堂釘貫役所一也、仍如レ件

元弘三年七月日

元弘三年（一三三三）五月二三日、石川光隆は奥州安積郡の「佐々河城」を攻め、塩田陸奥禅門の子息・陸奥六郎、同じく渋川七郎らと交戦した。元弘三年五月二三日といえば、北条高時以下が鎌倉の東勝寺で自刃し、鎌倉幕府が滅

びた日の翌日である。「塩田陸奥禅門」は信州・塩田庄を本拠とした北条国時。『太平記』（天正本）によれば「塩田陸奥入道」は五月二二日に子息・俊時とともに鎌倉の自邸にて自刃したという。

塩田陸奥入道が子息民部大輔俊時、親の自害を勧めんと、腹掻き切つて目前に臥したりけるを見給ひて、幾程ならぬ今生の別れに目くれ心迷ひして、落つる涙も留まらず。（中略）入道、「さらば」とて経をば左の手に握り、右の手に刀を抜いて、腹十文字にかき切つて、父子同じ枕にぞ臥し給ひける。

（『太平記』巻第一〇「関東氏族並びに家僕等打死の事」[31]）

佐々河城（笹川城）を守備していた陸奥六郎と渋川七郎の名は『尊卑分脈』等に見られないが、俊時の弟たちだろう。

本書第六章（兼家系「諏訪の本地」の風景（二）―甲賀三郎の子どもたち―）でも述べたが、塩田国時は諏訪大明神の熱烈な信奉者だったらしい。嘉暦四年（一三二九）三月付の「鎌倉幕府下知状案」（「諏方上宮五月会付流鏑馬之頭・花会頭与可為同前御射山頭役結番之事」[32]）によって、信濃国内の御家人たちは一三組にわけられて諏訪上社の祭礼を賄う頭役の結番を命じられていた。塩田国時は二番組で御射山の左頭役を担うことになっている。

二番
五月会分
左頭　棒庄半分　陸奥左近太夫将監
右頭　狩田郷内東条　和田隠岐入道

流鏑馬頭　赤須・遠山・甲斐治(沼)・大河原・鹿塩地頭等

御射山

左頭　塩田庄半分　陸奥入道

右頭　海野庄内岩下郷　海野次郎左衛門入道知行分、付国分寺・南條並善哉・塩野両郡地頭等

元徳二年（一三三〇）二月一九日付と推定される「金沢貞顕書状[33]」によれば、この月の一三日に塩田国時は翌年（一三三一）の御射山の頭役にあたるため所領へ下向する旨、金沢貞顕のもとへ挨拶に来たという。

塩田陸奥入道、明年諏方七月頭役之間暇申て、奥州所領へ下向候とて、去十三日来臨候き、□年に一度の役之由承及候しに、当世には数ヶ度勤仕候、深言之故候歟

諏訪大明神の頭役の結番は一三組である。嘉暦四年（一三二九）三月付の下知で翌年からの結番一三組が定められていたから、二番組の塩田国時はちょうど元徳三年の担当にあたる。塩田国時はこれまでに「数ヶ度」も頭役を勤めてきたらしく、金沢貞顕は「深言之故候歟」とその篤志に感嘆している。

鎌倉幕府が滅亡し、塩田国時と子息・俊時は鎌倉で自害。奥州で佐々河城を守備していた陸奥六郎と渋川七郎もおそらくは討ち取られたのではないか。しかし、それでも塩田氏の抵抗は止まない。「塩田陸奥八郎」は北条時行の挙兵に呼応し、大祝の一族と思われる「諏訪次郎[34]」を侍大将に従えて駿河国府で足利方と戦っている。「塩田陸奥八郎」というからには国時の遺児であり、陸奥六郎と渋川七郎の弟だろう。

十四日（八月）、駿河国府合戦、

分取高名人数

上杉蔵人修理亮　　細河阿波守

高尾張権守　　大高伊予権守

高豊前権守　此外数輩在之

高橋、清美関合戦同前、其夜興津宿逗留、凶徒大将尾張次郎自害、塩田陸奥八郎并侍大将諏方次郎等生捕了

（康永四年山門申状裏書「足利尊氏関東下向合戦次第」）[35]

塩田国時の遺児が、前々大祝頼重の甥と思われる「諏訪次郎」を従えて一軍を率いたのは北条時行の挙兵とよく似た構図で、塩田氏と諏訪の大祝との緊密な関係が見えてくる。

塩田北条氏は、北条義時の子・重時を祖とする極楽寺家の支流である。極楽寺重時の子・義政が信濃国塩田庄（長野県上田市塩田地区）に住み、塩田氏を称するようになる。義政の子が国時である。

その塩田国時の子と郎従たちが陸奥国安積郡の佐々河にいた。討幕のうねりの中で佐々河城も反幕府勢力によって攻め落とされた。遠藤巌は、佐々河城への攻撃が鎌倉、六波羅探題、鎮西探題など幕府の最重要拠点への攻撃と軌を一にしていることに注目し、「佐々河城が南奥における北条氏陸奥支配の最大拠点であった」[36]と推定した。また、垣内和孝も「佐々河が北条氏による陸奥国支配の拠点の一つであった」「佐々河が北条国時の所領であったことは疑いない」[37]と説明している。

塩田氏が拠点とした佐々河城の明確な跡地は明らかではないが、現在の郡山市安積町笹川の北隣には中世の大規模

北
郡山市
陸奥国篠川城
長野市
宇都宮市
塩田庄
高崎市
諏訪湖
諏訪大社上社本宮
東京
東京湾
鎌倉
相模湾
静岡市
駿河国府
浜松市

な町並みの跡として「荒井猫田遺跡」が発掘されている。荒井猫田遺跡は旧河川跡をはさんで、南側に鎌倉時代の町並み、北側に室町時代の町並みが確認されてきた。鎌倉時代の町並み（調査における通称「南の町」）では、一辺が六〇m規模の城館跡のほか、「奥大道」の一部とみられる幹線道、側溝、木戸、延べ二五〇〇〇基におよぶ住居の柱の跡、井戸群、さらには鍛冶職人の居住区なども確認されたが、鎌倉時代の終焉と時期を同じくして町は廃れたらしい。それに代わって旧河川跡を隔てた北側に室町時代の城館と町並み（通称「北の町」）が営まれるようになるという(38)。柳田和久、高橋明らは荒井猫田遺跡の鎌倉時代の町並み（「南の町」）を塩田氏の佐々河城の一部と推考している(39)。

塩田氏の佐々河城が陥落した後、室町時代には第三代鎌倉公方・足利満兼が弟の足利満直と満貞とをそれぞれ篠川（佐々河）と岩瀬郡稲村（福島県須賀川市稲）に派遣し、南奥州の抑えとした。足利満直は篠川殿、あるいは篠川公方を称し、一時的にではあるが南奥州の権威となる。

鎌倉時代末期から室町時代にかけて佐々河（篠川）が南奥州の要とされたのは、そこが軍事と物流の要衝だったからだろう。中世の笹川には、鎌倉から奥州へと通じる鎌倉街道（奥大道）が縦貫し、岩城へ向かう道（岩城道）と常陸へと至る道（常陸道）、会津を経て越後まで通じる道（会津道）がそこに交差していた。現在のＪＲ郡山駅が東北新幹線・東北本線を縦軸として、磐越東線、水郡線、磐越西線のターミナル駅となっているのも同じ事だろう。陸路だけでなく、阿武隈川の水運も見過ごすことはできまい。

「鷹語り」の褒美として畠山重忠に与えられたとされる奥州笹川は、鎌倉時代末期には諏訪大明神の熱烈な信奉者である塩田北条氏の所領だった。そこは奥大道の要衝でもある。そのことを踏まえたうえで塩田氏と諏訪信仰との密接な関係を手がかりとして、なぜ奥州笹川が「鷹語り」の褒美としてイメージされたのか、その背景を次節で推考してみたい。

四　みちのくの鷹

鎌倉幕府が御家人らに対して鷹狩を禁じたことは周知のとおりである。『吾妻鏡』には都合八度に及ぶ鷹狩禁令が記録されている。(40) たとえば、建久六年（一一九五）九月二九日には第一の鷹狩り禁令が示される。

鷹狩を停止すべきの旨、諸国の御家人に仰せらる。厳制を違犯するの輩においては、その科あるべし。ただし神社の供税贄鷹の事は、御制の限りにあらずてへり。

以後の禁令もおよそ似たような条文である。こうした鷹狩りの禁令が殺生禁断の思想に拠るものでないことは本章第二節で述べたとおりである。鷹狩りは王権の象徴。その認識は鎌倉幕府にも受け継がれていた。鎌倉幕府は王朝時代の鷹狩り禁令に倣い、(41) 私事の鷹狩りを禁じたのだろう。(42) ただし神社での祭礼に際して鷹狩りによって仕留めた獲物（鳥）を神膳に供える贄鷹の儀は禁制の対象外とされた。

ただし神社の供税贄鷹の事は、御制の限りにあらず　（建久六年九月二九日条）
ただし所処の神社貢税の事においては制の限りにあらず　（建保元年一二月七日条）
限りある神社の供税の事、子細に及ばざるの由　（寛元三年一一月一〇日条）
ただし神社の供祭物においては制の限りにあらず　（寛元三年一二月一六日条）

右大将の御時より、諸社の贄鷹のほかは禁断のところ　（建長二年一一月二九日条）

神社供祭のほかは　（弘長元年二月二九日条）

供祭のほか　（文永三年三月二八日条）

そうした諸社における鷹の供物[43]のなかで、もっともよく知られるのは諏訪大明神の贄鷹である。『吾妻鏡』建暦二年（一二一二）八月一九日条は諏訪大明神を禁制の対象外として名指しする。

鷹狩を禁断すべき由、守護・地頭等に仰せらる。ただし信濃国諏方大明神の御贄の鷹においては免ぜらるるの由と云々。

諸社の贄鷹では、社領の内であっても神職による鷹狩り以外は禁止されていたが[44]、また、年不詳ながら鎌倉幕府追加法「鷹狩事[45]」によれば、諏訪大明神の御射山と五月会の頭役については神職ではなくとも鷹の禁制の例外が認められている。

一　鷹狩の事

（中略）

次いで供祭鷹の事、神領たりといへども、社司のほか、固くこれを停止すべし。但し諏方社の御射山・五月会の頭人の事、他に異なるのあいだ、信濃国においては制の限りにあらず。他国に至りてはこれを禁制すべし。

（追加法七三七「鷹狩事」）

前掲の『吾妻鏡』建暦二年八月一九日条と同じく社領の内であっても神職による鷹狩り以外は禁止する。ただし、諏訪大明神の御射山と五月会の頭役だけは例外であるという。例外どころか、嘉禎四年（一二三八）の奥書を識す『諏方上社物忌令』[46]によれば、御射山祭や五月会の頭役を勤める者は、むしろ鷹狩りに精励しなくては神慮に背くとさえ言われる。

当社の御頭にあたらん人は、何にも御狩を本として、御贄鷹をもつかい、御贄をかけらるへし。御狩と云は波提国鹿野苑より始れり。鷹と云は麻河陀国より始也。此旨を背きて御贄狩をもせさらん御頭人は、神慮に可レ背者也。

『諏訪大明神画詞』[47]祭第五では御射山の狩りにおいて「必神事ノ法則ニ非ト云ヘトモ、鷹ナトスヘテ使フ物モアリ」と記されている。鷹狩りは正式な神事に則るものではないような書き方だが、けっしてそうではないだろう。同書の縁起第五には「東国無双の鷹匠」として祢津神平貞直の逸話を紹介する。その祢津神平の秘蔵の鷹〈雲井丸〉を是非にと乞い譲り受けた者がいた。あるとき諏訪大明神の頭役（御射山か五月会かはわからないが）が贄の狩りのために、その〈雲井丸〉を所望した。

其時当社頭役人御贄ノ狩ノタメニ、度々所望シケレトモ、固辞シテ与ヘサリケルヲ、神慮ニヤトカメヲホシ召ケン、此鷹ノ主俄カニ両眼明ヲ失ケリ。驚キ懼テ、件鷹ニ神馬ヲ相副テ、社家へ奉ケリ。

（『諏訪大明神画詞』縁起第五）

〈雲井丸〉の現在の主は頭役の所望を拒んだ。すると〈雲井丸〉の主は神罰を蒙ってたちまちに失明し、畏れ慌てて〈雲井丸〉に神馬を添えて奉納したという。あるいは、同じく縁起第五には、頭役となった渋河某が鷹狩りに使う犬を東寺の僧に所望する逸話があげられている。

渋河ノ某トカヤ、当社祭礼ノ頭役ニアタリタリケル比、東寺供僧ニ年来師檀ノ約ヲナセルアリ。鷹ニヨカリヌヘキ犬ヲ飼ケルヲ所望シケレハ、罪業の因ヲ痛ミテ、他所ニ遣ハシヌト謂テ、カクシテンケリ。彼僧忽ニ霊夢感スル事アリ。此犬近ク前ニ来テ悲泣愁歎ノ体也。イカナル故ナラント思フニ、傍ニ黄衣ノ神人両三輩現シテ示サク、此犬善根値遇ノ機縁アリテ、当社大明神逆縁化道ニ預カラントスルヲ、主人ヲロカニシテ吝惜スルニヨリテ、涕泣ノ相ヲ顕スト云ト見テ去ヌ。此僧随喜感歎シテ、其夜ノ未明ニ檀那方ニ送ツカハサントスルニ、件犬階ノ下ニ病フシテ起歩ムニ及ハス。数日食ヲ断テ終ニ斃ニケリ。

渋河の某が諏訪社の頭役になった[48]。渋川から「鷹ニヨカリヌへキ犬」を所望された僧は、犬に殺生の罪を犯させることを不憫に思い、嘘をついて犬を譲らなかった。平安朝においても鷹飼の下部として犬飼が置かれたように、鷹狩りには犬が必要である。鷹が仕留めた獲物を茂みに引き込んだとき（鷹にはそういう習性がある）、いち早く駆けつけて吠えたて、鷹が獲物を喰おうとするのを妨げ、その場所を鷹飼に知らせるのである。犬は諏訪大明神の贄の狩りに使われることによって逆縁の善根となるはずだったのに、飼い主が愚かだったばかりにその機縁を逃してしまったという。頭役が所望したのだから諏訪の祭礼における贄の鷹狩りである。

　こうした逸話の背景には、頭役を勤める者にとって贄の鷹狩りに用いるすぐれた鷹や犬の調達が大きな関心事だった実状が窺われる。『諏訪大明神画詞』が言うような「必神事ノ法則ニ非」どころではない。

　神長官守矢家蔵『諏訪御符礼之古書』[49]には、文安三年（一四四六）から延徳二年（一四九〇）までのあいだ五月会や御射山の頭役たちの奉仕とその役料が記録されている。たとえば文安三年の御射山は次のとおりである。

　文安三年　丙寅　御射山

一、井上庄、御符礼銭五貫六百文、御鉾本一貫三百文、使一貫文、伊与守政家被レ勤候。役銭七拾貫文、又教銭如二御符之礼一也、同神鷹・神馬出。

一、赤沼、同年御符礼銭三貫三百文、御鉾本三貫三百文、使一貫文、代官野田長興、頭役銭七拾貫文、御教書銭ハ如二御符之礼一也、御教書礼六貫六百文、神鷹・神馬出候。神長取。

この頃には御射山の神事も形骸化し、信濃の武士たちが実際に神事の場で狩りや鷹狩りを催すことはなくなっていた。それでも神鷹と神馬の奉納だけは、銭による代納ではなく、生身の鷹と馬を欠かさずに誂たようである。

　そうした諏訪の御射山の神事の鷹狩りに最上の鷹として重んじられたのが「奥州の鷹」である。たとえば『諏訪大明神画詞』祭第七には、一二月の御室神事における、二四日のシンフクラ祭の様子に、それを窺い知ることができる。

同廿四日、シンフクラヲ祭ル礼アリ。先神長立テ、陸奥国セン〱ツカフシノヒトリ姫《ヒメ》御前腹《ハラ》ヲヤマセ給ニ、セイモン博士ニトワセ給ヘハ、東山信州諏方郡タケ井ノ御里ニイコモラセヲワシマス大明神ノ御室ノ中ニアル、シンフクラト云鳥ヲ御薬ニツカワセ給ハ、、御腹ナヲラセ給フヘシト申候間、御使ニマイリテ候トイフ。権祝《コンノハフリ》出テ合、御文ハ候カ、御鷹ハ候カト問フ。共ニアリト答フ。ツカワセ給ヘト云。

シンフクラヲ祭では神職たちによって狂言が演じられる。まず神長官が奥州からの使者の役を演じる。「陸奥国の（「セン〱ツカフシ」の意味がよくわからないが、後述のように安倍高丸と関わる存在だろうか）姫君が腹を病んでいる。声聞師の占いによれば、諏訪大明神の御室の中にいる「シンフクラ」という鳥がその薬になるというのでいただきに参上した」と。すると五官の祝の一人である権祝が「文は持ってきたか。鷹は持ってきたか」と対応する。奥州の使者役（神長官）は「持ってきた」と答える。

時ニ神長、福太郎トヨヘハ、雅楽犬ニナリテ鈴《スヽ》ヲナラシテハシリ出ツ。此時ニツカレヲヤレハ、犬カキマワリテ鳥ヲミ付ル勢《イキヲヒ》アリ。

権祝の許しを得ると、神長官は福太郎という名の犬を呼び寄せる。楽人が福太郎という名の犬を演じて駆け出し、地面を嗅ぎまわりながら鳥を探す仕草をする。「ツカレヲヤレバ」とは、いわゆる鷹詞で、鷹に追われ疲れて地面に落ちた鳥のことを「ツカレドリ（疲れ鳥）」という。鷹に追われて地面に伏したその「ツカレドリ」を犬が探して捉えるのである。

是則安倍高丸追罰ノ時、尊神旅客ノ質《スカタ》ヲ現シテ、宦（ママ）軍ノタメニ籌策ヲ廻《メクラ》シ給シニヨリテ、彼後見カ娘《ヲンナ》ヲメサレテ、其望ヲカナヘサセ給シ昔ノ事ワサ、今モタエスト也。

つまり『諏訪大明神画詞』によれば、シンフクラ祭の狂言は諏訪大明神が坂上田村丸将軍を助けて安倍高丸を討ち滅ぼし、高丸の忘れ形見の娘を召して子を産ませた故事に由来するという。その子が〝神〟を姓とする大祝となる。神と大祝とを同体と説くのは諏訪信仰の真髄であり、いわば誇りでもあるが、その構造は〝縁起〟によって異なる。安倍高丸の娘に子を生ませて大祝とするのは『神道集』巻第四「信濃国鎮守諏方大明神秋山祭事」と同じ系統の伝えである。

本章が注目したいのは、御射山の狩りの祭りの由来を説くシンフクラ祭において、奥州から鷹が献上されるという設定である。『諏訪大明神画詞』とほぼ同時期頃の成立とされる『年内神事次第旧記』によれば、シンフクラ祭の翌日には二〇番の舞が披露されるという。その一九番目の演目は「たか」である。そして、「たか」を演じる際には次のようなセリフが唱えられる。

むつのおく白尾鷹を手すへて、今まいり候とはきくみ（萩組）、又下にて云。千さい丸ハなきかととふ。万さい丸は
（『年内神事次第旧記』(50)）

鷹匠は奥州の「白尾鷹」を据えて諏訪大明神の御前に参上した、という体裁が演じられる。「千さい丸」「万さい丸」は『諏訪大明神画詞』の「福太郎」と同じような犬だろう。おそらくは鷹狩りの供犬である。二〇番の舞は三月寅の

日の神事でもほぼ同様に演じられる。その一九番目の演目はやはり「鷹匠《ツカウ》」である。

むつのおく白尾鷹を引すゑて、今参候申。冬ハはきくみを下かゝう副する時、大明神ニ御贄取て参せんと雖。千歳丸ハなきか、万歳丸ハなきかととう時、かゝうこたう。

(『年内神事次第旧記』)

前掲の『諏訪大明神画詞』のシンフクラ祭と対応させるとわかりやすい。みちのくの白尾鷹を据えて登場するのは奥州からの使者である。シンフクラ祭では神長官が演じる。シンフクラ祭の狂言とよく似た演出である。ただし、その鷹は腹の病の薬となるシンフクラを捕るためではない。「大明神ニ御贄取て参せん」という。つまり贄鷹である。

諏訪大明神の祭礼において最上の鷹として献じられたのは奥州の鷹であった。応長二年(一三一二)の奥書を持つ『西園寺家鷹口伝』によれば、諏訪の祭礼に際して奥州の鷹が納められたことが記されている。

信濃諏方の祭の時、奥州より神馬を引進せらるゝ処に国の忩劇について、其馬のほらぬ時、其代に鷹を奥州より進らるゝ事有。其を神馬鷹と云し。是は、諏方はかりの事也。惣して神へまいる鷹をは御とうのたか、御前の鷹とも云也。

(『西園寺家鷹口伝』[51]第四一条「神馬鷹と云事」)

諏訪の祭礼に、本来であれば奥州から神馬を進上するところを、国が慌ただしくて落ち着かぬときには馬の代替として鷹を進上する。それを神馬鷹と称するのだという。神馬の代わりに鷹を、という説は鵜呑みにはできない。禰津松鷂軒の門弟である荒井豊前守が著したとされる『荒井流鷹書』によれば、神馬鷹とは鷹に馬を添えて神前に進上することであるという。

鷹に馬を添て参らするを神馬鷹と云也。

（『荒井流鷹書』[52]第一八三条「神馬鷹の事」）

神馬の代替としての鷹、というよりは説得力があるように思われる。いずれにせよ本書が注目したいのは、やはり諏訪の神事において奥州から進上される鷹が特別な存在とされる点である。

奥州は古くから良き鷹の産地として知られてきた。しかし、名鷹の産地というならば信濃も劣るものではない。たとえば『古事談』は伝説的な鷹飼として知られる源斉頼の名人ぶりを伝える。七〇歳を過ぎて失明した斉頼のもとに或る人が信濃の鷹を持って訪れる。信濃の鷹を西国の鷹と偽り斉頼の技量を試そうというのである。目の見えない斉頼は、しかし即座にその鷹の産地を看破する。

興有る事かな。西国の鷹も賢きは、敢へて信乃の鷹・奥の鷹に劣らざる物なり。

（『古事談』[53]巻第四―一三話）

西国の鷹でも秀逸なものはなかなかどうして信濃の鷹や陸奥の鷹にも劣らないという。つまり、それだけ信濃の鷹や陸奥の鷹は優れているということでもある。信濃の鷹と奥州の鷹は双璧を成す。

もともと名鷹の産地として知られる信州・諏訪の祭礼に、みちのくの鷹が進上される。実際に進上されたかどうかはともかくとして、少なくとも御室神事におけるシンフクラ祭では、そうしたストーリーが上演されていた。一二月の御室神事と三月の寅の日の祭礼とに奉納された二〇番の舞のうち「鷹」もしくは「鷹匠」と呼ばれる演目も同じ世界線にある。信濃の鷹を差し置き、わざわざ奥州の鷹が進上されたのは、どういうことか。物珍しさ、という答えではあり得まい。前述のように、坂上田村丸将軍による安倍高丸討伐神話がその背景にあることは間違いない。

中世には「みちのくの鷹」といえば奥州・信夫荘（福島県福島市）が代表的な産地として知られていた。たとえば文安四年（一四四七）の奥書を標す『養鷹秘抄』(54)では、前述の伝説的な鷹飼・源斉頼（政頼）が、やはり前述の信州の伝説的な鷹飼・祢津神平と混同して「祢津政頼」とされる。その彼は信夫の住人ということになっている。

一　右此七ヶ条の薬大事の薬也。此りうは奥州の国しのぶの住みつ〔人ね歟〕のせいらひ秘々之書也。

伝説の鷹飼「せいらひ」の出自は謎に彩られ、故郷と伝えられる土地は各地にある。その「せいらひ」を信夫の住人とするのは「信夫の鷹」のブランドからだろう。

みちのくの忍ふの山の新鷹の　もちすりの毛を重てそきる　（『後京極殿鷹三百首』(55)）

陸奥の信夫の鷹を手にすへてあたちか原をゆくはたか子そ　（『鷹三百首和歌』(56)）

信夫の地名は忍ぶ恋に掛けられ、「しのぶ」と「鷹」は連歌の付合としてもあげられる。

鷹のとく金の鳥もとりかひて　しのぶねがひも陸奥の鷹　（『梵燈菴鷹詞百韻連歌』(57)）

鳥屋籠の鷹トアラバ、鷹のとやだしは七月十五日也云々。

しのぶ　夏かい　毛をかふる　いくかへり　逢事しらぬ

（『連珠合璧集』[58]上一六「鳥部」）

忍トアラバ、

人目　涙　関　軒の草　みちのく　乱るゝ　鷹

（『連珠合璧集』下二九「恋部」）

ただし、実際に信夫が秀鷹の特産地だったかというと、そうではないらしい。「信夫の鷹」は歌枕の地として知られた「信夫」から派生した、いわば文芸上の〝イメージ〟なのである。

それでは、現実に奥州の鷹はどこからもたらされたのか。結論は状況証拠のみによって推測するしかない。鎌倉時代末期においては、それが奥州笹川だったのではないか。

奥大道に岩城道、常陸道、会津道が交わる笹川は、阿武隈川の水運ともあわせて、南奥地方における物流と交易の拠点だった。それが荒井猫田遺跡として発掘された鎌倉時代の町並みだろう。その町と要衝の統治と守備を委ねられたのが塩田陸奥守国時であり、佐々川城である。室町時代には篠川公方・足利満直に同じ役割が託された。

佐々川城と鎌倉時代の街並みが健在だった頃、奥州各地から京都や鎌倉へ献上される鷹も、いったんは笹川に集められていたのではないだろうか[59]。真名本『曽我物語』が成立した頃、つまり鎌倉時代後期頃か末期頃、奥州笹川といえば〝みちのくの鷹〟がイメージされた。それならば、「鷹語り」の引出物としてこれほどふさわしい所領はない。諏訪の贄鷹の神事に進上された〝みちのくの鷹〟も、塩田氏の笹川ルートから信州に運ばれたのではないだろうか。

注

（1）『真名本曽我物語　一』（東洋文庫四六八、青木晃・池田敬子・北川忠彦ほか編、平凡社、一九八七年）。真名本の本文はすべて同シリーズによる。

（2）竹林俊伸「真名本「曽我物語」における社会思想―巻第五の〝鷹狩是非論〟を中心に―」（『岐阜大学国語国文学』一五、一九八二年）

（3）會田実『『曽我物語』その表象と再生』二部二章「頼朝という場―『真名本曽我物語』の中の東国と頼朝―」（笠間書院、二〇〇四年。原題「『真名本曽我物語』の中の東国と頼朝―作品構造との関わりの上で―」、『中世文学研究』一九、中四国中世文学研究会、一九九三年）

（4）中澤克昭「中世の鷹狩に関する研究の動向と課題」（鷹・鷹場・環境研究会編『鷹・鷹場・環境研究』二、九州大学基幹教育院、二〇一八年）

（5）『全訳吾妻鏡　第二巻』（永原慶二監修・貴志正造訳注、新人物往来社、一九七六年）。以降、『吾妻鏡』の本文はすべて同シリーズによる。

（6）福田晃・真鍋昌弘編『幸若舞曲研究　第一〇巻』所収（三弥井書店、一九九八年）

（7）『源平盛衰記　四』（中世の文学、美濃部重克・松尾葦江校注、三弥井書店、一九九四年）

（8）『太山寺本曾我物語』（和泉古典叢書一〇、村上美登志校注、和泉書院、一九九九年）

（9）『舞の本』（新日本古典文学大系五九、麻原美子・北原保雄校注、岩波書店、一九九四年）

（10）井澤英理子「曾我物語図考―一双屏風の成立について―」（『日本美術襍稿　佐々木剛三先生古稀記念論文集』所収、明徳出版社、一九九八年）、泉万里『曽我物語、源平合戦屏風絵等について』（財団法人渡辺美術館所蔵品調査報告書、二〇〇六年）、江村知子「土佐光吉筆『曾我物語図屏風』について」（『美術研究』三九四、東京文化財研究所、二〇〇八年）、三戸信惠「曾我物語図屏風に関する一考察―新出本と渡辺美術館本を中心に―」（『國華』一四九六、二〇二〇年）など。なお、公益財団法人渡辺美術館より特別閲覧および写真掲載の許可をいただいた。

（11）黒田泰三「曾我物語図屏風　富士巻狩・仇討図」（『國華』一二七四、二〇〇一年）、『かいじあむ　とっておきの収蔵品』（新春特別企画展図録、山梨県立博物館、二〇〇八年）など。山梨県立博物館より特別閲覧および写真掲載の許可をいただいた。

（12）平安時代の私養鷹禁令については、弓野正武「平安時代の鷹狩について」（『民衆史研究』一六、民衆史研究会、一九七八年）、同

「古代養鷹史の一側面」（竹内理三先生喜寿記念論文集刊行会編『律令制と古代社会』所収、東京堂出版、一九八四年）、吉井哲「古代王権と鷹狩」（『千葉史学』一二、千葉歴史学会、一九八八年）、榎村寛之「野行幸の成立―古代の王権儀礼としての狩猟の変質―」（『ヒストリア』一四一、大阪歴史学会、一九九三年）、秋吉正博「私養鷹禁断令の構造的特質―光仁・桓武朝における国司の養鷹をめぐって―」（『社会文化史学』三七、社会文化史学会、一九九七年）、同「私養鷹禁断令の史的意義」（『延喜式研究』一五、延喜式研究会、一九九八年）、松本政春『律令兵制史の研究』第二編第三章「桓武天皇の鷹狩について」（清文堂出版、二〇〇二年）、中澤克昭「野生の価値と権力―王朝の狩猟とその言説―」（『古代文学』四六、古代文学会、二〇〇七年）などの研究がある。

（13）奈良時代の聖武天皇や称徳女帝らは仏教の戒律の実践として鷹飼を禁じた（『続日本紀』神亀五年八月一日条、天平一七年九月一九日条、天平宝字八年一〇月二日条、天平宝字八年一〇月一一日条）。光仁・桓武朝に移ると、仏教の理念とは違う意味での鷹狩禁令が繰り返されるようになる。養鷹は勅によって許された一部の王臣らに限り、それ以外の者が私的に鷹を飼うことが禁じられる（『類聚三代格』巻一九所収「大同三年九月二三日付太政官符」、『日本後紀』延暦二三年一〇月二三日条）。鷹狩りそのものを禁じているのではない。鷹狩りは天皇の専権事項とされ、禁じられたのはあくまでも私的な鷹飼である。天皇の鷹狩りは平城・嵯峨・淳和・仁明朝にも受け継がれた。嵯峨天皇の弘仁一一年（八二〇）には鷹飼三〇人が主鷹司から新設されたばかりの蔵人所に移管され（『日本三代実録』元慶七年七月五日条）。鷹は国家の管轄から天皇の直轄へと移される。文徳・清和・陽成の代になると天皇による鷹狩りは途絶え、貞観二年（八六〇）には主鷹司による鷹狩も停止される（『日本三代実録』元慶七年七月五日条）。しかし、それは鷹狩りそのものが廃れたという意味ではない。『日本三代実録』によれば貞観年間には源信（貞観元年四月二〇日、貞観八年一一月一八日）、忠良親王（貞観二年閏一〇月四日、貞観八年一一月一八日）、源融（貞観二年一一月三日、貞観八年一一月二九日）、源定（貞観三年二月二五日）、仲野親王（貞観三年三月二三日、貞観八年一一月二九日）、連扶王（貞観八年一一月二九日）、坂上貞守（貞観八年一一月二九日）、安倍三寅（貞観八年一一月二九日）ら八名の王臣が鷹・鷂の飼養の勅許を賜っている。天皇が自ら鷹狩りの行幸を催さなくなったというだけで、勅許によって鷹狩りの資格を王臣らに分与するというかたちで、天皇による鷹狩りの権威は継承された。陽成廃位の後、いったん仁明天皇の血統にさかのぼって光孝・宇多・醍醐の皇統が表舞台に立つと、仁明朝までの故実に倣って天皇による鷹狩りも再興される。それが「野行幸」である。

（14）『群書類従 第六輯』所収

（15）『源氏物語 三』（新日本古典文学大系二一、柳井滋ほか校注、岩波書店、一九九五年）

（16）前掲注（12）榎村論文

(17) 宮内省式部職編『放鷹』（吉川弘文館、一九三一年。後に二〇一〇年復刻）
(18) 『左経記』（増補史料大成六、臨川書店、一九六五年）
(19) 『江談抄 中外抄 富家語』（新日本古典文学大系三二、後藤昭雄・山根對助・池上洵一校注、岩波書店、一九九七年）
(20) 『続群書類従　第一九輯中』所収。なお、中澤克昭によれば持明院基盛の著作と考えられてきたが実は西園寺家（西園寺実兼）の著述であるという。中澤克昭「公家の「鷹の家」を探る―『基盛朝臣鷹狩記』は基盛の著作か―」（『日本歴史』七七三、日本歴史学会、二〇一二年）
(21) 折口信夫「鷹狩りと繰り芝居と」（広田栄太郎編『国文学者一夕話 附現代国文学者総覧』所収、六文館、一九三二年。後に折口博士記念古代研究所編『折口信夫全集 第一七巻』（中公文庫版）所収、中央公論社、一九七六年）
(22) 桜井五郎の諱を「斉頼」とする解釈は誤りだろう。稿者自身も以前には「桜井五郎がそうした「せいらい」の名を襲ぐ者であった」と解釈していた（拙稿「真名本『曽我物語』における畠山重忠の「鷹語り」の風景」（『伝承文学研究』六二、二〇一三年））。『全訳吾妻鏡　第三巻』では元久二年三月一二日条の「桜井五郎」に「桜井五郎《（斉頼）》」と傍注し、翌一三日条では北条義時の言葉として「斉頼この術を専らにすと云々」に「斉頼《（桜井）》この術を専らにすと云々」と傍注している。しかし、「斉頼この術を専らにすと云々」の「斉頼」は桜井五郎の諱ではなく、伝説的な鷹飼として知られる源斉頼（『古事談』『尊卑分脈』等）を指すのだろう。「（鷹飼といえば、かつて源）斉頼はこの術を得意にしていたと聞く。今の代にまでそうした術が伝わっているとすれば稀有なことですな」と義時は述べているのである。
(23) 前掲注（22）の「源斉頼」のほか、奥州信夫郡の住人とされる「根津清来」（『養鷹秘抄』等）、禰津神平を婿として鷹術を伝えたという「政頼卿」（『西園寺家鷹口伝』等）、百済から伝来した鷹を受け取ったとされる「唐崎大納言政頼」（『故竹流乾・坤』等）、もとは天竺の生まれで唐で鷹飼を始め、やがて我が国に渡来して鷹の術を伝えた（『運歩色葉集』『龍山公鷹百首』等）という話もある。「せいらい」とは中世の鷹術の伝承において伝説もしくはアイコン化された鷹飼の名であるという（二本松泰子『中世鷹書の文化伝承』第二編第三章「諏訪流の鷹術伝承（二）―「せいらい」の展開と享受―」、三弥井書店、二〇一一年）。
(24) 橋本朝生編『大蔵虎光本狂言集 二』（古典文庫五三五、古典文庫、一九九一年）
(25) 『群書類従　第一九輯』所収
(26) 『続群書類従　第一九輯中』所収
(27) 拙稿「『曾我物語』と鷹狩―畠山重忠の鷹談義をめぐって―」（佐伯真一編『中世の軍旗物語と歴史叙述』所収、中世文学と隣接諸

学四、竹林舎、二〇一一年）

(28) 拙著『曾我物語の基層と風土』第一編第二章「三原野と那須野をめぐる狩庭の祭祀者たちの名誉」（三弥井書店、二〇〇九年）

(29) 拙著『曾我物語の基層と風土』第一編第三章「宇都宮名誉譚を支える土壌—奥州の賜領と伊沢氏の氏祖伝承をめぐって—」

(30) 『郡山市史 第八巻 資料編（上）』所収（郡山市編・発行、一九七三年）。同書では「文和三年七月」として掲載したが、豊田武・遠藤巌・入間田宣夫「東北地方における北条氏の所領」（『日本文化研究所研究報告別巻　第七集』所収、東北大学日本文化研究所、一九七〇年）や『郡山市史 第一巻 原始・古代・中世』（郡山市編・発行、一九七五年）第四編第二章第一節「動乱と安積地方」（小林清治執筆）では「文和」を「元弘」の誤写としている。本書もその見解に従う。

(31) 『太平記 一』（新編日本古典文学全集五四、長谷川端校注・訳、小学館、一九九四年）

(32) 『信濃史料 第五巻』所収（信濃史料刊行会、一九七四年訂正重刊）

(33) 神奈川県立金沢文庫の「金沢文庫データベース」にて画像と翻刻を閲覧。

(34) 『諏訪氏古系図（神氏系図）』によれば、中先代の乱の首謀者である諏訪頼重の甥に「時重次郎」がいる。家系的にも年齢的にも、この人物に比定するのが妥当だろう。

(35) 前掲注（32）に同じ。

(36) 豊田武・遠藤巌・入間田宣夫「東北地方における北条氏の所領」第二章「北条氏所領の検出」（遠藤巌担当）（『日本文化研究所研究報告 別巻七』所収、東北大学日本文化研究所、一九七〇年）

(37) 垣内和孝『室町期南奥の政治秩序と抗争』第三章付論三「鎌倉・南北朝期の二階堂氏」（中世史研究叢書八、岩田書院、二〇〇六年）

(38) 荒井猫田遺跡については、郡山市埋蔵文化財発掘調査事業団編『荒井猫田遺跡 発掘調査報告』（第一次～第六次、郡山市教育委員会、一九九八年～二〇〇六年）、藤原良章・飯村均編『中世の宿と町』（高志書院、二〇〇七年）、郡山市文化・学び振興公社文化財調査研究センター編『埋もれていた中世のまち 荒井猫田遺跡』（郡山市教育委員会、二〇〇九年）等を参照。

(39) 郡山市編『郡山の歴史（二〇〇四年版）』中世第三章「武家政権と郡山地方」（柳田和久執筆）（郡山市、二〇〇四年）、髙橋明「荒井猫田遺跡の可能性」（前掲注（38）『中世の宿と町』所収）

(40) ①建久六年（一一九五）九月二九日条、②建暦二（一二一二）年八月一九日条、③建保元年（一二一三）一二月七日条、④寛元三年（一二四五）一一月一〇日条、⑤寛元三年一二月一六日条、⑥建長二年（一二五〇）一一月二九日条、⑦弘長元年（一二六一）二

月二九日条、⑧文永三年（一二六六）三月二八日条

(41) 『吾妻鏡』文治五年（一一八九）一一月一七日条には頼朝が相模国大庭の「鷹場」を巡覧したことが記されている。

二品鷹場を歴覧せんがために、大庭の辺りに出でたまふ。野径輿を催すの間、渋谷庄に到らしめたまふ。昏黒に及びて、狐一疋御馬前を走る。数十騎左右に相逢ふ。二品鏑を挿ましめたまふ。ここに千葉四郎胤信が郎従、篠山丹三と号する者、弓箭の達者也。弓を引き鐙を合はせ、御駕の右に進み寄る。この間御矢と同時に発つのところ、御矢これに中らず。丹三が箭狐の腰に中る。二品知ろしめしながら、御声を発せらる。時に篠山一瞬の程に馬より下り、御箭を弓が矢に取り替へて狐に立て、これを堤げて持参す。二品すなはち彼の名字を胤信に問はしめたまひ、その後渋谷庄司が許に入御。

注意しなければならないのは、頼朝が鷹場を巡覧しながら、鷹狩りをしたとはどこにも書かれていない点である。むしろ大庭から渋谷庄へ至る夕刻、御前に走り出した狐を馬上から弓で射ようとしている。しかし鷹場めぐりなのに鷹狩りをしていないはずがない。文治五年一一月一七日は現代暦に換算すると一二月二六日になる。鷹狩には絶好の季節である。おそらくこの時点では頼朝が鷹狩りを催した事実を公式に記録することに『吾妻鏡』には遠慮があったのではないか。文治元年（一一八五）の勅許によって諸国の守護・地頭の任免権を獲得し、文治五年七月には奥州の藤原氏を滅ぼして日本国を掌中に収めたとはいえ、未だに頼朝には摂関や大臣に倣って公に鷹狩りを催す「資格」がなかったのだろう。それから五年後の建久五年（一一九四）一〇月二二日条には葛西清重が白いオオタカ一羽を献上している。『吾妻鏡』では唯一の鷹献上の記録である。

葛西兵衛尉清重、白大鷹一羽を献上ず。無双の逸物なりと云々。すなはち結城七郎朝光に預けらると云々。

葛西清重はいわゆる奥州総奉行として奥州の統治に携わっていたから、この白いオオタカもおそらく奥州の産だろう。頼朝が献上された鷹を結城朝光に預けたのは、天皇が高位かつ鷹の飼育に信頼の置ける貴族に自らの鷹（御手鷹）を預けて養わせ、遊猟や野行幸に供奉させた養鷹委任の関係（前掲注（12）秋吉正博「私養鷹禁断令の史的意義」）に倣ったものか。

(42) 中澤克昭は鎌倉幕府による度々の鷹狩り禁止令を「「過差（分に過ぎたおごりや贅沢）」の禁止令という性格があったのかもしれない」と説明している（前掲注（4）中澤克昭論文）。

(43) たとえば『吾妻鏡』寛元四年三月三〇日条によれば、甲斐国一宮（一宮浅間神社）でも贄鷹が行われていたことがわかる。一宮の権祝から、氏人たちが幕府の鷹狩り禁令を理由にして鳥の供物を拒否しているのでどうにかしてほしいとの愁訴があった。

甲斐国一宮権祝守村申す鷹狩を停止せらるるによつて人々供税の鳥を対捍するの由の事、沙汰を経らる。供祭の事は免許せらるるの旨仰せ出さる。

(44) 『吾妻鏡』文永三年(一二六六)三月二八日条に記された鷹狩り禁令には「鷹狩の事」として次のように記されている。
右、供祭のほか禁制先に畢んぬ。よつて供祭に備ふといへども、その社領にあらず、たとひその社領たりといへどもその社官にあらずんば、一切狩を仕るべからざるの由、その国中に相触れしむべし。

神社の贄鷹でも社領以外での鷹狩りは禁じられ、さらに社領の内であっても神職以外の鷹狩りは禁じられていた。ただし、それだと前掲注(43)の甲斐一宮の権祝の愁訴とは食い違うことにもなる。禁令の「例外」の適用が曖昧だったことを窺わせる。

(45) 佐藤進一・池内義資編『中世法制史料集 第一巻 鎌倉幕府法』(岩波書店、一九五五年)をもとに私に書き下した。

(46) 『神道大系 神社編三〇 諏訪』所収(竹内秀雄校注、神道大系編纂会、一九八二年)

(47) 前掲注(46)に同じ。

(48) 嘉暦四年三月付「鎌倉幕府下知状案」(「諏方上宮五月会付流鏑馬之頭・花会頭与可為同前御射山頭役結番之事」)には「渋川」の名は見られない。渋川氏といえば上野国渋川荘を本貫とする足利氏の支族・渋川氏を思い浮かべるが、塩田国時の子息・渋川六郎という線もあり得るか。

(49) 前掲注(46)に同じ。

(50) 前掲注(46)に同じ。

(51) 前掲注(23)、二本松泰子『中世鷹書の文化伝承』第一編第一章「西園寺家の鷹術伝承―『西園寺家鷹口伝』をめぐって―」。

(52) 前掲注(26)に同じ。

(53) 『古事談・続古事談』(新日本古典文学大系四一、川端善明・荒木浩校注、岩波書店、二〇〇五年)

(54) 前掲注(26)に同じ。

(55) 前掲注(25)に同じ。

(56) 前掲注(25)に同じ。

(57) 前掲注(26)に同じ。

(58) 『連歌論集 一』所収(木藤才蔵・重松裕巳校注、三弥井書店、一九七二年)

(59) 肥前伊万里港から出荷された磁器を「伊万里焼」と称し、あるいはブラジルのサントス港から出荷されたコーヒー豆を「サントス」と呼ぶのと同じだろう。

結　章　諏訪縁起の変奏

『古事記』上巻や『先代旧事本紀』巻第三は信濃国諏訪に祀られる神を大国主の御子・建御名方と伝える。国譲りの神話において、建御名方は高天原から遣わされた建御雷に敗れ、科野国の州羽海に隠棲することを誓ったという。建御名方はやがて本地垂迹の思潮のなかで諏訪大明神と呼ばれるようになる。記紀神話だけではない。中世の諏訪には諏訪大明神のさまざまな神話が生み出されていた。神話はもとより空想の産物である。それ創るのは人である。『神道集』は巻第九「北野天神事」の冒頭において、神と人との関係を言い当てた。

神《モ》自《ら》貴《とからす》、人《の》敬《ヒヲ》以《テ》貴《トス》、人《ハ》亦自《ラ》安《カラス》、神《ノ》助《ニ》依《テ》安治《シテリ》、

神はそれ自身が尊いのではない。人が敬うから神は尊いのである、と。だから、人々はそれぞれの諏訪大明神を求め、その多様性を享受してきた。そうして神話は変奏してゆく。

かつて諏訪の大祝は大明神の神裔にして神体そのものだった。それは中世の諏訪信仰において繰り返し説かれてきた祭祀の根源ともいえるイデオロギーである。

たとえば嘉禎四年（一二三八）の奥書を記す『諏訪上社物忌令』は、諏訪大明神の前生が天竺・波提国の王であっ

たと説く。後に波斯国へ渡り、悪龍を降伏させて民を救済し、陬波皇帝と称してその地を治めたという。あるいは宝治三年(一二四九)の奥書を記す『諏訪信重解状』には、諏訪大明神が守屋山に垂迹し、守屋大臣と領地を争う神話が記されている。鎌倉時代末期の制作と思われる『陬波御記文』と『陬波私注』によれば、諏訪大明神の前生は天竺の陬波大王であったと明かされる。陬波大王は叔父の続旦大臣をともなって日本国へやってきて、諏訪大明神として垂迹したという。大明神はみずからの装束を脱いで続旦大臣に着せて「大祝」とし、我が身は大祝と一体であることを誓う。「嘉禎四年」や「宝治三年」の真偽は扨置くとしても、記紀神話とは系譜の違う様々な神話が中世の諏訪には溢れていた。

*　*

諏訪円忠が『諏訪大明神画詞』を著したのは、桔梗ヶ原の合戦で諏訪の上宮の大祝が敗れた、その翌年である。二〇年に及んで反足利を貫いた大祝家に対して、足利将軍家の庇護の下に京都における諏訪の祭祀を確立させたい円忠による諏訪信仰の再創造。それが『画詞』の目的であることは明白だろう。

同書は「縁起」五巻と「祭」七巻から成る。その「縁起」は「云旧事本紀」としながら冒頭に前述の国譲り神話を「垂迹の本縁」として語る。さらに、神功皇后の三韓征伐への加勢、推古天皇による勅祭、開成皇子への加護、そして田村丸の安倍高丸退治に示した神威と狩りの祭祀、神領のはじまりを伝える。それは『日本書紀』『先代旧事本紀』はもとより、「隆弁僧正式」や「仲範朝臣祭文」といった鎌倉の典籍をも素材としつつ、諏訪大明神の守屋山垂迹縁起のような信州・諏訪の在地の言説までも取り込んだ、まさに集大成の縁起絵巻である。

しかし、中先代の乱以来、二〇年におよぶ戦塵の中で大祝の神聖なる権威は失墜した。神の姓を称した武士たちはカリスマ性を失った大祝から離れ、それぞれの在地にそれぞれの諏訪明神を勧請した。大祝の権威を必要としない新たな「諏訪縁起」が同時多発的に生まれる。(第一章　阪波大王から甲賀三郎へ)

たとえば、八ヶ岳東麓の松原湖(長野県南佐久郡小海町)の畔に祀られる松原大明神(松原諏方神社)に伝来した『伊那古大松原大明神縁起』では、諏訪大明神が諏訪の地を厭い、佐久郡伴野荘の伊那古の松原に新たな祭祀を求めて飛来したと伝えている。大明神の託宣に曰く「戦乱の血に穢れた諏訪の地にも大祝にも愛想をつかした。今後は当地において諏訪の儀式を相違なく受け継ぐように」と。戦塵にまみれた大祝への痛烈な批判である。

伴野荘はもともと伴野氏の所領だったが、伴野氏は鎌倉時代後期の霜月騒動(一二八五)で安達泰盛に与して敗れ、伴野荘の大半は北条氏に接収されていた。しかもその一部は北条氏の被官である諏訪の大祝が押領していたようである(「信濃国伴野庄諏方上社神田相伝系図」)。没落を余儀なくされた伴野氏から見れば、大祝の権威の失墜は留飲の下がる思いだったに違いない。そうした環境の中で、大祝の権威を真っ向から否定した新たな神話が伴野荘松原の地に創生されたのである。(第二章　大祝に反旗を翻す—『伊那古大松原大明神縁起』—)

大祝の権威を必要としない新たな「諏訪縁起」といえば、甲賀三郎の神話もその一つである。父・甲賀権守の跡を継いだ甲賀三郎は、兄たちの奸計によって人穴の底に取り残され、地底の国々をさまよう。やがて日本国に帰還した甲賀三郎は神通力を得て諏訪大明神となる。

そもそも甲賀三郎の神話が信州の諏訪本社の直接的な信仰圏内で生成することはあり得ない。中世の諏訪信仰の中心には大祝がいた。大祝は諏訪明神の神裔にして神体そのものである。ところが甲賀三郎の神話には、この「大祝」という肝心の思想が描かれない。大祝の権威どころか、その存在さえもない、まったく別の世界線において、諏訪大明神の前生を甲賀三郎とする神話が生まれた。

甲賀三郎の諱を「諏方」とする物語は、諏訪から八ヶ岳の西麓の雨境峠を越えて、春日郷（佐久市春日）、佐久の新海社（新海三社神社）へと至る信仰の道に成立したと考えられる。雨境峠の南北朝期の祭祀遺跡は、諏訪と佐久との峠道を往来した諏訪神人たちのモニュメントだったのではないだろうか（第三章　諏方系「諏訪縁起」の風景（一）**―蓼科山と雨境峠から―**）。さらに推論として許されるならば、それは甲賀三郎諏方を祖神として佐久郡から西上州にかけて展開した望月系ともいうべき諏訪修験の足跡だったとも考えている。

佐久郡の新海社は中世には佐久地方における諏訪信仰の拠点として特別な位置付けにあった。諏訪から蓼科山を越え、佐久の新海社、荒船山の西南・田口峠を経て西上州の抜鉾大明神（貫前神社）へと通じる古道は、上代の東山道の一つとも、往古の修験の道とも伝えられる。甲賀三郎諏方が抜鉾の女神のもとへと通った道は新海明神の祭祀空間に重なり、その先は『神道集』の世界線へと続いてゆく（第四章　諏方系「諏訪縁起」の風景（二）**―新海道から上州へ―**）。

もう一つの甲賀三郎の諱を「兼家」とする系統は、諏訪から大門峠を越え、小県郡の下之郷諏訪大明神（生島足島神社）を経て、浅間山へと至る古道に従って生成したらしい（第五章　兼家系「諏訪の本地」の風景（一）**―なぎの松原から―**）。とくに甲賀三郎兼家の御子である三人の王子たちの下之郷をめぐる葛藤譚は、もともと下之郷諏訪大明神の祭祀の由来として、いわば「もう一つの甲賀三郎物語」の未生の欠片だったのではないか（第六章　兼家系「諏訪の本地」の風景（二）**―甲賀三郎の子どもたち―**）。これも推論として許されるならば、それは甲賀三郎兼家を仰ぎ、小県郡から浅間山麓にかけて展開した海野系ともいうべき諏訪修験の存在を想定している。

下之郷に隣接する塩田荘は鎌倉時代中期以降、塩田流北条氏（塩田氏）の本貫地であり、幕末の当主・塩田国時は諏訪大明神の熱心な信奉者だった。塩田氏は奥州安積郡の佐々河（福島県郡山市）にも拠点的な所領を持ち、諏訪大明神の祭儀に奉納される「みちのくの鷹」はその佐々河から諏訪へ届けられる由緒があったらしい（第七章　諏訪信仰とみちのくの鷹―真名本『曽我物語』における畠山重忠の「鷹語り」から―）。

本書は、諏訪から東信濃（東信）の山々にかけて展開した大祝の権威とは繋がらない神話を読み解いてきた。けっしてタケミナカタだけではない。中世の諏訪には諏訪大明神の神話が奔放に満ち満ちていた。

初出一覧

序　章　中先代の乱と諏訪信仰
　書き下ろし

第一章　阪波大王から甲賀三郎へ
原題「諏訪縁起の変容―阪波大王から甲賀三郎へ―」（福田晃・徳田和夫・二本松康宏編『諏訪信仰の中世―神話・伝承・歴史―』所収、三弥井書店、二〇一五年九月）

第二章　大祝に反旗を翻す―『伊那古大松原大明神縁起』―
原題「諏訪縁起の再創生―『伊那古大松原大明神縁起』の情景から―」（二本松康宏編『諏訪信仰の歴史と伝承』所収、三弥井書店、二〇一九年一月）

第三章　諏方系「諏訪縁起」の風景（一）―蓼科山と雨境峠から―
原題「「諏訪縁起」の風景―蓼科山と雨境峠から―」（伝承文学研究会編『伝承文学研究』第六九号、三弥井書店、二〇二〇年八月）

第四章　諏方系「諏訪縁起」の風景（二）―新海道から上州へ―

原題「「諏訪縁起」の情景―新海道をたどる―」（伝承文学研究会編『伝承文学研究』第七〇号、三弥井書店、二〇二一年八月）

第五章　兼家系「諏訪の本地」の風景（一）―なぎの松原から―

第六章　兼家系「諏訪の本地」の風景（二）―甲賀三郎の子どもたち―

原題「諏訪縁起と「諏訪の本地」―甲賀三郎の子どもたちの風景―」（徳田和夫編『中世の寺社縁起と参詣』所収、中世文学と隣接諸学八、竹林舎、二〇一三年五月）

第七章　諏訪信仰とみちのくの鷹―真名本『曽我物語』における畠山重忠の「鷹語り」から―

原題「真名本『曽我物語』における畠山重忠の「鷹語り」の風景」（伝承文学研究会編『伝承文学研究』第六二号、三弥井書店、二〇一三年八月）

結　章　諏訪縁起の変奏

書き下ろし

※　各章とも初出原稿をもとに大幅な加筆と修正をしている。

あとがき

（一）本書の刊行を目指したごく個人的な話

平成七年（一九九五）の秋だったらしい。立命館大学の大学院生だった私は、指導教授である福田晃先生のおともをして諏訪に来た。先生は諏訪市公民館での講演に招かれてのことで、私はいつものように運転手兼話し相手である。講演の翌日には諏訪市教育委員会のご厚意で上社と下社、それぞれの御射山などを案内していただいた。

三日目から先生と私の二泊三日の珍道中《フィールドワーク》がはじまった。「君が調査した浅間山麓の海野氏の諏訪信仰を見てみたい」との先生のご要望である。当時、私は真名本『曽我物語』の研究をしていて、浅間の狩庭での海野幸氏の名誉譚が、実は同地における海野氏の諏訪信仰を背景としていることを論文に書いたばかりだった（「真名本『曽我物語』北関東狩庭巡りの連纂意識―二つの名誉譚をめぐって―」『論究日本文学』六二、一九九五年）。その現地を先生もご覧になりたいとおっしゃる。ほんとうに嬉しかった。

諏訪でレンタカーを借りて、午後には軽井沢へ入った。翌日は北軽井沢の《南木原》の諏訪神社、長野原町の王城山神社、嬬恋村の下屋修験宗家などを巡った。下屋家ではご当主が歓待してくださり、ずいぶんと話し込んだ気がする。下屋邸を辞した後、先生は「笹岡がわかったよ」と少し興奮気味におっしゃった。『神道集』の「諏方縁起」には「笹岡山」「笹岡郡」「笹岡の釈迦堂」など、なぜか「笹岡」という地名がしばしば登場する。実在しそうで実在しない謎の地名である。下屋家での話を聞きながら、どうやら先生はその「笹岡」の手掛かりを掴んだらしい。しかし、それが何かは教えてくださらない。ただ、「いつか君がやりなさい」と託されてしまった。

とは言うものの、あの頃の私は『曽我物語』に没頭していたから、正直、『神道集』にも甲賀三郎にも手を伸ばす余裕がなかった。

それから一四年の歳月が過ぎ、平成二一年（二〇〇九）に拙著『曽我物語の基層と風土』を上梓した。一〇数年の成果に一息つき、そして目標を見失った。

そんな私を見かねたのか、先生は「甲賀三郎を引き継いでみないか」とおっしゃる。「笹岡」の話も蒸し返してくる。指導教授に勧められた研究《おさがり》テーマなんて、そんなみっともないマネができるか⁉って話だ。そんなの癪だ。だから適当に聞き流しておいた。

平成二四年（二〇一二）、妻が長野県短期大学（当時）に就職したことを契機に、私も生まれ故郷である長野に転居した。二五年も暮らした京都を離れるのは、私にとって断腸苦渋の思いだった。京都への未練を引きずりながら、先生の名著『京の伝承を歩く』（京都新聞社、一九九二年）の続編を私が書こうと思いついた。京都の伝承にはそれなりに自信もあった。「指導教授に勧められた研究《おさがり》テーマなんて」と言いながら、結局のところ情けない話である。そして、もっと情けないことに半年もかけてまったく書けない。正確にいえば納得のできるものが書けない。どこかで聞いたようなありふれた資料で、どこかで聞いたようなありふれた話である。「このまま凡百の京都学でおわるのか…」。

そして懊悩の中で思い出した。「いつか論文で『むかし福田晃はこんなことを言ってた』と先生の研究を批判する」という先生への誓い。ならば、甲賀三郎こそ格好の素材ではないか。

その後の話は『諏訪信仰の中世―神話・伝承・歴史―』（三弥井書店、二〇一五年）や『諏訪信仰の歴史と伝承』（三弥井書店、二〇一九年）のそれぞれの「あとがき」に詳しく書いてあるので、何があったか興味のある方（？）はぜひそちらをお読みいただきたい。

令和四年一月九日、我が師・福田晃先生がご逝去された。それから本書の執筆を始めた。先生の一周忌に追善供養としてお供えすることを目指した。しかし、ただでさえ遅筆のうえに、些細なことが気になってしまう。立ち止まって調べ直しているうちに時間だけが過ぎる。それでもけっきょくどうやらなんとか三回忌の追善には間に合いそうである。

長野県小海町の松原諏方神社とその御射山（第二章）、雨境峠（第三章）、佐久の新海三社神社から上州の一之宮貫前神社へ（第四章）、前述の上州吾妻地方の旅（第五章）、生島足島神社（第六章）。いずれも先生をお連れして巡ったかけがえのない思い出の場所である。

本書を先生にご覧いただいたとしたら、先生がおっしゃりたいことはだいたいわかっている。「君の説明には（近江の）甲賀が抜けている」「薩摩の甲賀三郎をどう考えるのか」。病床からでもさんざんに言われてきたことである。最近では夢のなかにまで出てきてあれこれとおっしゃる。先生は、こちらの論点の矛盾や論拠の弱いところをピンポイントで突いてくる。学問についてだけは、ごまかしもちょろまかしも通用しない。やはり師は手強い。センセ、そこのところは次の本でかならず触れますから。ちょっと待っていてください。

（二） 表紙のこと

本書の表紙をご覧になって「まさか!?」と思われた方も少なくないのではないか。そうなのである。本書の表紙画は漫画家のたがみよしひさ先生に描いていただいた。

たがみよしひさ先生は、私にとって少年以来の憧れである。高校生の頃、『軽井沢シンドローム』（小学館）や『我が名は狼』（秋田書店）に描かれた青春群像に強く惹かれた。『精霊紀行』（小学館）や『滅日』（徳間書店）『妖怪戦記』（徳間書店）といった作品では民俗学や民間伝承、伝奇にも造詣が深い。とくに『我が名は狼』は野枝高原と彩湖という信州にある架空の高原を舞台としながら、その景色とイメージは蓼科高原や女神湖を彷彿させる。まさしく本書の在地《フィールド》である。「たがみ先生に表紙を描いていていただけないものか」と大それた夢を抱いていていたら、なんとご縁があって、その夢が叶った。望外とはまさにこのことを言う。たがみ先生には心から感謝申し上げます。

（三）　中世諏訪信仰研究会

感謝と言えば、中世諏訪信仰研究会の仲間たちにもぜひこの場から感謝を申し上げたい。一〇年前に永松敦氏、中澤克昭氏、二本松泰子氏、そして私の四人で始めた研究会である。三人はそれぞれ私にとって「憧憬」「嫉妬」「畏敬」の人だった。その経緯は『諏訪信仰の歴史と伝承』の「あとがき」に詳しく書いてある。

本研究会の特徴は、研究発表ではなく〝話題提供〟、質疑応答ではなく〝ブレスト〟というフラットなミーティングにある。そうしたミーティングを年に四回ほど設けている。Brain-Storming《ブレスト》は直訳すれば「頭脳の嵐」。思い付きレベルの発言を歓迎し、それによってむしろ思考の連鎖を誘発する。知的好奇心を刺激する雑談会のような集まりである。最近ではゲストや準レギュラーも増えている。ここで得られる刺激と知識、視野と思考は、私の研究にとってなくてはならない存在となっている。

（四）　三弥井書店

末筆になったが、やはり三弥井書店への感謝を述べないわけにはいかない。三弥井書店とのご縁も福田先生から受け継いだかけがえのない遺産の一つである。「いざというときに自分の本を出してくれる出版社は貴重なんだ」「出版社の連中は俺たちのことを実によく見ている」「出版社からの信用を損なうなよ」。出版社への敬意と感謝を常々に教え込まれてきた。実際、吉田敬弥社長と吉田智恵編集長には本当にいつもいつもお世話になっている。おかげで今日、こうしてこの本を刊行できる。ありがたいことです。

二〇二三年一〇月三一日

二本松　康宏

※　本書の出版にあたっては私の勤務先である静岡文化芸術大学から出版助成を受けている。

著者　二本松康宏（にほんまつ・やすひろ）

1966年12月７日生まれ　長野県長野市出身
立命館大学大学院博士課程後期課程修了　博士（文学・立命館大学）
静岡文化芸術大学教授
おもな著書・編著書
『曽我物語の基層と風土』（三弥井書店、2009年）
『諏訪信仰の中世』（共編著、福田晃・徳田和夫・二本松康宏編、三弥井書店、2015年）
『諏訪信仰の歴史と伝承』（編著、二本松康宏編、三弥井書店、2019年）
『城郭の怪異』（共編著、二本松康宏・中根千絵編、三弥井書店、2020年）

表紙画　たがみよしひさ（漫画家）

代表作品
『軽井沢シンドローム』全９巻（ビッグコミックス、小学館）
『我が名は狼』全３巻（プレイコミックスシリーズ、秋田書店）
『GREY』全３巻（少年キャプテンコミックス、徳間書店）
『NERVOUS BREAKDOWN』全13巻（ノーラコミックス、学習研究社）
『軽井沢シンドローム SPROUT』全７巻（ヤングチャンピオン・コミックス、秋田書店）
他、多数

地図作成　yuu_Design（WEB デザイナー）

諏訪信仰の変奏　――中先代の乱から甲賀三郎神話へ――

2024（令和６）年１月９日　初版発行

定価はカバーに表示してあります。

発行者　吉 田 敬 弥
発行所　株式会社 三 弥 井 書 店
〒108－0073東京都港区三田3－2－39
電話03－3452－8069
振替00190－8－21125

ISBN978-4-8382-3413-4　C0020　　印刷　亜細亜印刷